工商管理教学改革与教学管理研究

梁 钰◎著

中国商务出版社

·北京·

图书在版编目（CIP）数据

工商管理教学改革与教学管理研究 / 梁钰著.
北京：中国商务出版社, 2024.9. -- ISBN 978-7-5103-
5369-7

Ⅰ. F203.9

中国国家版本馆CIP数据核字第2024NL8030号

工商管理教学改革与教学管理研究

梁　钰　著

出版发行：中国商务出版社有限公司

地　　址：北京市东城区安定门外大街东后巷28号　　邮　　编：100710

网　　址：http://www.cctpress.com

联系电话：010—64515150（发行部）　　010—64212247（总编室）

　　　　　　010—64515164（事业部）　　010—64248236（印制部）

责任编辑：杨　晨

排　　版：北京盛世达儒文化传媒有限公司

印　　刷：宝蕾元仁浩（天津）印刷有限公司

开　　本：710毫米×1000毫米　1/16

印　　张：14　　　　　　　　　　　　字　　数：235千字

版　　次：2024年9月第1版　　　　　　印　　次：2024年9月第1次印刷

书　　号：ISBN 978-7-5103-5369-7

定　　价：79.00元

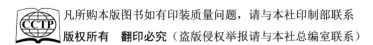

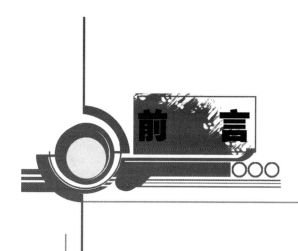

前言

在当今快速发展的经济社会中，工商管理作为一门重要的学科，对于培养具备创新思维和实践能力的管理人才起着至关重要的作用。然而，随着时代的变迁和社会需求的不断变化，传统的工商管理教学模式和教学管理方式逐渐显露出一些不适应之处，教学改革与教学管理的研究迫在眉睫。

工商管理教学改革是顺应时代发展的必然要求。在全球经济一体化的背景下，企业面临的市场环境日益复杂，跨地域、跨文化的商业活动越发频繁。这就要求工商管理专业的学生不仅要掌握扎实的专业知识，更要具备全球视野、创新思维和应变能力。而当前的教学内容和方法在一定程度上存在滞后性，难以满足这些新的需求。例如，一些课程仍侧重于理论讲解，缺乏对实际商业案例的深入分析和实践操作环节，导致学生在毕业后难以迅速适应工作岗位的要求。

与此同时，教学管理在保障工商管理教学质量方面发挥着关键作用。科学合理的教学管理能够优化教学资源配置，激发教师的教学积极性和创造力，营造良好的教学氛围。但目前，教学管理中存在着一些突出问题。如教学计划的制订缺乏灵活性，不能及时根据市场变化和行业需求进行调整；教师教学评价机制单一，不能全面反映教师的教学水平和贡献；等等。

本书聚焦于工商管理教学改革与教学管理这一重要课题，旨在通过深入研究，为推动工商管理教育的发展提供有益的思路和方法。本书在编写过程中，收集、查阅和整理了大量文献资料，在此对学界前辈、同人和所有为此书编写工作提供帮助的人员致以衷心的感谢。由于笔者水平有限，本书的研究可能存在不足之处，恳请各位专家、学者及广大读者提出宝贵意见和建议。

作　者

2024年5月

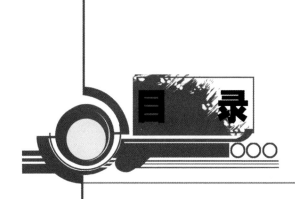

目　　录

第一章
工商管理教学的现状与挑战

第一节　工商管理学科的基本认知

工商管理（Business Administration）作为一门综合性学科，涉及企业运营、管理和决策的方方面面。其核心目标是通过系统的理论和实践教学，培养学生在企业管理中的综合素质和能力。工商管理教学的核心内容涵盖管理学、市场营销、财务管理、人力资源管理、运营管理、战略管理等多个领域，是现代企业管理的基石。

一、理论与实践相结合

工商管理教学不仅强调理论知识的传授，更注重实际操作能力的培养。理论与实践相结合的教学方法是工商管理教学的重要特征之一。理论知识为学生提供了管理工作的框架和方法，而实际操作能力则是将理论应用于现实工作的关键。

（一）案例分析

案例分析是工商管理教学中常用的一种教学方法。通过对实际企业案例的分析，学生可以深入了解企业管理的实际问题和解决方案。案例分析不仅能帮助学生掌握管理理论，还能培养他们分析问题和解决问题的能力。例如，在市场营销课程中，通过对某一品牌的市场策略进行详细分析，学生可以理解市场细分、定位以及品牌推广的实际操作过程。案例分析的过程通常包括案例描述、问题识别、理论应用和方案设计四个环节。在这过程中，学生不仅能学习到如何运用管理理论解决实际问题，还能培养团队协作和沟通能力。

（二）实习和企业调研

实习和企业调研是工商管理教学中重要的实践环节。通过在企业中的实习，学生可以将课堂上学到的理论知识应用到实际工作中，积累实际工作经验。企业调研则通过对企业的深入研究，帮助学生了解企业的运作模式和管理实践。实习不仅可以让学生体验真实的工作环境，还可以帮助他们建立专业网络，增强就业竞争力。实习和调研的成功实施依赖于学校和企业之间的紧密合作，学校需要为学生提供多样化的实习机会，并确保实习内容与课程学习紧密相关。

（三）模拟实验

模拟实验是一种虚拟的实践教学方法，通过模拟企业运营环境，让学生在虚拟的管理情境中进行决策和操作。模拟实验不仅增强了教学的互动性，还提高了学生的实际操作能力。例如，使用商业模拟软件，学生可以扮演企业管理者，体验从产品设计到市场推广的全流程，学会在压力和不确定性下做出有效决策。模拟实验通常包括模拟环境设置、角色分配、任务执行和结果评估等环节，学生通过在模拟环境中的实践，可以积累宝贵的管理经验。

二、跨学科综合性

工商管理是一门综合性学科，涉及多个学科的交叉和融合。教学过程中需要综合运用经济学、心理学、社会学等学科的知识，以全面提升学生的管理素质。

（一）经济学

经济学是工商管理的重要基础学科之一。经济学理论为企业管理提供了基本的经济原理和分析工具，如供求关系、市场机制、成本收益分析等。通过学习经济学，学生可以理解企业经营环境和市场运作规律，从而制定合理的管理决策。比如，学习微观经济学中的供需理论，学生可以预测市场价格变化对企业销售的影响。此外，学习宏观经济学可以帮助学生理解政府政策、国际贸易等对企业运营的影响。

（二）心理学

心理学在工商管理教学中也发挥着重要作用。管理心理学涉及领导行为、员工激励、组织文化等方面的内容，通过对心理学理论的学习，学生可以了解人的行为和动机，提高管理中的沟通和激励效果。例如，理解马斯洛的需求层次理论，学生可以更有效地激励员工，提高组织的工作效率和满意度。心理学知识还可以帮助学生掌握冲突管理、团队建设和组织变革等方面的技能，提升其综合管理能力。

（三）社会学

社会学为工商管理提供了组织行为和社会系统的分析框架。通过学习社会学，学生可以理解企业作为一个社会组织的运作模式，以及不同社会因素对企业管理的影响，提高其社会责任感和管理综合能力。学习社会学理论可以帮助学生分析企业在不同文化背景下的行为模式，理解多样性和包容性在组织中的重要性。此外，社会学研究还涉及社会网络、社会资本等概念，这些概念对于理解企业间的合作和竞争具有重要意义。

（四）法学

法学也是工商管理教学的重要组成部分。企业的运营需要遵守法律法规，了解法律知识对于企业管理者至关重要。工商管理教学中通常包括公司法、劳动法、知识产权法等课程，帮助学生了解企业运营中的法律风险和合规要求。法学知识不仅有助于学生理解企业内部治理结构，还能提升他们在合同管理、劳动争议处理等方面的能力。

（五）统计学和数据分析

在数据驱动的时代，统计学和数据分析成为工商管理教学中不可或缺的部分。学生通过学习统计学和数据分析，可以掌握数据收集、整理、分析和解释等技能，这对于学生在市场调研、财务分析和运营管理等方面的决策具有重要意义。例如，通过数据分析课程，学生可以学习如何使用统计软件进行数据处理，掌握回归分析、时间序列分析等方法，提高其数据驱动的决策能力。

三、国际视野

在全球化背景下，工商管理教学不仅能培养学生的国际视野，还可以让学生了解国际市场和跨国企业的运作模式。通过国际交流和合作办学，学生可以获得更多的国际化教育资源，提升其跨文化管理能力。

（一）国际课程设置

设置国际化课程是培养学生国际视野的重要途径。通过引入国际管理、跨文化管理、国际市场营销等课程，学生可以了解国际市场的运作机制和跨国企业的管理模式，掌握在国际环境中进行管理的知识和技能。例如，通过学习跨文化管理课程，学生可以掌握不同文化背景下的沟通技巧和管理方法，提升在国际企业中的工作适应能力。此外，国际课程还包括国际金融、国际贸易、国际法等内容，帮助学生全面了解全球商业环境。

（二）国际交流项目

国际交流项目为学生提供了到国外高校学习和交流的机会。通过参与交换生项目、国际实习等活动，学生可以直接接触国外的管理实践和文化，拓展其国际视野。例如，参与国际交流项目的学生可以在国外公司实习，了解不同国家的商业习惯和法律法规，为未来的跨国工作打下基础。国际交流项目还包括学术交流、国际会议等活动，学生通过参与这些活动，可以与国际同行建立联系，了解最新的研究成果和行业动态。

（三）合作办学

与国外知名高校合作办学，可以引入先进的教学资源和管理理念。通过合作办学，学生不仅可以接受国际化教育，还可以获得国际认可的学位和证书，提升其国际竞争力。例如，通过与国际知名商学院的合作，学生可以获得双学位，增加其在国际就业市场的竞争优势。合作办学还包括联合研究、师资交流等内容，提升学校的国际化水平和学术影响力。

（四）国际实地考察

国际实地考察是工商管理教学中另一种重要的国际化途径。通过组织学生到国外企业、经济特区和国际组织进行实地考察，学生可以亲身体验不同国家的商业环境和管理实践，深化对国际市场的理解。例如，学生可以前往硅谷考察科技企业的创新管理，或访问欧洲的绿色企业学习可持续发展实践。这些实地考察活动不仅丰富了学生的学习经历，还增强了他们的全球视野和跨文化适应能力。

（五）多语种教学

多语种教学是提升学生国际化能力的重要措施。工商管理教学中可以开设英语、法语、西班牙语等多种语言课程，帮助学生掌握外语技能，提高其在国际环境中的沟通能力。例如，通过英语授课的国际商务课程，学生不仅能学习专业知识，还能提升其英语应用能力，为未来的国际工作和交流打下基础。

四、创新与创业教育

工商管理教学鼓励学生创新思维，培养他们的创业精神。创新与创业教育是工商管理教学的重要组成部分，通过创业实践课程和创业竞赛，学生可以锻炼自己的创新能力和创业技能。

（一）创新课程

设置创新课程，教授学生创新管理、技术创新、商业模式创新等方面的知识。通过学习创新课程，学生可以掌握创新的理论和方法，提升其创新思维能力。例如，在创新管理课程中，学生可以学习如何识别商业机会、进行市场分析、开发创新产品和服务，以及如何管理创新过程。创新课程通常包括理论讲授、案例分析和创新实践等环节，帮助学生全面掌握创新的系统知识。

（二）创业实践

创业实践是创新与创业教育的重要环节。通过创业模拟、创业孵化、创业指导等实践活动，学生可以将创新思维应用到实际的创业项目中，积累创业经验，提升创业成功率。例如，学生可以在创业孵化器中获得导师指导、资金支持和资源共享，增加其创业项目的成功概率。创业实践活动还包括创业沙龙、创业讲座等，学生通过与创业成功人士的交流，可以获得宝贵的创业经验和启示。

（三）创业竞赛

组织创业竞赛，为学生提供展示和检验其创业能力的平台。通过参加创业竞赛，学生可以接受专家评审的指导和建议，提高其创业项目的可行性和市场竞争力。例如，参加全国性的创业大赛，学生不仅能展示自己的创新成果，还能获得宝贵的创业经验和市场反馈。创业竞赛通常分为多个阶段，包括项目申报、初赛、复赛和决赛，学生在每个阶段都可以获得评审专家的指导和反馈，逐步完善其创业项目。

（四）创业教育资源整合

整合校内外创业教育资源，为学生提供全方位的支持和服务。例如，建立校内创业孵化器，提供创业导师、创业资金和创业空间等资源，帮助学生实现创业梦想。学校还可以与政府部门、企业和投资机构合作，搭建创业服务平台，为学生提供政策支持、市场对接和融资渠道，提升其创业成功率。

（五）创新实验室和创客空间

建立创新实验室和创客空间，为学生提供开展创新和创业活动的场所和设备。例如，学校可以建立3D打印实验室、机器人实验室等，学生可以在这些实验室中进行创新产品的设计和制作。创客空间则提供开放的工作环境和工具，学生可以在这里开展团队合作，进行创意交流和项目开发。这些设施和空间不仅促进了学生的创新实践，还增强了他们的动手能力和团队协作精神。

五、企业社会责任与可持续发展

在现代工商管理教育中，企业社会责任（Corporate Social Responsibility，CSR）和可持续发展（Sustainable Development）越来越受到重视。企业不仅需要追求经济效益，还需要关注社会责任和环境保护。工商管理教学需要引导学生关注CSR和可持续发展，培养其绿色管理理念和实践能力。

（一）CSR 课程设置

设置CSR课程，教授学生企业在社会、环境和经济方面的责任和义务。通过学习CSR课程，学生可以了解企业如何在追求经济效益的同时，履行社会责任，推动可持续发展。例如，通过分析企业在环保、社会公益和员工福利方面的实际案例，学生可以掌握如何在实际管理中践行社会责任。CSR课程通常包括理论讲授、案例分析和社会实践等环节，帮助学生全面理解企业社会责任的内涵和实践方法。

（二）绿色管理实践

绿色管理实践课程，教授学生绿色供应链管理、环境管理体系、可持续发展战略等方面的知识。学生可以通过参与绿色管理实践项目，了解如何在企业运营中实现环保和可持续发展目标。例如，学生可以参与企业的环保项目，如能源管理、废弃物处理和绿色产品设计，提升其在绿色管理方面的实践能力。绿色管理实践课程通常包括课堂学习、企业参观和项目实践等环节，帮助学生将理论知识应用到实际管理中。

（三）社会责任活动

组织社会责任活动，鼓励学生参与公益事业和环保行动。通过参与社会责任活动，学生可以增强社会责任感和环保意识，提高其在实际管理中的社会责任实践能力。例如，通过组织校园环保活动、社区服务项目，学生可以直接参与社会公益事业，理解企业社会责任的重要性。社会责任活动不仅培养了学生的社会责任感，还增强了他们的团队合作意识和组织能力。

（四）可持续发展课程

可持续发展课程是工商管理教学中不可或缺的部分。通过教授可持续发展理论、方法和实践案例，学生可以了解企业在可持续发展中的角色和责任。例如，通过学习可持续发展战略课程，学生可以掌握如何在企业战略中融入可持续发展理念，提高企业的长期竞争力和社会形象。可持续发展课程通常包括理论讲授、案例分析和实地考察等环节，帮助学生全面理解可持续发展的理念和实践方法。

（五）校企合作项目

通过校企合作项目，学生可以参与企业的社会责任和可持续发展实践。例如，与企业合作开展环保项目、社会公益活动等，学生在项目中不仅能积累实践经验，还能提升社会责任感和可持续发展意识。校企合作项目还可以为学生提供实习和就业机会，帮助他们更好地将学术知识应用到实际工作中。

（六）科研与创新

工商管理教学中还需要鼓励学生在企业社会责任和可持续发展领域进行科研和创新。例如，通过开展相关的科研项目，学生可以深入研究企业社会责任和可持续发展的理论和实践，提出创新的解决方案和管理模式。学校可以为学生提供科研经费和资源支持，帮助他们实现科研成果的转化和应用。

第二节　工商管理教学的内容和任务

一、工商管理教学的内容

工商管理教学的内容主要包括以下几个方面。

（一）管理学基础

管理学作为工商管理的基础课程，主要介绍管理的基本理论和方法，包括计

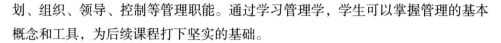

划、组织、领导、控制等管理职能。通过学习管理学，学生可以掌握管理的基本概念和工具，为后续课程打下坚实的基础。

1．计划

计划是管理的首要职能，指明了企业的未来方向和目标，并确定了实现这些目标的具体行动步骤。计划分为战略计划、战术计划和操作计划。战略计划确定企业长期的发展方向和总体目标；战术计划针对中期目标，制订部门级别的行动计划；操作计划则涉及日常运营的具体任务和步骤。学习计划管理可以帮助学生理解企业如何通过科学的规划，实现资源的最优配置和目标的有效达成。例如，企业在制订五年发展计划时，需要分析市场趋势、竞争态势以及内部资源情况，制定具体的发展目标和实施步骤。

2．组织

组织是将计划付诸实施的过程，涉及构建企业的组织结构和分配资源。组织结构包括职能型结构、矩阵型结构、网络型结构等。通过学习组织管理，学生可以了解如何设计企业的组织架构，明确各部门和岗位的职责和权力，确保资源的有效配置和利用。例如，一个科技公司可以采用矩阵型结构，使项目管理与职能部门协同工作，提高创新和响应市场的速度。

3．领导

领导是管理的核心职能，涉及激励和引导员工实现企业目标。领导理论包括领导风格、领导技能、领导权威等方面的内容。通过学习领导管理，学生可以掌握不同的领导风格和方法，更好地提高自身的领导能力和团队管理水平。例如，变革型领导强调通过激励和创新推动企业发展；交易型领导则注重任务分配和绩效考核。一个成功的领导者只有具备战略眼光以及沟通、激励和冲突管理的能力，才能高效带领团队实现企业目标。

4．控制

控制是确保计划和实际执行相符的过程，涉及制定标准、监控绩效和采取纠正措施。控制系统包括财务控制、质量控制、运营控制等。学习控制管理，学生可以了解如何通过有效的控制系统，确保企业目标的实现、减少资源浪费和管理风险。例如，财务控制通过预算管理和财务报表分析，帮助企业监控资金使用情况，发现并及时纠正偏差，确保财务健康。

（二）市场营销

市场营销课程主要讲授市场分析、消费者行为、营销战略、产品管理、定价策略、渠道管理和促销策略等内容。通过学习市场营销，学生可以了解市场运作机制，掌握市场调研和营销策略的制定方法。

1．市场分析

市场分析是市场营销的起点，包括市场需求分析、竞争环境分析和市场机会识别。学习市场分析，学生可以掌握如何通过数据和信息，了解市场需求变化和竞争态势、识别市场机会，为企业的市场决策提供依据。通过市场细分，学生可以了解不同消费者群体的需求特点，从而制定有针对性的市场策略。例如，一家运动品牌公司可以通过市场调研了解不同年龄段、性别和地域消费者的运动需求，从而推出符合各个细分市场的产品。

2．消费者行为

消费者行为研究涉及消费者的购买动机、决策过程和消费习惯。学习消费者行为，学生可以了解消费者的心理和行为模式，掌握如何通过市场营销活动影响消费者的购买决策。了解影响消费者决策的因素，如文化、社会、个人和心理因素，可以帮助企业更有效地定位和推广其产品。例如，通过心理学和行为学的研究，企业可以设计更具吸引力的广告和促销活动，激发消费者的购买欲望。

3．营销战略

营销战略包括市场定位、目标市场选择和市场进入策略。通过学习营销战略，学生可以掌握如何制订和实施有效的市场营销计划，实现企业的市场目标。通过差异化战略，企业可以提供独特的产品或服务，赢得竞争优势；通过集中化战略，企业可以专注于特定市场，提升竞争力。例如，一家奢侈品公司可以通过差异化战略，打造独特的品牌形象和高品质的产品，吸引高端消费者。

4．产品管理

产品管理涉及产品开发、设计、定价、推广和生命周期管理。学习产品管理，学生可以了解如何通过科学的产品管理，实现产品的市场竞争力和生命周期价值的最大化。通过新产品开发过程，学生可以学习如何对从市场调研、概念设计到产品上市，进行全流程的管理和控制。例如，一家科技公司可以通过产品生命周期管理，及时更新和升级产品，保持市场竞争力。

5．定价策略

定价策略包括成本导向定价、竞争导向定价和价值导向定价。通过学习定价策略，学生可以掌握如何根据市场需求、成本结构和竞争环境，制定合理的产品定价策略。通过价值导向定价，企业可以根据产品的市场价值和客户感知价值，制定符合市场需求的价格，提升市场竞争力。例如，一家餐饮连锁店可以通过分析竞争对手的定价策略和消费者的价格敏感度，制定合理的价格策略，吸引更多顾客。

6．渠道管理

渠道管理涉及渠道选择、渠道设计和渠道关系管理。通过学习渠道管理，学生可以了解如何通过合理的渠道设计，实现产品的有效分销和市场覆盖。通过选择合适的分销渠道，企业可以提高产品的市场渗透率和客户满意度。例如，一家电子产品公司可以通过线上和线下渠道的结合，扩大产品的销售范围和影响力。

7．促销策略

促销策略包括广告、销售促进、公共关系和个人销售。学习促销策略，学生可以掌握如何通过有效的促销活动，提升产品的市场知名度和销售量。通过整合营销传播，企业可以通过多种促销手段，形成合力，提升市场效果。例如，一家化妆品公司可以通过广告、社交媒体营销、促销活动等多种方式，提升品牌知名度和销售额。

（三）财务管理

财务管理课程涉及企业财务活动的规划、组织、协调和控制，包括财务报表分析、资本预算、融资决策、成本管理、利润分配等内容。学生通过学习财务管理，可以掌握企业财务管理的基本理论和方法，提升财务决策能力。

1．财务报表分析

财务报表分析包括资产负债表、利润表和现金流量表的分析。通过学习财务报表分析，学生可以了解企业的财务状况和经营成果，为财务决策提供依据。通过分析企业的资产结构和负债水平，学生可以评估企业的财务健康状况和风险水平，通过分析企业的现金流量表，学生可以了解企业的现金流入和流出情况，评估企业的流动性和偿债能力。

2．资本预算

资本预算涉及企业长期投资决策，包括投资项目的评估、选择和管理。学习资本预算，学生可以掌握如何通过财务指标，如净现值、内部收益率、回收期等，评估投资项目的可行性和风险。通过运用净现值法，学生可以评估投资项目的未来现金流和投资回报，从而进行科学的投资决策。例如，一家制造公司在进行设备更新时，需要通过资本预算分析，选择最优的投资方案，提高生产效率和竞争力。

3．融资决策

融资决策涉及企业的融资渠道和融资方式选择。通过学习融资决策，学生可以了解企业如何通过股权融资、债务融资和内部融资，获取所需资金，支持企业发展。通过分析不同融资方式的成本和风险，学生可以制定最优的融资策略，降低融资成本、提高企业价值。例如，一家初创企业可以通过风险投资和股权融资，获取发展所需的资金，支持业务扩展和技术研发。

4．成本管理

成本管理包括成本控制、成本核算和成本分析。学习成本管理，学生可以掌握如何通过科学的成本管理，实现企业成本的有效控制和降低。实施标准成本制度，学生可以了解如何通过成本核算和差异分析，发现成本控制中的问题，采取纠正措施，提高成本管理水平。例如，一家零售企业可以通过成本分析，识别和优化成本构成，降低运营成本、提高利润率。

5．利润分配

利润分配涉及企业利润的分配和使用。学习利润分配，学生可以了解企业如何通过利润分配政策，实现股东利益和企业发展的平衡。通过制定合理的利润分配政策，企业可以在满足股东利益的同时，保留足够的利润用于再投资和发展。例如，一家上市公司可以通过股利分配和股票回购，提高股东回报，同时保留资金用于未来的扩展和创新。

（四）人力资源管理

人力资源管理课程主要讲授人力资源规划、招聘与选拔、培训与开发、绩效管理、薪酬管理和劳动关系管理等内容。通过学习人力资源管理，学生可以掌握员工招聘、培训、绩效评估等方面的知识，提高人力资源管理能力。

1．人力资源规划

人力资源规划涉及确定企业的人力资源需求，并制定满足这些需求的策略和计划。学习人力资源规划，学生可以了解如何通过人力资源供需分析，制订科学

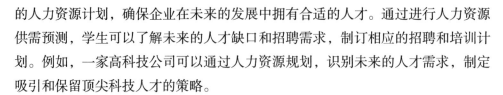

的人力资源计划，确保企业在未来的发展中拥有合适的人才。通过进行人力资源供需预测，学生可以了解未来的人才缺口和招聘需求，制订相应的招聘和培训计划。例如，一家高科技公司可以通过人力资源规划，识别未来的人才需求，制定吸引和保留顶尖科技人才的策略。

2．招聘与选拔

招聘与选拔是人力资源管理的核心环节，涉及吸引和筛选合适的人才。通过学习招聘与选拔，学生可以掌握如何通过多种招聘渠道，如校园招聘、社会招聘、内部推荐等，吸引合适的候选人；通过科学的选拔工具和方法，如面试、测评、背景调查等，筛选最符合岗位要求的人才。通过结构化面试，学生可以掌握如何设定统一的问题和评分标准，进行公平和有效的面试评估方法。例如，一家跨国公司可以通过全球招聘和选拔系统，吸引和选拔各国优秀人才，支持公司国际化战略。

3．培训与开发

培训与开发涉及员工的职业发展和能力提升。学习培训与开发，学生可以了解如何通过培训需求分析、培训计划制订、培训效果评估等，提升员工的知识和技能，提高组织的整体绩效。实施岗前培训、在职培训和职业发展计划，学生可以掌握如何通过系统的培训和开发活动，提升员工的职业能力和工作绩效的方法。例如，一家大型企业可以通过建立内部培训学院，提供系统的培训课程和职业发展机会，提升员工的综合能力和职业满意度。

4．绩效管理

绩效管理包括绩效目标设定、绩效评估和绩效反馈。学习绩效管理，学生可以掌握如何通过科学的绩效管理体系，提升员工的工作动力和组织绩效。通过运用平衡计分卡，学生可以了解如何从财务、客户、内部运营、学习与成长等多个维度，进行全面的绩效评估和管理。例如，一家服务公司可以通过绩效管理系统，评估员工的服务质量和客户满意度，提升整体服务水平。

5．薪酬管理

薪酬管理涉及制定和实施薪酬政策，包括基本工资、绩效奖金、福利待遇等。学习薪酬管理，学生可以了解如何通过公平合理的薪酬体系，激励员工的工作积极性和创造力。通过岗位评价和薪酬调查，学生可以掌握如何根据市场水平和岗位价值，制定科学的薪酬结构和标准，确保薪酬体系的公平性和竞争力。例如，一家金融机构可以通过市场薪酬调查，制定具有竞争力的薪酬方案，吸引和保留优秀的金融人才。

6. 劳动关系管理

劳动关系管理涉及处理企业与员工之间的劳动关系，维护企业和员工的合法权益。学习劳动关系管理，学生可以了解如何通过劳动合同管理、劳动争议处理、员工沟通等，维护和谐的劳动关系、提高组织的凝聚力和员工满意度。了解劳动法律法规，学生可以掌握如何在实际工作中，处理劳动合同签订、劳动争议解决等问题，确保企业合法合规运作的方法。例如，一家制造企业可以通过劳动关系管理，建立和谐的劳动关系，提升员工的工作满意度和生产效率。

（五）运营管理

运营管理课程涉及企业生产和运营的规划、组织、协调和控制，包括生产计划、库存管理、质量控制、供应链管理、项目管理等内容。学生通过学习运营管理，可以掌握生产运营的基本理论和方法，提高运营管理能力。

1. 生产计划

生产计划涉及制订和实施企业的生产计划，包括生产能力规划、生产调度和生产进度控制。学习生产计划，学生可以了解如何通过科学的生产计划，确保生产过程的高效和顺畅。实施精益生产，学生可以掌握如何通过减少浪费、优化流程，提高生产效率和产品质量的方法。例如，一家汽车制造公司可以通过合理的生产计划，优化生产流程，从而提高生产效率和产品质量。

2. 库存管理

库存管理涉及库存控制、库存成本管理和库存优化。学习库存管理，学生可以了解如何通过科学的库存管理，实现库存的合理控制和优化。运用经济订货批量（Economic Order Quantity，EOQ）模型，学生可以掌握如何确定最佳的订货量和订货周期，降低库存成本、提高库存管理水平的方法。例如，一家零售企业可以通过库存管理系统，优化库存水平，降低库存成本，从而提高资金利用效率。

3. 质量控制

质量控制涉及产品质量的监控和管理，包括质量标准制定、质量检测和质量改进。学习质量控制，学生可以了解如何通过全面质量管理（Total Quality Management，TQM）、六西格玛等方法，提高产品和服务的质量。实施统计过程控制（Statistical Processcontrol，SPC），学生可以掌握如何通过数据分析和过程监控，发现和解决质量问题，提升产品质量和客户满意度的方法。例如，一家电子产品公司可以通过质量控制体系，确保产品的高质量和一致性，从而提高客户满意度和市场竞争力。

4．供应链管理

供应链管理涉及供应链的规划、设计、运作和优化。学习供应链管理，学生可以了解如何通过有效的供应链管理，实现供应链的高效运作和价值最大化。实施供应链协同管理，学生可以掌握如何通过供应商关系管理、物流优化等方法，提高供应链的灵活性和响应速度。例如，一家快消品公司可以通过供应链管理系统，优化供应链各环节，提高供应链的效率和响应速度，提升市场竞争力。

5．项目管理

项目管理涉及项目的计划、执行、监控和收尾。学习项目管理，学生可以了解如何通过项目生命周期管理，实现项目目标的达成。通过运用项目管理工具和方法，如甘特图、关键路径法（Critical Path Method，CPM）、项目评估与审查技术（Program Evaluation and Review Technique，PERT）等，学生可以掌握如何进行项目计划、进度控制和风险管理，从而提高项目管理水平的方法。例如，一家建筑公司可以通过项目管理系统，优化项目计划和进度控制，确保项目按时按质完成。

（六）战略管理

战略管理课程主要讲授企业战略的制定和实施，包括外部环境分析、内部资源评估、战略选择、战略实施和战略控制等内容。通过学习战略管理，学生可以了解企业战略管理的基本理论和方法，提升战略思维和决策能力。

1．外部环境分析

外部环境分析涉及宏观环境、行业环境和竞争环境的分析。学习外部环境分析，学生可以掌握如何通过PEST分析、波特五力模型等工具，了解企业面临的外部环境和竞争态势的方法。例如，通过进行行业分析，学生可以了解行业的市场规模、增长趋势和竞争格局，为企业的战略制定提供依据。例如，一家科技公司可以通过外部环境分析，识别市场机会和威胁，制定相应的竞争策略。

2．内部资源评估

内部资源评估涉及企业内部资源和能力的分析，包括财务资源、物质资源、人力资源、技术资源等。学习内部资源评估，学生可以了解如何通过资源基础观（Resource-Based View，RBV）等理论，评估企业的核心资源和能力，确定企业的竞争优势。进行SWOT分析，学生可以掌握如何通过分析企业的优势、劣势、机会和威胁，制定科学的战略方案的方法。例如，一家制造企业可以通过内部资源评估，识别核心竞争力和资源优势，制定有针对性的战略方案。

3．战略选择

战略选择涉及企业的战略定位和战略选择。学习战略选择，学生可以了解如何通过差异化战略、成本领先战略、集中化战略等，实现企业的战略目标。通过战略定位，学生可以掌握如何确定企业的市场定位和竞争策略的方法，从而提升企业的市场竞争力和盈利能力。例如，一家快餐连锁店可以通过成本领先战略，降低生产成本、提高价格竞争力，吸引更多顾客。

4．战略实施

战略实施涉及战略计划的执行和管理，包括组织结构设计、资源配置、绩效管理等内容。学习战略实施，学生可以了解如何通过有效的战略实施，实现战略目标的达成。通过实施平衡计分卡（Balanced Score Card，BSC），学生可以掌握如何从财务、客户、内部运营、学习与成长等多个维度，进行全面的战略实施和绩效管理的方法。例如，一家服务公司可以通过战略实施系统，优化资源配置和绩效管理，确保战略目标的实现。

5．战略控制

战略控制涉及战略实施过程中的监控和调整，包括战略评估、战略调整和战略改进。学习战略控制，学生可以了解如何通过科学的战略控制体系，确保战略实施的有效性和目标的实现。进行战略评估，学生可以掌握如何通过绩效指标和评估工具，监控战略实施的进展和效果的方法，从而进行必要的战略调整和改进。例如，一家国际公司可以通过战略控制系统，实时监控战略实施进展，确保战略目标的实现。

二、工商管理教学的任务

工商管理教学的任务主要包括以下几个方面。

（一）知识传授

通过系统的理论教学，向学生传授工商管理的基本知识和前沿理论。教学内容包括管理学、市场营销、财务管理、人力资源管理、运营管理、战略管理等多个领域，确保学生全面掌握工商管理的核心知识体系。例如，通过开设管理学基础课程，学生可以系统学习管理的基本理论和方法，为后续课程打下坚实的基础；通过市场营销课程，学生可以掌握市场分析、消费者行为、营销战略等知识，为未来的市场营销工作打下基础。

（二）能力培养

通过案例分析、实习实践等方式，培养学生的管理能力和实际操作能力。教学过程中，注重理论与实践的结合，通过实习、企业调研、项目管理等实践活动，提升学生的实际操作能力和解决实际问题的能力。例如，通过组织学生进行企业实习，学生可以将课堂上学到的理论知识应用到实际工作中，积累宝贵的工作经验和技能；通过项目管理课程，学生可以掌握项目计划、执行、监控等技能，提升项目管理能力。

（三）素质教育

通过创新与创业教育，培养学生的创新思维和创业精神，提升其综合素质。教学过程中，注重培养学生的创新能力和创业精神，通过开设创新课程、组织创业竞赛等活动，激发学生的创新潜力和创业热情。例如，通过开展创新创业大赛，学生可以在实际项目中锻炼自己的创新能力和创业技能，提升其综合素质和竞争力；通过创业课程，学生可以学习创业理论和实践，提升创业成功的可能性。

（四）国际视野拓展

通过国际交流与合作办学，拓展学生的国际视野，提升其跨文化交流和管理能力。教学过程中，注重培养学生的国际视野和跨文化管理能力，通过设置国际课程、组织国际交流项目等方式，提升学生的国际化能力。例如，通过参加国际交流项目，学生可以到国外高校学习和交流，了解不同国家的管理实践和商业文化，提升其跨文化适应能力；通过合作办学，学生可以获得国际认可的学位和证书，提升国际竞争力。

（五）实践教学

注重实践教学，增强学生的实际操作能力和问题解决能力。通过实习、企业调研、项目管理等实践活动，学生可以将课堂上学到的理论知识应用到实际工作中，积累宝贵的实践经验和技能。例如，通过组织学生进行企业实习，学生可以在实际工作中锻炼自己的管理能力和解决问题的能力，提升其就业竞争力和职业发展能力；通过企业调研课程，学生可以了解企业运营实际情况，提升实践能力。

（六）终身学习能力培养

通过培养学生的终身学习能力，提升其在快速变化的商业环境中的适应能力。教学过程中，注重培养学生的自主学习能力和终身学习意识，通过提供多样化的学习资源和学习平台，帮助学生不断更新知识，提升技能。例如，通过开设在线课程和提供学习平台，学生可以随时随地进行学习，提升其终身学习能力和职业发展潜力；通过图书馆和电子资源平台，学生可以获取最新的商业管理知识，保持持续学习，增强竞争优势。

工商管理教学的内容和任务需要不断适应时代的发展和市场的变化，及时更新。通过系统的理论教学和丰富的实践活动，工商管理教学可以全面提升学生的管理素质和能力，培养具有国际视野、创新能力和社会责任感的高素质管理人才，为社会和经济的发展做出更大的贡献。

第三节　工商管理教学的现状分析

当前，工商管理教学虽然在全球范围内呈现出蓬勃发展的态势，但是也面临诸多挑战和问题。为了更好地理解工商管理教学的现状，我们从以下几个方面进行分析：教学模式、课程内容、师资力量、学生实践机会以及国际化程度。

一、教学模式单一

尽管现代教学技术不断进步，但许多工商管理课程仍然采用传统的课堂讲授模式，缺乏互动性和实践性。学生在课堂上被动接受知识，缺乏主动思考和动手实践的机会。

（一）传统讲授模式的局限性

传统的讲授模式以教师为中心，学生被动地接受信息。这种方式虽然在知识传授上具有一定的效率，但在培养学生的批判性思维和实际操作能力方面存在不足。教师单向讲授时，学生缺乏互动和讨论的机会，容易导致学习兴趣下降和理解不深刻。例如，在管理学课程中，教师虽然会详细讲解管理理论和方法，但学生很少有机会通过案例分析或实际项目来应用这些理论，从而缺乏实际操作的经验。

（二）互动式教学的缺乏

互动式教学方法，如小组讨论、案例分析、角色扮演等，可以有效提高学生的参与度和积极性。然而，目前许多工商管理课程中，这些互动式教学方法应用不足。例如，虽然小组讨论可以促进学生之间的交流和合作，但在实际教学中，由于时间和资源限制，教师往往难以组织有效的小组活动。互动式教学可以帮助学生更好地理解和应用所学知识，但这类教学方法在实施过程中需要教师付出更多的时间和精力进行准备和组织。

（三）在线教育的发展与挑战

随着信息技术的发展，在线教育成为一种重要的教学模式。虽然在线教育提供了灵活的学习方式和丰富的资源，但也面临着一些挑战。例如，在线课程的互动性较差，学生容易出现学习倦怠和缺乏监督的问题；在线教育的质量参差不齐，如何确保教学效果是一个重要问题。此外，在线教育虽然可以提供灵活的学习时间和地点，但学生在缺乏面对面交流和互动的环境中，可能难以保持学习动力和兴趣。

（四）教学评价机制的单一性

目前，许多工商管理课程的教学评价机制仍以考试成绩为主，忽视了对学生综合能力和实践能力的评价。例如，一些课程只通过期末考试成绩来评估学生的学习成果，缺乏对学生平时表现、项目参与和实际操作能力的综合评价。单一的评价机制难以全面反映学生的学习效果和能力提升。

（五）技术驱动教学的不足

虽然信息技术在教学中的应用越来越广泛，但许多工商管理课程在技术应用方面仍显不足。例如，虚拟现实（Virtual Reality，VR）、增强现实（Augmented Reality，AR）等新兴技术可以用于模拟商业环境和实践操作，但这些技术在实际教学中的应用仍然有限。技术驱动的教学方法可以提供更加丰富的学习体验，但需要高校在技术设备和教师培训方面投入更多。

（六）个性化教学的缺乏

个性化教学是根据学生的个性特点和学习需求，制订个性化的教学计划和方法。然而，目前许多高校的工商管理课程缺乏个性化教学，学生的个性特点和学习需求难以得到充分考虑和满足。例如，一些学生在学习过程中具有不同的兴趣和擅长的领域，但课程设置和教学方法往往无法满足这些个性化需求。

（七）实践教学的不足

尽管实践教学在工商管理教育中至关重要，但在实际教学过程中，实践教学往往未得到充分重视。例如，一些高校缺乏系统的实践教学计划和资源，学生难以通过实际操作和项目实践提升实践能力。实践教学的缺乏直接影响了学生的实际操作能力和职业素养。

二、课程内容陈旧

一些高校工商管理课程的设置和教材内容滞后于时代的发展，未能及时更新和反映最新的管理理论和实践，导致了学生所学知识与实际需求脱节，影响其就业竞争力。

（一）课程内容更新缓慢

工商管理学科发展迅速，新理论、新方法层出不穷。然而，许多高校的课程内容更新速度较慢，未能及时反映学科的发展前沿。例如，近年来人工智能、大数据、区块链等技术在管理领域的应用越来越广泛，但这些内容在许多工商管理课程中仍然较少涉及。许多高校的课程设置依然停留在传统的管理理论和方法上，未能及时跟上时代的发展和企业的实际需求。

（二）教材内容缺乏实用性

一些工商管理教材内容偏重理论，缺乏实际案例和操作指导，学生难以将所学知识应用于实际工作。例如，财务管理课程中的一些教材主要讲授传统的财务理论和方法，而忽视了现代企业实际运作中的财务管理实践，导致学生在进入职场后面临实践能力不足的问题。教材内容的实用性和时代性对于学生掌握实际操作能力和适应职场需求至关重要。

（三）课程设置与市场需求脱节

高校在设置工商管理课程时，往往缺乏对市场需求的充分调研，导致课程内容与实际需求不符。例如，企业对具有国际视野和跨文化管理能力的人才需求越来越高，但许多高校的工商管理课程中，国际化和跨文化管理相关的课程设置仍显不足。课程设置应紧密结合市场需求和企业实际情况，培养具有实践能力和国际视野的高素质人才。

（四）缺乏跨学科整合

工商管理是一门综合性学科，需要综合运用经济学、心理学、社会学等多学科的知识。然而，许多高校的工商管理课程设置中，缺乏跨学科整合，课程内容单一，难以培养学生的综合素质和能力。例如，一些高校的市场营销课程中，缺乏对消费者行为学、社会心理学等学科内容的融入，导致课程内容不够全面和系统。跨学科整合可以帮助学生从多角度理解和解决实际管理问题，提高综合素质和能力。

（五）课程内容重复与冗余

一些高校的工商管理课程内容重复和冗余，未能形成系统和连贯的知识体系。例如，不同课程中讲授相同或相似的内容，导致学生学习负担加重，知识掌握不够系统和深入。课程内容的合理设置和优化，可以提高教学效果和学生的学习效率，帮助学生更好地掌握和应用所学知识。

（六）缺乏实践导向的课程

许多工商管理课程主要以理论讲授为主，缺乏实践导向的课程。例如，一些课程在设计时，未能充分考虑实际管理中的操作需求和实践案例，导致学生在学习过程中难以将理论知识与实际操作相结合。实践导向的课程设计可以帮助学生更好地理解和应用所学知识，提高实际操作能力和职业素养。

（七）教学内容缺乏时代性

工商管理教学内容需要紧跟时代发展，反映最新的管理实践和技术应用。例如，当前数字化转型、智能制造、绿色管理等新兴领域的发展迅速，但许多高校的课程内容未能及时更新和反映这些新兴领域的知识与实践。教学内容的时代性和前瞻性对于培养适应未来发展需求的高素质管理人才至关重要。

（八）课程内容缺乏深度

一些工商管理课程内容较为浅显，未能深入探讨管理理论和实践。例如，一些课程在讲授管理理论时，往往只涉及基本概念和方法，缺乏深入的理论探讨和实践案例分析，导致学生难以深入理解和应用所学知识。课程内容的深度和广度直接影响学生的学习效果和知识掌握程度。

（九）课程内容缺乏系统性

一些高校的工商管理课程内容缺乏系统性和连贯性，课程之间缺乏有机联系。例如，一些课程在设计时未能充分考虑课程之间的联系和衔接，导致学生在学习过程中难以形成系统和连贯的知识体系。课程内容的系统性和连贯性对于提高学生的学习效果和知识掌握程度至关重要。

（十）课程内容缺乏实际应用

一些工商管理课程内容偏重理论讲授，缺乏实际应用和操作指导。例如，一些课程在讲授管理理论时，未结合实际案例和操作指南，导致学生难以将所学知识应用于实际工作中。课程内容的实际应用性和操作指导对于提高学生的实际操作能力和职业素养至关重要。

三、师资力量不足

工商管理作为一门应用性学科，对教师的实践经验和教学能力要求较高。然而，一些高校的工商管理教师队伍存在实践经验不足、教学方法单一的问题，影响了教学质量的提升。

（一）教师实践经验不足

工商管理教学需要教师具备丰富的实践经验，能够将理论与实践相结合，进行生动的案例教学和实际操作指导。然而，许多高校工商管理教师的选拔主要看学术背景，缺乏企业管理经验，难以为学生提供实际操作指导。例如，一些教师在讲授市场营销课程时，未结合实际的市场案例，深入地分析和讲解，导致教学内容缺乏实践性和生动性。教师的实践经验和教学能力直接影响教学质量和学生的实际操作能力。

（二）教学方法单一

传统的讲授式教学方法在工商管理教学中仍占主导地位，缺乏多样化的教学手段和方法，导致学生难以通过实践活动提升实际操作能力和团队合作能力。教学方法的多样化和互动性可以提高学生的学习兴趣和参与度，帮助学生更好地理解和应用所学知识。

（三）教师培训与发展不足

高校对工商管理教师的培训和发展重视不够，教师难以获得系统的职业发展和技能提升。例如，一些高校缺乏对教师的教学方法培训和企业实践机会，教师难以及时更新教学内容和提升教学能力，影响了教学质量的提升。教师的持续培训和职业发展对于提高教学质量和学生培养效果至关重要。

（四）教师工作负担重

高校教师不仅要承担教学任务，还要进行科研和社会服务，工作负担较重。例如，一些高校的工商管理教师需要承担大量的科研项目和行政工作，难以有足够的时间和精力投入教学改革和课程开发，影响了教学质量的提升。教师的工作负担和压力直接影响教学效果和学生的学习体验。

（五）教师队伍结构不合理

一些高校的工商管理教师队伍结构不合理，缺乏高级职称教师和具有国际背景的教师。例如，一些高校的工商管理教师以年轻教师为主，缺乏具有丰富教学经验和实践经验的资深教师，影响了教学质量和学生的培养效果。教师队伍的合理结构和多样化，可以提高教学水平和学生培养质量。

（六）教师教学资源不足

教师在教学中需要丰富的教学资源和支持，例如案例库、教材、实验室等。然而，许多高校的工商管理教师缺乏充足的教学资源，影响了教学效果。例如，一些教师在教学中缺乏实际案例和实验设备，难以进行生动和实际的教学。教学资源在提高教学效果和保证教学质量方面起着至关重要的作用。

（七）教师职业发展机会有限

教师在职业发展过程中需要多样化的机会和平台，例如学术交流、企业实践、国际合作等。然而，许多高校的工商管理教师在职业发展过程中面临机会有限和平台不足的问题。例如，一些教师难以获得企业实践和国际交流的机会，影响了其职业发展和教学提升。教师职业发展机会是否充足直接影响其教学质量和职业素养。

（八）教师教学方法的创新不足

教师在教学方法上需要不断创新和改进。然而，许多高校的工商管理教师在教学方法上的创新和改进不足，影响了教学效果。例如，一些教师在教学中主要采用传统的讲授式方法，缺乏互动和实践教学，难以激发学生的学习兴趣和参与度。教学方法的创新和改进对于提高教学质量和学生的学习效果至关重要。

（九）教师教学评价机制不足

高校在对教师的教学评价中，往往缺乏全面和科学的评价机制。例如，一些高校的教学评价主要依赖学生的期末评教，缺乏对教师平时教学表现和教学效果的全面评价。教学评价机制的科学性和全面性直接影响教师的教学质量和职业发展。

（十）教师的国际化水平不足

高校教师的国际化水平对于工商管理教育的国际化至关重要。然而，许多高校的工商管理教师在国际化水平上仍显不足。例如，一些教师缺乏国际背景和跨文化管理经验，难以为学生提供国际化的教学和指导。教师的国际化水平直接影响学生的国际视野和跨文化管理能力的提升。

四、学生实践机会有限

虽然许多高校开设了实习实践课程，但由于资源有限和企业合作不充分，学生获得实际锻炼的机会较少。实践教学的缺乏，导致学生在毕业后难以迅速适应职场需求。

（一）实习机会有限

高校与企业的合作不够紧密，学生难以获得充足的实习机会。例如，一些高校的工商管理专业学生由于实习岗位有限，难以在企业中得到系统的实践锻炼，实践经验不足，毕业后难以迅速适应职场需求。实习机会是否充足直接影响学生的实践能力和职业发展。

（二）实习质量参差不齐

即使学生获得了实习机会，实习内容和质量也存在较大差异。例如，一些学生在实习期间主要从事简单的文书工作，缺乏实际的管理操作和决策参与，难以提升实际操作能力和管理素质。实习质量的高低直接影响学生的实践经验和职业技能的提升。

（三）校企合作不足

高校与企业的合作不够紧密，缺乏系统的校企合作机制。例如，一些高校未能建立长期稳定的校企合作关系，难以为学生提供系统的实习和就业支持。此外，校企合作的内容和形式单一，难以满足学生多样化的实践需求。校企合作的紧密程度和效果直接影响学生的实践机会和职业发展。

（四）实践教学资源不足

高校在实践教学资源上的投入不足，难以为学生提供充分的实践机会和资源。例如，一些高校缺乏模拟实验室、实训基地等实践教学设施，学生难以进行系统的模拟操作和实际锻炼。此外，实践教学的指导教师数量不足，难以为学生提供充分的指导和支持。实践教学资源是否充足直接影响学生的实际操作能力和职业技能的提升。

（五）实践教学体系不完善

一些高校的实践教学体系不完善，实践教学内容和方法缺乏系统性和科学性。例如，一些高校的实践教学主要依赖企业实习，缺乏系统的校内实践教学内容和方法，学生难以通过系统的实践教学提升实际操作能力和管理素质。实践教学体系的完善和科学性直接影响学生的实践能力和职业发展。

（六）实践课程的设计和执行问题

尽管一些高校设有实践课程，但这些课程的设计和执行往往存在问题。实践课程应当涵盖项目管理、企业运营模拟等，但实际上，教师在指导实践课程时，往往缺乏具体的企业案例和项目资源，难以有效地将理论与实际操作结合起来。此外，实践课程的时间安排也常常不合理，导致学生无法充分参与和体验实际操作过程。

（七）实践教学方法的创新不足

实践教学方法的创新对于提高学生的实践能力至关重要。然而，许多高校的实践教学方法创新不足，影响了实践教学效果。例如，一些高校的实践教学主要采用传统的实习和实验方法，缺乏创新和多样化的教学方法，难以满足学生多样化的学习需求。实践教学方法的创新和多样化可以提高学生的学习兴趣和参与

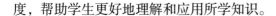
度，帮助学生更好地理解和应用所学知识。

（八）实践教学评价机制的不足

实践教学评价机制的科学性和全面性对于提高实践教学效果至关重要。然而，许多高校在实践教学评价中，往往缺乏科学和全面的评价机制。例如，一些高校的实践教学评价主要依赖学生的实习报告和企业评估，缺乏对学生实际操作能力和职业素养的全面评价。实践教学评价机制的科学性和全面性直接影响学生的实践能力和职业发展。

（九）缺乏系统的实践教学计划

系统的实践教学计划对于提高学生的实践能力和职业素养至关重要。然而，许多高校往往缺乏系统的实践教学计划，学生在实践教学中缺乏明确的学习目标和计划。例如，一些高校的实践教学主要依赖教师的临时安排和学生的自我探索，缺乏系统和科学的实践教学计划。系统的实践教学计划可以帮助学生明确学习目标和计划，提高实践能力和职业素养。

（十）缺乏国际化的实践机会

国际化的实践机会对于提升学生的国际视野和跨文化管理能力至关重要。然而，许多高校在国际化实践机会上的资源和机会仍显不足。例如，学生很难获得在跨国公司或国际机构实习的机会，缺乏在实际工作环境中应用和提升跨文化管理能力的机会。国际化实践机会的增加可以帮助学生在实际工作中应用所学知识，提升国际化能力。

五、国际化程度不高

虽然工商管理教学强调国际视野，但在实际操作中，许多高校的国际化程度仍然较低。学生缺乏国际交流和学习的机会，难以掌握全球化背景下的管理知识和技能。

（一）国际交流项目有限

高校与国际知名院校的交流合作不够广泛，学生难以获得充分的国际交流机会。例如，一些高校的国际交换项目和联合培养项目数量有限，学生难以通过国际交流提升跨文化管理能力和国际视野。国际交流项目的数量和质量直接影响学生的国际视野和跨文化管理能力的提升。

（二）国际课程设置不足

高校在工商管理课程设置中，缺乏国际化课程和跨文化管理课程。例如，一些高校的工商管理课程以本土管理理论和实践为主，缺乏对国际管理理论和跨文化管理实践的介绍，学生难以全面了解全球化背景下的管理知识和技能。国际课程设置的科学性和系统性直接影响学生的国际视野和跨文化管理能力的提升。

（三）外语能力培养不足

高校对培养学生外语能力的重视不够，学生的外语水平难以满足国际交流和跨文化管理的需求。例如，一些高校的外语课程设置单一，学生的外语应用能力难以提升，影响了其国际交流和跨文化管理的能力。外语能力的高低直接影响学生的国际交流和跨文化管理能力的提升。

（四）国际师资力量不足

高校的国际师资力量不足，难以为学生提供国际化的教学资源和指导。例如，一些高校缺乏具有国际背景和跨文化管理经验的教师，难以为学生提供国际化的教学和指导。此外，高校对外籍教师的引进和培养力度不够，影响了国际师资力量的提升。国际师资力量的强弱直接影响学生国际视野和跨文化管理能力的提升。

（五）国际化教学资源不足

高校的国际化教学资源不足，难以为学生提供丰富的国际化学习资源和平台。例如，一些高校缺乏国际化的教材、案例和学习平台，学生难以通过丰富的学习资源提升国际视野和跨文化管理能力。国际化教学资源是否充足直接影响学生的国际视野和跨文化管理能力的提升。

（六）缺乏国际化教学方法

国际化教学方法的缺乏是制约学生国际视野和跨文化管理能力提升的重要因素。例如，一些高校的工商管理教学主要采用传统的讲授式教学方法，缺乏国际化教学方法，学生难以通过多样化的教学方法提升国际视野和跨文化管理能力。国际化教学方法的多样化和科学性直接影响学生的国际视野和跨文化管理能力的提升。

（七）国际化合作项目有限

高校与国际企业、机构的合作项目有限，学生难以获得国际化的实践机会和资源。例如，一些高校缺乏与国际知名企业的合作，学生难以通过国际实习、国际项目等方式，提升跨文化管理能力和国际视野。国际化合作项目的数量和质量直接影响学生的国际实践能力和职业发展。

（八）学生国际交流意识不足

部分学生对国际交流和跨文化学习的重视程度不够，缺乏主动参与国际交流项目的意识和动力。例如，一些学生对国际交流项目和跨文化学习机会的了解不足，错失了许多提升国际视野和跨文化管理能力的机会。学生国际交流意识的提升需要高校宣传和引导，提高学生对国际交流和跨文化学习的重视程度。

（九）国际化课程的缺乏

虽然部分高校已经开始开设国际化课程，但整体上仍显不足。国际化课程不只是讲授国际管理理论，更需要通过具体案例和实地研究，帮助学生理解不同文化和市场环境下的管理实践。例如，课程中应包含国际市场调研、跨国公司管理、国际项目管理等内容，帮助学生从全球视角理解管理问题。

（十）缺乏国际实习和交流机会

国际实习和交流机会是提升学生国际化能力的重要途径。然而，许多高校在这方面的资源和机会仍显不足。例如，学生很难获得在跨国公司或国际机构实习的机会。国际实习和交流机会的增加可以帮助学生在实际工作中应用所学知识，提升国际化能力。

（十一）国际化课程内容的局限性

许多高校的国际化课程内容局限于表面，未能深入探讨国际管理的实际问题。例如，一些课程在讲授国际管理理论时，往往只涉及基本概念和方法，缺乏深入的理论探讨和实践案例分析，导致学生难以深入理解和应用所学知识。国际化课程内容的深度和广度直接影响学生的国际视野和跨文化管理能力的提升。

（十二）缺乏系统的国际化教学计划

系统的国际化教学计划对于提升学生的国际视野和跨文化管理能力至关重要。然而，许多高校缺乏系统的国际化教学计划，学生在国际化学习中缺乏明确的学习目标和计划。例如，一些高校的国际化教学主要依赖教师的临时安排和学生的自我探索，缺乏系统和科学的国际化教学计划。系统的国际化教学计划可以帮助学生明确学习目标和计划，提高国际视野和跨文化管理能力。

通过上述分析可以看出，当前工商管理教学在教学模式、课程内容、师资力量、学生实践机会和国际化程度等方面存在诸多问题和挑战。解决这些问题需要高校在教学改革、课程设置、师资培训、校企合作和国际交流等方面进行系统的改进和提升，从而全面提升工商管理教学质量和学生培养效果。

第四节　工商管理教育在新时代的挑战

随着全球化、信息技术和经济环境的迅速变化，工商管理教育面临诸多新的挑战。为了培养适应现代社会需求的高素质管理人才，工商管理教育需要在以下几个方面应对这些挑战：全球化的影响、技术进步的冲击、经济环境的变化以及社会责任的提升。

一、全球化的影响

全球化对工商管理教育提出了更高的要求。管理人才不仅需具备扎实的专业知识，还需具备全球视野和跨文化沟通能力，以应对国际市场的复杂性和多样性。

（一）跨文化管理能力的培养

在全球化背景下，跨文化管理能力的培养变得尤为重要。随着企业国际化程度的提高，管理人员需要具备处理跨文化事务的能力。这不仅包括了解不同文化背景下的管理实践，还涉及跨文化沟通的挑战以及文化差异带来的冲突。学生需要在实际管理中能够应对这些问题，提高跨文化适应能力。

（二）国际视野的拓展

工商管理教育需要通过设置更多国际课程和组织国际交流项目来拓展学生的国际视野。学生需要了解不同国家和地区的市场环境、法律法规以及商业惯例，以便在全球化的市场中保持有效竞争力。这种全球视野的拓展，不仅是知识层面的扩展，还包括实践经验的积累和国际化思维的培养。

（三）全球化管理实践的融入

学生需要学习跨国企业的运营模式和管理策略，理解全球供应链管理和国际市场竞争的复杂性。这些内容需要融入教学，通过案例分析和项目实践，帮助学生掌握全球化背景下的企业战略制定和管理创新能力。

（四）外语能力的提升

外语能力是全球化背景下管理人才必备的素质之一。工商管理教育应加强学生的外语培训，提升其外语应用能力。这不仅包括语言的学习，还包括对不同文化的理解和适应能力。学生需要能够在国际环境中进行有效的沟通和管理，这对其职业发展具有重要意义。

（五）国际合作与交流

国际合作与交流是提升教学质量和学生国际化能力的重要途径。通过与国际知名院校和企业进行合作与交流，学生可以积累国际化的工作经验。然而，这种合作与交流的机会往往有限，需要打破时间、资源以及地域等方面的限制。

二、技术进步的冲击

信息技术和数字化转型对工商管理教育提出了新的挑战。管理人才需要掌握新兴技术和数据分析方法，以应对快速变化的商业环境和复杂的数据管理需求。

（一）信息技术课程的设置

随着技术的快速发展，课程内容需要不断更新以跟上最新的技术趋势。学生需要掌握大数据分析、人工智能、区块链等新兴技术，并了解这些技术在企业管理中的实际应用。然而，更新课程内容并非易事，教师需要不断学习和掌握新技术，教学资源也需要随之更新。

（二）数字化转型的融入

企业数字化转型要求管理人才具备数字化思维和管理能力。学生需要理解数字化背景下的企业运作和管理创新，包括数字化转型的策略和实施方法。这不仅需要理论知识的掌握，还需要实际操作能力的提升。学生需要在实践中应用和检验所学技术，才能真正具备应对数字化挑战的能力。

（三）技术应用能力的提升

信息技术和工商管理的跨学科融合是培养数字化管理人才的关键。学生需要掌握多学科知识和技能，并能够在实际管理中灵活运用。然而，跨学科教学面临着协调和整合的挑战，教师需要具备多学科背景，教学资源也需要进行跨学科整合。

（四）技术驱动的教学创新

技术进步为教学创新提供了新的可能性。通过在线教学平台和虚拟现实技术，学生可以进行沉浸式学习和实践，提高其学习兴趣和参与度。然而，技术驱动的教学模式也面临着技术设备支持、教师技术应用能力提升以及教学模式有效性评估等方面的挑战。

三、经济环境的变化

全球经济环境的不确定性和市场竞争的加剧，对工商管理教育提出了新的要求。管理人才需要具备应对经济波动和市场变化的能力，能够制定灵活的战略和决策，以应对复杂的商业环境。

（一）经济环境分析的课程设置

经济环境的变化对学生提出了更高的要求。学生需要理解全球经济环境的变化及其对企业的影响，掌握宏观经济学、国际经济学、金融市场等知识，并能够进行经济环境分析和风险评估。这不仅包括理论知识的掌握，还包括实际应用能力的提升。

（二）战略管理与决策的培养

在复杂多变的经济环境中，学生需要具备制定灵活战略和快速决策的能力。这要求他们具备战略思维和决策能力，并能够在实际操作中应用这些技能。学生需要通过案例分析和模拟实验，学习如何进行战略规划和决策，提高其应对市场竞争和不确定性的能力。

（三）风险管理的重视

经济环境的不确定性增加了企业面临的风险。学生需要掌握风险管理的理论和方法，并能够在实际管理中识别和控制风险。这不仅包括对理论知识的掌握，还包括实际操作能力的提升。学生需要通过案例分析和项目实践，学习如何进行风险评估和控制，提升其应对风险的能力和管理素质。

（四）经济波动下的企业管理

经济波动对企业管理提出了新的挑战，学生需要具备在经济波动下进行企业管理和战略调整的能力。这包括应变能力和在不确定环境中进行有效管理的素质。学生需要通过案例分析和模拟实验，学习如何在经济波动下进行企业管理和战略调整，提升其应对经济环境变化的能力。

（五）全球市场竞争的理解

全球市场竞争的加剧要求管理人才具备更高的竞争力。学生需要理解全球市场竞争的复杂性和多样性，并能够制定和实施有效的竞争策略。这不仅包括理论知识的掌握，还包括实际操作能力的提升。学生需要通过案例分析和项目实践，学习如何在全球市场竞争中构建竞争优势，提升其全球化管理能力。

四、社会责任的提升

随着社会责任和可持续发展理念的深入人心，企业不仅需要追求经济效益，还需要承担更多的社会责任。工商管理教育需要引导学生关注企业社会责任和可持续发展，培养其绿色管理理念和实践能力。

（一）企业社会责任课程的设置

学生需要理解企业社会责任的内涵和实践方法。这不仅包括如何在企业管理中践行社会责任，还包括如何将社会责任融入企业战略和运营中。学生需要通过企业社会责任课程，掌握相关理论知识，并通过案例分析和项目实践，提升其实践能力。

（二）可持续发展理念的融入

企业可持续发展要求管理人才具备可持续发展思维和管理能力。学生需要理解可持续发展背景下的企业管理和创新，包括可持续发展战略和实践方法。这不仅包括理论知识的掌握，还包括实际操作能力的提升。学生需要通过案例分析和项目实践，学习如何在企业运营中实施可持续发展措施，提高其绿色管理能力。

（三）绿色管理实践的提升

在环境保护和绿色管理方面，学生需要掌握绿色管理理念和实践能力。这不包括如何在企业运营中实施绿色管理措施，还包括如何通过绿色管理提升企业竞争力。学生需要通过绿色管理课程，掌握相关理论知识，并通过案例分析和项目实践，提升其实践能力。

（四）社会责任报告的培训

社会责任报告是企业履行社会责任的重要工具，学生需要掌握社会责任报告的编制和发布方法。这不仅包括如何进行社会责任报告的编制、发布和评估，还包括如何通过社会责任报告提高企业透明度和社会责任履行效果。学生需要通过社会责任报告课程，掌握相关理论知识，并通过案例分析和项目实践，提升其实践能力。

（五）企业道德与伦理的教育

在企业管理中，学生需要具备企业道德与伦理意识。这不仅包括理解企业道德与伦理的内涵，还包括在实际管理中践行道德与伦理的能力。学生需要通过企业道德与伦理课程，掌握相关理论知识，并通过案例分析和项目实践，提升其实践能力。

第五节　工商管理教学改革的迫切性与必要性

随着全球化、技术进步和经济环境的迅速变化，工商管理教育面临着前所未有的挑战。这些变化对传统的教学方法和内容提出了新的要求，使得教学改革变得迫在眉睫。为了培养适应现代社会需求的高素质管理人才，工商管理教学改革不仅是必要的，而且是紧迫的。以下从全球化、技术进步、经济环境和社会责任四个方面，详细阐述工商管理教学改革的迫切性与必要性。

一、全球化背景下的教学改革迫切性与必要性

全球化对工商管理教育提出了更高的要求。管理人才不仅需要具备扎实的专业知识，还需要具备全球视野和跨文化沟通能力，以应对国际市场的复杂性和多样性。这要求工商管理教学进行相应的改革，以适应全球化的需求。

（一）跨文化管理能力的培养迫切性

随着企业国际化程度的提高，管理人员具备处理跨文化事务的能力显得尤

为重要。不同文化背景下的管理实践、跨文化沟通的挑战以及文化差异带来的冲突，需要学生具备处理这些问题的能力。然而，传统的工商管理教育在跨文化管理能力的培养上明显不足，这使得教学改革变得迫在眉睫。在全球化背景下，管理人才需要能够理解并尊重文化差异，具备跨文化管理的敏感性和适应性。这不仅关系到企业的国际化进程，还直接影响到企业的全球竞争力。

（二）拓展国际视野的必要性

为了帮助学生了解不同国家和地区的市场环境、法律法规以及商业惯例，工商管理教育必须拓展其国际视野。全球视野的拓展不仅是知识层面的扩展，更是实践经验的积累和国际化思维的培养。在全球化背景下，没有国际视野的管理人才将难以满足国际市场的需求，因此教学改革势在必行。当前，许多工商管理课程仍然以本国市场为主要教学内容，缺乏对国际市场的全面介绍和分析。国际视野的缺乏使学生在面对全球化挑战时显得准备不足，难以应对复杂的国际商业环境。

（三）全球化管理实践的融入必要性

全球化管理实践的缺失使得学生难以理解跨国企业的运营模式和管理策略。通过教学改革，将全球化管理实践融入课程内容，能够帮助学生掌握在全球化背景下进行企业战略制定和管理创新的能力。这对于培养能够胜任国际化工作的高素质管理人才是极为必要的。在现有的教学体系中，许多课程偏重理论教学，忽视了实践环节。缺乏全球化管理实践的学生在实际工作中往往难以将理论与实践相结合，导致理论知识在实际应用中的局限性。

（四）提升外语能力的迫切性

全球化背景下，管理人才需要具备较高的外语水平，以便在国际环境中进行有效沟通和管理。然而，目前很多工商管理课程在外语培训上投入不足，无法满足国际化管理的需求。因此，提升外语能力的教学改革迫在眉睫，以确保学生能够在国际环境中应对自如。语言能力不仅是沟通工具，更是文化理解和跨文化管理的重要基础。外语能力的不足将直接影响学生在国际商务环境中的表现和竞争力。

（五）国际合作与交流的必要性

通过国际合作与交流，学生可以积累国际化的工作经验。然而，这种合作与交流的机会有限，且受时间、资源以及地域等方面的限制。推动国际合作与交流的教学改革，不仅能提高教学质量，还能显著提升学生的国际化能力。国际合作与交流能够开阔学生的视野，提升其适应国际环境的能力。缺乏国际合作与交流机会的学生在全球化的商业环境中将处于劣势。

二、技术进步带来的教学改革迫切性与必要性

信息技术和数字化转型对工商管理教育提出了新的挑战。管理人才需要掌握新兴技术和数据分析方法，以应对快速变化的商业环境和复杂的数据管理需求。这要求工商管理教学进行相应的改革，以适应技术进步的需求。

（一）更新信息技术课程的迫切性

技术的快速发展要求课程内容不断更新以跟上最新的技术趋势。然而，许多传统课程未能及时更新，学生无法掌握大数据分析、人工智能、区块链等新兴技术。因此有必要进行教学改革，紧跟时代的步伐，确保学生掌握这些关键技术，满足现代商业环境的需求。在当前的教学体系中，许多信息技术课程仍停留在基础知识层面，缺乏对最新技术发展的跟进和应用。这导致学生在毕业后难以快速适应技术飞速发展的商业环境，无法满足企业对高端技术人才的需求。

（二）融入数字化转型内容的必要性

企业数字化转型要求管理人才具备数字化思维和管理能力。当前的教学内容往往缺乏这方面的系统性培训，导致学生无法适应数字化背景下的企业运作和管理创新。因此，将数字化转型内容融入教学是必要的改革，以培养具备数字化管理能力的现代管理人才。数字化转型不仅涉及技术层面，还包括企业文化、业务流程和管理模式的全面变革。缺乏数字化转型培训的学生在实际工作中往往难以推动企业的数字化变革，导致企业在数字化浪潮中失去竞争优势。

（三）提升技术应用能力的迫切性

信息技术和工商管理的跨学科融合是培养数字化管理人才的关键。现有的教学模式难以有效地实现这一目标，导致学生在实际管理中无法灵活运用多学科知识和技能。通过教学改革，提升学生的技术应用能力，使其能够在实际管理中有效应用所学知识，是极为迫切的。技术应用能力的不足不仅影响学生在工作中的表现，还直接影响企业的创新和竞争力。在当前的教学体系中，理论与实践脱节的问题仍然存在，学生难以在实际操作中灵活应用所学知识。

（四）推进技术驱动的教学创新的必要性

技术进步为教学创新提供了新的可能性。然而，许多传统教学方法未能充分利用这些技术，导致教学效果和学生的学习体验难以达到预期。推进技术驱动的教学创新，通过在线教学平台和虚拟现实技术等提高教学效果和学生的学习体验，是必要的教学改革方向。技术驱动的教学创新不仅能够提高教学效果，还能够激发学生的学习兴趣，提升其自主学习能力。在传统教学模式中，单一的教学手段难以满足学生多样化的学习需求，影响学习效果。

三、经济环境变化促使教学改革迫切性与必要性

全球经济环境的不确定性和市场竞争的加剧，对工商管理教育提出了新的要求。管理人才需要具备应对经济波动和市场变化的能力，能够制定灵活的战略和决策，以应对复杂的商业环境。这要求工商管理教学进行相应的改革，以适应经济环境的变化。

（一）加强经济环境分析课程的迫切性

经济环境的快速变化对学生提出了更高的要求。然而，许多课程在全球经济环境的变化及其对企业影响的教学上显得不足。学生需要掌握宏观经济学、国际经济学、金融市场等知识，并能够进行经济环境分析和风险评估。因此，加强经济环境分析课程的教学改革迫在眉睫。在当前的教学体系中，经济环境分析课程内容相对单一，缺乏对实际经济环境变化的动态分析和应对策略。这使得学生在面对复杂多变的经济环境时缺乏应对能力，难以做出科学的决策。

（二）培养战略管理与决策能力的必要性

复杂多变的经济环境要求学生具备灵活的战略和快速决策能力。然而，传统的教学方法在培养学生这方面能力时存在明显不足。通过教学改革，增强学生的战略思维和决策能力，是培养应对现代商业环境管理人才的必要手段。战略管理与决策能力不仅关系到企业的长期发展，还直接影响企业在市场中的竞争力。在现有的教学体系中，战略管理与决策课程内容相对理论化，缺乏实际案例的分析和实践训练，使学生在实际工作中难以将理论知识转化为实际操作能力。

（三）重视风险管理的迫切性

经济环境的不确定性增加了企业面临的风险。然而，许多课程对风险管理的

重视程度不够，学生无法有效掌握风险管理的理论和方法。通过教学改革，重视风险管理课程的设置，培养学生在实际管理中识别和控制风险的能力，是迫切需要解决的问题。风险管理能力不仅关系到企业的运营安全，还直接影响企业的可持续发展。在当前的教学体系中，风险管理课程内容相对单一，缺乏对不同类型风险的综合分析和应对策略，使学生在实际工作中难以有效识别和控制风险。

（四）适应经济波动下企业管理的必要性

经济波动对企业管理提出了新的挑战，学生需要具备在经济波动下进行企业管理和战略调整的能力。当前的教学内容未能充分涵盖这方面的内容，使得学生在实际工作中难以应对。因此，适应经济波动下的企业管理教学改革是必要的，以提高学生在不确定环境中的应变能力和管理水平。经济波动下的企业管理能力不仅关系到企业的短期运营，还影响企业的长期发展和竞争力。在现有的教学体系中，经济波动管理课程内容相对单一，缺乏对实际经济波动的动态分析和应对策略，使学生在面对经济波动时难以做出科学的决策和调整。

（五）理解全球市场竞争的迫切性

全球市场竞争的加剧要求管理人才具备更高的竞争力。然而，许多课程在全球市场竞争复杂性和多样性方面的教学内容不足，学生无法有效制定和实施竞争策略。通过教学改革，增强学生对全球市场竞争的理解和应用能力，是迫在眉睫的任务。全球市场竞争能力不仅关系到企业的市场地位，还直接影响企业的全球竞争力。在当前的教学体系中，全球市场竞争课程内容相对单一，缺乏对实际市场竞争的动态分析和应对策略，使学生在面对全球市场竞争时缺乏应对能力和策略。

四、社会责任提升引发的教学改革迫切性与必要性

随着社会责任和可持续发展理念的深入人心，企业不仅需要追求经济效益，还需要承担更多的社会责任。工商管理教育需要引导学生关注企业社会责任和可持续发展，培养其绿色管理理念和实践能力。这要求工商管理教学进行相应的改革，以适应社会责任的提升。

（一）设立企业社会责任课程的迫切性

企业社会责任在现代商业环境中的重要性日益凸显。然而，许多课程在企业

社会责任方面的教学内容不足，学生无法理解和践行企业社会责任。通过设立企业社会责任课程，帮助学生掌握相关理论和实践，是迫切需要解决的问题。企业社会责任不仅关系到企业的社会形象，还直接影响企业的可持续发展。在当前的教学体系中，企业社会责任课程内容相对单一，缺乏对不同类型企业社会责任实践的分析和探讨，使学生在实际工作中难以有效践行企业社会责任。

（二）融入可持续发展理念的必要性

可持续发展已成为企业管理的重要组成部分。然而，当前的教学内容未能充分体现可持续发展理念，学生在这方面的理解和应用能力不足。因此，将可持续发展理念融入教学内容，是必要的改革方向，以培养具备可持续发展思维和管理能力的管理人才。可持续发展理念不仅关系到企业的长期发展，还直接影响企业的环境影响和社会形象。在现有的教学体系中，可持续发展课程内容相对单一，缺乏对实际企业可持续发展实践的分析和探讨，使学生在实际工作中难以有效推动企业的可持续发展。

（三）提升绿色管理实践能力的迫切性

绿色管理在现代企业管理中的地位日益重要，但许多课程在这方面的实践训练不足，学生难以掌握绿色管理的实际操作技能。通过教学改革，提升学生的绿色管理实践能力，是迫在眉睫的任务。绿色管理能力不仅关系到企业的环境影响，还直接影响企业的社会形象和市场竞争力。在当前的教学体系中，绿色管理课程内容相对单一，缺乏对不同类型绿色管理实践的分析和探讨，使学生在实际工作中难以有效践行绿色管理。

（四）社会责任报告培训的必要性

社会责任报告是企业履行社会责任的重要工具，但学生在这方面的培训明显不足，无法有效编制和发布社会责任报告。通过教学改革，提供社会责任报告的培训，帮助学生掌握相关技能，是必要的举措。社会责任报告不仅关系到企业的透明度，还直接影响企业的社会形象和市场地位。在当前的教学体系中，社会责任报告课程内容相对单一，缺乏对不同类型社会责任报告编制和发布的分析和探讨，使学生在实际工作中难以有效编制和发布社会责任报告。

（五）加强企业道德与伦理教育的迫切性

企业道德与伦理在企业管理中具有重要地位，但许多课程在这方面的教学内容不足，学生难以在实际管理中践行道德与伦理。通过教学改革，加强企业道德与伦理教育，是培养具备良好道德素养和管理水平的管理人才的迫切需求。企业道德与伦理不仅关系到企业的内部管理，还直接影响企业的外部形象和社会责任。在当前的教学体系中，企业道德与伦理课程内容相对单一，缺乏对不同类型企业道德与伦理实践的分析和探讨，使学生在实际工作中难以有效践行企业道德与伦理。

第二章
工商管理教学改革的方向与目标

第一节　教学改革的整体构想与方向

工商管理教学改革的整体构想和方向，基于当前商业环境的变化和未来发展的需求，旨在通过系统性的改革与创新，提升教学质量和学生的综合素质。这一构想包括构建以学生为中心的教学体系、融合理论与实践的教学模式、推动跨学科融合的教学理念、强化全球化视野的教学内容以及注重社会责任和可持续发展的教育。以下是对这些方向的详细阐述。

一、构建以学生为中心的教学体系

以学生为中心的教学体系强调以学生的学习需求和发展为核心，注重学生的个性化发展和全面素质的提升。这种教学体系要求教师在教学过程中更多地关注学生的学习体验和学习效果，通过多样化的教学方法和手段，提高学生的学习积极性和主动性。

（一）个性化学习路径的设计

传统的教学模式往往是单向的、以教师为中心的，忽视了学生的个体差异和学习需求。以学生为中心的教学体系要求为每个学生设计个性化的学习路径，根据学生的兴趣、能力和职业规划，提供量身定制的学习方案。这不仅能激发学生的学习兴趣，还能帮助他们充分发挥自身潜力，达到最佳的学习效果。例如，可以通过建立学生档案系统，记录每个学生的学习进度、兴趣和特长，根据这些数据制定个性化的学习计划和指导方案。

（二）互动式教学方法的应用

互动式教学方法强调师生之间、学生之间的互动交流，打破了传统教学中教师单方面传授知识的模式。通过互动式教学，学生可以在课堂上积极参与讨论、提问和合作，增强学习的主动性和参与感。例如，小组讨论、案例分析、角色扮演等互动式教学方法，可以有效提高学生的学习兴趣和理解能力。互动式教学不仅能增强学生的参与感，还能培养他们的团队合作精神和沟通能力。

（三）学习过程的动态监测与反馈

在以学生为中心的教学体系中，学习过程的动态监测与反馈是至关重要的。通过现代信息技术手段，如学习管理系统（Learning Management System，LMS）、数据分析工具等，可以实时监测学生的学习进度和表现，及时发现问题并给予反馈和指导。这种动态监测与反馈机制，不仅能帮助学生不断调整和改进自己的学习策略，还能为教师提供有效的教学改进依据。教师可以根据学生的学习数据，调整教学方法和内容，确保每个学生都能获得最佳的学习体验和效果。

（四）多样化评价体系的建立

传统的评价体系往往以考试成绩为唯一标准，难以全面反映学生的学习效果和综合素质。以学生为中心的教学体系需要建立多样化的评价体系，通过项目评估、课堂表现、课外活动、实践成果等多种方式，全面评估学生的学习效果和能力发展。这种多样化的评价体系，能够更好地激发学生的学习动机，促进他们的全面发展。例如，可以通过设立多种评价指标，如创新能力、团队合作、实践能力等，全面评估学生的综合素质。

二、融合理论与实践的教学模式

工商管理教学不仅需要传授理论知识，还需要注重实践能力的培养。融合理论与实践的教学模式要求课程设计中既有理论教学，又有实践环节，通过案例分析、实习项目、模拟实验等方式，帮助学生将理论知识应用于实际管理情境中。

（一）实习与实践环节的强化

实习和实践是培养学生实际操作能力和实践经验的重要环节。在课程设计中，应增加实习和实践的比例，通过校企合作、实习基地建设等方式，为学生提供更多的实践机会。实习不仅能让学生了解和体验实际的企业管理过程，还能帮助他们将理论知识应用于实践，提高其实际操作能力和职业素养。例如，可以通过建立长期稳定的校企合作关系，为学生提供丰富的实习岗位和实践机会，使他们在真实的商业环境中锻炼和提升自己的能力。

（二）模拟实验的广泛应用

模拟实验是一种结合理论与实践的有效教学手段。通过模拟商业环境和管理情境，学生可以在虚拟的实验环境中进行管理决策和操作，锻炼其实际操作能力和问题解决能力。模拟实验不仅能增强学生的实践体验，还能培养他们的创新思维和团队合作精神。在模拟实验的设计中，应注重情境的真实性和复杂性，提供多样化的模拟场景，以满足不同学习需求。例如，可以设计一些具有挑战性的模拟实验，让学生在模拟环境中进行管理决策和问题解决，提升其实际操作能力和综合素质。

（三）实践项目的引入与管理

实践项目是将理论知识应用于实际管理中的重要途径。在课程中引入实践项目，通过团队合作和项目管理，学生可以在实际项目中进行管理决策和操作，提高其实践能力和团队合作精神。实践项目的设计应注重实际问题的解决，涵盖企业管理中的各个方面，如市场调研、战略规划、运营管理等，为学生提供全面的实践训练。例如，可以设立一些实际的企业项目，让学生在真实的商业环境中进行项目管理和决策，提升其实践能力和综合素质。

三、推动跨学科融合的教学理念

现代商业环境的复杂性要求管理人才具备多学科知识和跨领域的思维能力。推动跨学科融合的教学理念旨在通过开设跨学科课程、组织跨学科项目等方式，培养学生在不同学科领域之间的知识整合和应用能力。

（一）跨学科课程的设计与实施

跨学科课程是实现跨学科融合的重要手段。通过设计和实施跨学科课程，如数据科学与商业分析、信息系统管理等，学生可以在不同学科领域之间进行知识整合和应用。跨学科课程的设计应注重多学科知识的融合和应用，提供系统的学习框架和丰富的学习资源，帮助学生在跨学科学习中提升综合能力。例如，可以通过开设一些跨学科的选修课程，让学生在不同学科领域之间进行知识整合和应用，提升其综合能力和创新思维。

（二）跨学科项目的组织与管理

跨学科项目是培养学生综合能力和团队合作精神的重要途径。组织跨学科的创新项目、创业项目等，鼓励学生在项目中运用不同学科的知识和方法，解决实际问题。跨学科项目的设计应注重实际问题的解决，涵盖企业管理中的各个方面，如市场调研、战略规划、运营管理等，为学生提供全面的实践训练。例如，可以组织一些跨学科的团队项目，让学生在项目中进行团队合作和问题解决，提升其综合能力和团队合作精神。

（三）跨学科教师团队的建设

跨学科教师团队是实现跨学科融合的重要保障。组建由不同学科背景的教师组成的教学团队，提供多样化的教学资源和指导，帮助学生在跨学科学习中提升综合能力。跨学科教师团队的建设应注重教师的多学科知识和教学能力，提供系统的培训和支持，确保跨学科教学的效果和质量。例如，可以组织一些跨学科的教学研讨会和培训活动，提升教师的多学科知识和教学能力，确保跨学科教学的效果和质量。

（四）跨学科研究与合作的促进

跨学科研究与合作是推动跨学科融合的重要途径。通过促进跨学科的研究与合作，提供多样化的研究资源和支持，帮助学生在跨学科研究中提升综合能力。跨学科研究与合作的促进应注重研究的实际应用和社会影响，提供系统的研究框架和丰富的研究资源，确保跨学科研究的效果和质量。例如，可以设立一些跨学科的研究项目和合作平台，鼓励学生在跨学科研究中进行知识整合和应用，提升其综合能力和创新思维。

四、强化全球化视野的教学内容

在全球化背景下，管理人才需要具备全球视野和跨文化沟通能力。强化全球化视野的教学内容要求课程设计中融入国际商务、跨文化管理等内容，通过国际交流项目和合作课程，提升学生的国际化素养。

（一）国际商务课程的设置与实施

国际商务课程是培养学生全球视野和跨文化沟通能力的重要手段。通过设置和实施国际商务课程，如国际市场营销、跨国公司管理等，学生可以在理论学习和实际案例分析中，提升其国际化素养。国际商务课程的设计应注重国际市场的多样性和复杂性，提供系统的学习框架和丰富的学习资源，帮助学生在国际商务学习中提升综合能力。例如，可以开设一些国际商务课程，让学生了解和掌握国际市场的基本知识和技能，提升其国际化视野和跨文化沟通能力。

（二）跨文化管理课程的设置与实施

跨文化管理课程是培养学生跨文化沟通能力和适应能力的重要手段。通过设置和实施跨文化管理课程，如跨文化沟通、跨文化冲突管理等，学生可以在理论学习和实际案例分析中，提升其跨文化管理能力。跨文化管理课程的设计应注重理解和尊重文化差异，提供系统的学习框架和丰富的学习资源，帮助学生在跨文化管理学习中提升综合能力。例如，可以通过开设一些跨文化管理课程，让学生了解和掌握跨文化管理的基本知识和技能，提升其跨文化沟通能力和适应能力。

（三）国际交流项目的组织与管理

国际交流项目是提升学生国际化素养和跨文化适应能力的重要途径。通过组织国际交流项目，如交换生项目、国际实习项目等，学生可以在实际交流和实践中，提升其国际化素养。国际交流项目的设计应注重交流的实际效果和学习体验，提供系统的支持和指导，确保国际交流项目的效果和质量。例如，可以组织一些国际交流项目，让学生在国际化的学习环境中进行交流和实践，提升其国际化视野和跨文化适应能力。

（四）国际合作课程的设置与实施

国际合作课程是提升学生国际化视野和跨文化沟通能力的重要手段。通过设置和实施国际合作课程，如联合课程、双学位课程等，学生可以在国际化的学习环境中，提升其国际化素养。国际合作课程的设计应注重合作的实际效果和学习体验，提供系统的支持和指导，确保国际合作课程的效果和质量。例如，可以开设一些国际合作课程，让学生在国际化的学习环境中进行学习和交流，提升其国际化视野和跨文化沟通能力。

五、注重社会责任和可持续发展的教育

现代企业不仅需要追求经济效益，还需要承担社会责任和实现可持续发展。注重社会责任和可持续发展的教育要求在课程中融入企业社会责任、可持续发展

等内容，培养学生的社会责任感和可持续发展理念。

（一）企业社会责任课程的设置与实施

企业社会责任课程是培养学生社会责任感和可持续发展理念的重要手段。通过设置和实施企业社会责任课程，如企业社会责任理论与实践、企业社会责任管理等，学生可以在理论学习和实际案例分析中，提升其社会责任感和可持续发展理念。企业社会责任课程的设计应注重责任的多样性和复杂性，提供系统的学习框架和丰富的学习资源，帮助学生在企业社会责任学习中提升综合能力。例如，可以开设一些企业社会责任课程，让学生了解和掌握企业社会责任的基本知识和技能，提升其社会责任感和可持续发展理念。

（二）可持续发展课程的设置与实施

可持续发展课程是培养学生可持续发展理念和管理能力的重要手段。通过设置和实施可持续发展课程，如可持续发展理论与实践、可持续发展管理等，学生可以在理论学习和实际案例分析中，提升其可持续发展理念和管理能力。可持续发展课程的设计应注重发展的多样性和复杂性，提供系统的学习框架和丰富的学习资源，帮助学生在可持续发展学习中提升综合能力。例如，可以开设一些可持续发展课程，让学生了解和掌握可持续发展的基本知识和技能，提升其可持续发展理念和管理能力。

（三）社会责任与可持续发展项目的组织与管理

社会责任与可持续发展项目是提升学生实践能力和社会责任感的重要途径。通过组织社会责任与可持续发展项目，如社会责任实践项目、可持续发展创新项目等，学生可以在实际项目中，提升其社会责任感和可持续发展理念。社会责任与可持续发展项目的设计应注重项目的实际效果和学习体验，提供系统的支持和指导，确保项目的效果和质量。例如，可以组织一些社会责任与可持续发展项目，让学生在实际项目中进行实践和创新，提升其社会责任感和可持续发展理念。

（四）社会责任与可持续发展教育的推广与普及

社会责任与可持续发展教育的推广与普及是提升学生社会责任感和可持续发展理念的重要手段。通过推广和普及社会责任与可持续发展教育，如组织讲座、研讨会等，学生可以在多样化的教育活动中，提升其社会责任感和可持续发展理念。社会责任与可持续发展教育的推广与普及应注重教育的实际效果和参与体验，提供系统的支持和指导，确保教育的效果和质量。例如，可以组织一些社会责任与可持续发展教育活动，让学生在多样化的教育活动中进行学习和交流，提升其社会责任感和可持续发展理念。

第二节　能力培养导向的教学目标设定

为了适应现代商业环境的需求，工商管理教学需要明确能力培养导向的教学目标，确保学生在毕业时具备必要的专业知识、实际操作能力和综合素质。具体目标包括培养专业知识和理论素养、提升实际操作能力和实践经验、培养创新思维和问题解决能力、提升沟通能力和团队合作精神、强化全球化视野和跨文化管理能力以及培养社会责任感和可持续发展意识。

一、培养专业知识和理论素养

工商管理教育的首要目标是培养学生扎实的专业知识和理论素养。学生需要掌握工商管理领域的基础理论和专业知识，理解现代管理学的基本原理和方法。这包括市场营销、财务管理、人力资源管理、战略管理等核心课程内容，确保学生具备扎实的专业基础。

（一）市场营销

市场营销是工商管理的重要组成部分。学生需要理解市场营销的基本概念和策略，包括市场调研、产品开发、定价策略、促销策略和分销渠道等。市场营销课程应注重实际应用，结合真实案例和市场分析，帮助学生理解如何在不同市场环境中制定和实施有效的营销策略。同时，还应了解市场营销在不同文化背景和市场环境中的应用，培养其全球视野和跨文化沟通能力。

（二）财务管理

财务管理是企业管理的核心环节。学生需要掌握财务管理的基本理论和方法，包括财务分析、预算管理、资本结构、投资决策和风险管理等。这些知识不仅有助于学生理解企业财务状况和经营决策，还能提升其财务管理能力和实际操作水平。课程应注重实际财务问题的解决，结合案例分析和模拟财务决策，让学生在实践中掌握财务管理的关键技能。

（三）人力资源管理

人力资源管理是企业管理的重要组成部分。学生需要了解人力资源管理的基本理论和实践，包括人才招聘、培训与开发、绩效管理、薪酬福利和劳动关系等。通过系统的学习，学生能够掌握人力资源管理的基本方法和技能，提高其在人力资源管理方面的实际操作能力。课程应结合实际企业的人力资源管理实践，分析不同企业在人才管理方面的成功经验，培养学生解决实际人力资源问题的能力。

（四）战略管理

战略管理是企业长远发展的关键。学生需要掌握战略管理的基本理论和工具，包括战略分析、战略制定、战略实施和战略评估等。同时，还应了解不同类型企业的战略管理实践，培养其在复杂商业环境中进行战略决策的能力。课程应结合实际企业的战略案例，分析企业在不同环境下的战略选择和实施效果，帮助学生理解战略管理的实践应用。

二、提升实际操作能力和实践经验

现代管理人才需要具备实际操作能力，能够在复杂的商业环境中进行有效的管理和决策。这要求在课程设计中注重实践环节，通过案例分析、模拟实验、实习项目等方式，帮助学生积累实践经验。

（一）案例分析

案例分析是提升学生实际操作能力的重要方法。通过深入分析实际的商业案例，学生可以将理论知识应用于实际管理情境中，学习和借鉴成功经验和失败教训。案例分析不仅能提高学生的分析能力和解决问题能力，还能增强其实践意识和应用能力。课程应选择具有代表性的案例，涵盖不同类型的企业和行业，帮助学生理解不同管理策略在实际中的应用和效果。

（二）模拟实验

模拟实验是一种结合理论与实践的有效教学手段。通过模拟商业环境和管理情境，学生可以在虚拟的实验环境中进行管理决策和操作，锻炼其实际操作能力和问题解决能力。模拟实验不仅能增强学生的实践体验，还能培养他们的创新思维和团队合作精神。课程应设计多样化的模拟实验场景，涵盖企业运营的各个方面，让学生在模拟环境中积累实际操作经验。

（三）实习项目

实习项目是培养学生实际操作能力和实践经验的重要途径。校企合作、实习基地建设等方式，为学生提供了更多的实习机会。实习不仅能让学生了解和体验实际的企业管理过程，还能帮助他们将理论知识应用于实践，提高其实际操作能力和职业素养。学校应与企业建立长期合作关系，确保学生能够在实习期间获得丰富的实践经验，并通过实习报告和反馈机制，帮助学生总结和提升实践能力。

（四）项目管理

项目管理是提升学生综合能力的重要手段。引入实际的企业项目，让学生在项目中进行团队合作和管理决策，提升其实践能力和团队合作精神。项目管理不仅能增强学生的实际操作能力，还能培养其项目规划、执行和评估能力。课程应设计实际企业项目的模拟，让学生在真实的项目环境中锻炼和提升自己的管理能力。

三、培养创新思维和问题解决能力

商业环境的快速变化要求管理人才具备创新思维和解决问题的能力。教学目标应包括培养学生的创新意识和创造力，通过创新项目、创业课程等方式，激发学生的创新潜力。

（一）创新项目

创新项目是培养学生创新思维和实践能力的重要途径。通过设计和实施创新项目，鼓励学生在项目中进行创新思维和实践操作，提升其创新能力和问题解决能力。创新项目的设计应注重实际问题的解决，涵盖企业管理中的各个方面，如产品创新、市场创新、管理创新等。学校应提供支持和资源，鼓励学生在创新项目中大胆探索和实践。

（二）创业课程

创业课程是培养学生创业精神和创新能力的重要手段。开设创业课程，让

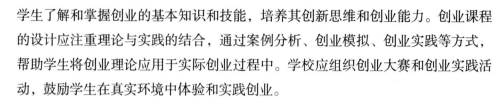

学生了解和掌握创业的基本知识和技能，培养其创新思维和创业能力。创业课程的设计应注重理论与实践的结合，通过案例分析、创业模拟、创业实践等方式，帮助学生将创业理论应用于实际创业过程中。学校应组织创业大赛和创业实践活动，鼓励学生在真实环境中体验和实践创业。

（三）创新思维训练

创新思维训练是提升学生创新能力的重要方法。通过系统的创新思维训练，如头脑风暴、设计思维、创意写作等，帮助学生培养和发展其创新思维和创造力。创新思维训练不仅能提高学生的创新能力，还能增强其解决问题的能力和团队合作精神。课程应设计多样化的创新思维训练活动，帮助学生在不同环境和情境中锻炼创新思维。

（四）问题解决能力

问题解决能力是现代管理人才必备的基本素质。案例分析、模拟实验、实践项目等方式可以帮助学生提升其问题解决能力。学生需要学会在复杂的商业环境中，分析和解决实际问题，制定有效的解决方案，提升其管理决策能力和实践能力。课程应结合实际问题和案例，帮助学生在实践中锻炼和提升问题解决能力。

四、提升沟通能力和团队合作精神

管理工作中，沟通能力和团队合作精神至关重要。教学目标应包括提升学生的沟通技巧和团队协作能力，通过小组项目、团队活动等方式，培养学生在团队中的领导能力和合作精神。

（一）沟通技巧

沟通技巧是管理工作的基础。学生需要掌握有效的沟通方法和技巧，包括口头沟通、书面沟通、非语言沟通等。通过系统的沟通技巧训练，如演讲、辩论、会议主持等，提升学生的沟通能力和表达技巧。课程应设计多样化的沟通技巧训练活动，帮助学生在不同环境和情境中提升沟通能力。

（二）团队合作

团队合作是提升学生团队精神和合作能力的重要途径。通过小组项目、团队活动等方式可以帮助学生在团队中进行合作和沟通，提升其团队合作精神和领导能力。团队合作不仅能增强学生的合作能力，还能培养其团队协作和领导能力。课程应设计实际的团队合作项目，让学生在实际项目中体验和锻炼团队合作精神。

（三）领导能力

领导能力是管理人才的重要素质。学生需要了解和掌握领导的基本理论和方法，提升其领导能力和管理水平。系统的领导能力训练，如领导力课程、领导力实践等，可以培养学生的领导能力和管理素质。课程应结合实际领导案例和模拟领导情境，帮助学生在实际管理中锻炼和提升领导能力。

（四）冲突管理

冲突管理是提升学生管理能力的重要方面。学生需要了解和掌握冲突管理的基本理论和方法，提升其冲突管理能力和解决冲突的能力。系统的冲突管理训练，如冲突管理课程、冲突管理实践等，帮助学生在实际管理过程中，分析和解决冲突，提升其管理能力和实践水平。

五、强化全球化视野和跨文化管理能力

在全球化背景下，管理人才需要具备全球视野和跨文化沟通能力。教学目标应包括提升学生的国际化素养和跨文化管理能力，通过国际交流项目、跨国企业实习等方式，培养学生的国际适应能力。

（一）国际市场营销

国际市场营销是培养学生全球视野和跨文化沟通能力的重要课程。通过系统的国际市场营销课程，学生可以了解和掌握国际市场的基本知识和技能，提升其国际化视野和跨文化沟通能力。国际市场营销课程的设计应注重国际市场的多样性和复杂性，提供系统的学习框架和丰富的学习资源。

（二）跨文化管理

跨文化管理是提升学生跨文化沟通能力和适应能力的重要课程。通过系统的跨文化管理课程，学生可以了解和掌握跨文化管理的基本知识和技能，提升其跨文化沟通能力和适应能力。跨文化管理课程的设计应注重理解和尊重文化差异，提供系统的学习框架和丰富的学习资源。

（三）国际交流项目

国际交流项目是提升学生国际化素养和跨文化适应能力的重要途径。通过组

织国际交流项目，如交换生项目、国际实习项目等，学生可以在实际交流和实践中，提升国际化素养。国际交流项目的设计应注重交流的实际效果和学习体验，提供系统的支持和指导，确保国际交流项目的效果和质量。

（四）跨国企业实习

跨国企业实习是提升学生国际化视野和跨文化沟通能力的重要途径。通过组织跨国企业实习，学生可以在实际工作中，了解和体验跨国企业的管理过程，提升其国际化视野和跨文化沟通能力。跨国企业实习的设计应注重实习的实际效果和学习体验，提供系统的支持和指导，确保跨国企业实习的效果和质量。

六、培养社会责任感和可持续发展意识

现代企业不仅需要追求经济效益，还需要承担社会责任和实现可持续发展。教学目标应包括培养学生的社会责任感和可持续发展意识，通过企业社会责任课程、可持续发展项目等方式，增强学生的社会责任意识和可持续发展理念。

（一）企业社会责任课程

企业社会责任课程是培养学生社会责任感的重要手段。通过设置和实施企业社会责任课程，如企业社会责任理论与实践、企业社会责任管理等，学生可以在理论学习和实际案例分析中，提升其社会责任感和可持续发展理念。企业社会责任课程的设计应注重责任的多样性和复杂性，提供系统的学习框架和丰富的学习资源。

（二）可持续发展项目

可持续发展项目是提升学生可持续发展意识的重要途径。通过组织可持续发展项目，如可持续发展实践项目、可持续发展创新项目等，学生可以在实际项目中，提升其可持续发展意识和可持续发展理念。可持续发展项目的设计应注重项目的实际效果和学习体验、提供系统的支持和指导，确保项目的效果和质量。

（三）社会责任实践

社会责任实践是培养学生社会责任感的重要手段。通过组织社会责任实践，如公益活动、社会服务等，学生可以在实际的社会责任实践中，提升其社会责任感和社会责任意识。社会责任实践的设计应注重实践的实际效果和参与体验，提

供系统的支持和指导，确保社会责任实践的效果和质量。

（四）可持续发展教育

可持续发展教育是提升学生可持续发展意识的重要手段。通过系统的可持续发展教育，如可持续发展课程、可持续发展研讨会等，学生可以了解和掌握可持续发展的基本知识和技能，提升其可持续发展的意识和理念。可持续发展教育的设计应注重教育的实际效果和学习体验，提供系统的支持和指导，确保可持续发展教育的效果和质量。

第三节　教学内容的创新与跨学科融合

工商管理教学内容的创新与跨学科融合是应对现代商业环境复杂性和多样化需求的重要举措。随着全球化和信息化的发展，传统的单一学科教育模式已不能满足培养高素质管理人才的需求。因此，教学内容的创新和跨学科的融合，能够全面提升学生的综合素质和应对复杂商业环境的能力。本节将从教学内容创新的必要性、具体措施、跨学科融合的意义和实施方法等方面进行详细分析和阐述。

一、教学内容创新的必要性

教学内容创新是提高工商管理教学质量的关键。随着商业环境的快速变化，传统的教学内容已经不能满足现代企业对管理人才的需求。以下几个方面阐述了教学内容创新的必要性。

（一）应对快速变化的商业环境

商业环境的快速变化要求管理人才具备敏锐的市场洞察力和快速应对变化的能力。传统的工商管理教学内容往往滞后于实际商业环境的发展，导致学生难以适应动态的市场变化。创新教学内容，可以引入最新的商业案例和管理理论，帮助学生及时了解市场动态和行业趋势，提高其应对变化的能力。在一个快速发展的商业环境中，技术革新、消费者需求的变化以及全球经济的波动都可能对企业产生重大影响。学生必须具备灵活的思维方式和前瞻性的眼光，才能在这些变化

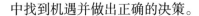

中找到机遇并做出正确的决策。

（二）培养创新思维和实践能力

现代企业越来越重视创新能力，管理人才不仅需要具备扎实的理论知识，还需要具备创新思维和实践能力。传统的教学内容过于注重理论知识的传授，而忽视了学生创新能力的培养。创新教学内容，可以引入创新管理、创业学等课程，培养学生的创新思维和实践能力，提升其在实际工作中的竞争力。创新不仅指技术的发明和应用，更包括商业模式的创新、管理方法的创新和市场开拓的创新。培养学生的创新能力需要在教学中加入更多的实践环节，让他们在实际操作中锻炼思维、激发创造力。

（三）满足企业多样化的需求

随着全球化和信息化的发展，企业对管理人才的需求也呈现出多样化的趋势。传统的教学内容难以全面覆盖企业所需的各类知识和技能。创新教学内容，可以引入数据科学、信息技术、国际商务等跨学科课程，满足企业对管理人才多样化的需求，提升学生的就业竞争力。企业在招聘管理人才时，不应仅看重其专业知识和技能，更应关注其综合素质和多学科背景。通过教学内容的创新，学生可以更好地应对企业的多样化需求，具备更广泛的就业选择和发展空间。

二、教学内容创新的具体措施

为实现教学内容的创新，需要从课程设计、教学方法和评价体系等方面入手，进行系统的改革和创新。以下是具体措施的详细阐述。

（一）更新课程设计

课程设计是教学内容创新的基础。在课程设计中，应注重引入最新的管理理论和实践案例，确保教学内容的前瞻性和实用性。可以引入创新管理、数字化转型、人工智能在管理中的应用等前沿课程，帮助学生了解最新的管理理论和实践。同时，应注重课程内容的系统性和完整性，确保学生能够全面掌握所学知识。在更新课程设计的过程中，还需要关注课程的适应性和灵活性，以便随时根据市场变化和行业需求进行调整。

课程设计不仅要注重知识的传授，还要考虑到学生的学习体验和兴趣激发。可以通过设置选修课程和专业方向，让学生根据自己的兴趣和职业规划进行选择和学习，提升其学习积极性和主动性；还可以通过课程整合和模块化设计，将相关课程有机结合，形成系统的知识体系，帮助学生全面掌握工商管理的核心知识和技能。

（二）采用多样化的教学方法

多样化的教学方法是提升教学效果的重要手段。在教学过程中，应结合案例分析、项目教学、模拟实验等多种教学方法，增强学生的参与感和实践能力。可以通过案例分析，让学生深入分析实际商业案例，培养其分析和解决问题的能力；可以通过项目教学，让学生在实际项目中应用所学知识，提升其实践能力和团队合作精神；可以通过模拟实验，让学生在虚拟环境中进行管理决策和操作，增强其实践体验和创新思维。多样化的教学方法不仅能够激发学生的学习兴趣，还能够帮助他们在不同的情境下锻炼和提升综合能力。

例如，在案例分析教学中，可以选取不同类型和不同行业的案例，让学生从多个角度进行分析和讨论，培养其多维度思考和综合分析能力；在项目教学中，可以设置不同难度和不同领域的项目，让学生根据自己的兴趣和能力进行选择和参与，提升其实践操作和团队合作能力；在模拟实验中，可以通过计算机模拟和虚拟现实技术，构建逼真的商业环境和管理情境，让学生在实际操作中锻炼和提升管理能力。

（三）加强师生互动和合作

师生互动和合作是提升教学效果的重要保障。在教学过程中，应注重加强师生之间的互动和合作，激发学生的学习兴趣和主动性。可以通过小组讨论、课堂提问、在线交流等方式，增强师生之间的互动和交流，帮助学生更好地理解和掌握所学知识；可以组织学生参与教师的科研项目，提升其科研能力和实践水平。通过频繁的互动和合作，教师能够更好地了解学生的需求和疑问，从而提供更有针对性的指导和帮助。

例如，在课堂教学中，可以通过设置互动环节和讨论环节，让学生积极参与课堂讨论和提问，增强其学习主动性和积极性；在在线教学中，可以通过在线论坛和在线讨论，让学生随时随地与教师和同学进行交流和互动，提升其学习体验和学习效果；在科研项目中，可以通过项目合作和团队合作，让学生参与实际的科研工作，提升其科研能力和实践水平。

（四）完善评价体系

评价体系是衡量教学效果的重要标准。在评价过程中，应注重多样化和综合性的评价方式，通过项目评估、案例分析、模拟实验等多种方式，全面评估学生的学习效果和能力发展。可以通过项目评估，评估学生在实际项目中的表现和能力；可以通过案例分析，评估学生分析和解决问题的能力；可以通过模拟实验，评估学生的实践能力和创新思维。评价体系的完善不仅能够全面反映学生的学习成果，还能够为教学改进提供重要的反馈信息。

例如，在项目评估中，可以通过项目报告、项目展示和项目评审等多种方式，全面评估学生在项目中的表现和能力；在案例分析中，可以通过案例报告、案例讨论和案例评审等多种方式，全面评估学生分析和解决问题的能力；在模拟实验中，可以通过实验报告、实验操作和实验评审等多种方式，全面评估学生的实践能力和创新思维。

三、跨学科融合的意义

跨学科融合是应对现代商业环境复杂性的重要途径。通过跨学科融合，可以全面提升学生的综合素质和应对复杂商业环境的能力。以下几个方面阐述了跨学科融合的意义。

（一）提升综合素质

现代商业环境要求管理人才具备多学科的知识和能力。跨学科融合，可以将不同学科的知识和技能有机结合，全面提升学生的综合素质。引入数据科学、信息技术、法律等跨学科课程，培养学生的数据分析能力、信息技术应用能力和法律意识，提高其在实际工作中的综合素质。跨学科融合不仅能够拓宽学生的知识面，还能够培养其系统思维和综合分析能力，使其在面对复杂问题时能够从多个角度进行思考和解决。

例如，通过学习数据科学课程，学生可以掌握数据分析和数据挖掘的基本知识和技能，提升其数据分析和数据应用能力；通过学习信息技术课程，学生可以掌握信息系统和信息技术的基本知识和技能，提升其信息技术应用和信息管理能力；通过学习法律课程，学生可以掌握法律法规和法律制度的基本知识和技能，提升其法律意识和法律素养。

（二）培养跨学科思维

跨学科思维是应对复杂问题的重要能力。跨学科融合，可以培养学生在不同学科之间进行知识整合和应用的能力，提升其跨学科思维和创新能力。通过跨学科项目教学，学生在实际项目中运用不同学科的知识和方法，解决实际问题，培养其跨学科思维和创新能力。跨学科思维的培养不仅能够提升学生的创新能力，还能够帮助其更好地理解和应对现实世界的复杂性和多样性。

例如，在跨学科项目教学中，可以设计涉及多个学科的项目，让学生组成跨学科团队，在项目中进行数据分析、市场调研、法律咨询、国际合作等实际操作，培养其跨学科思维和创新能力。通过跨学科项目教学，学生能够在实际操作中运用和整合多学科的知识和技能，全面提升其综合素质和跨学科思维。

（三）满足企业多样化需求

随着全球化和信息化的发展，企业对管理人才的需求也呈现出多样化的趋势。跨学科融合，可以培养学生具备多学科的知识和技能，满足企业对管理人才多样化的需求，提升学生的就业竞争力。通过引入国际商务、跨文化管理、创新管理等跨学科课程，培养学生的国际化视野和跨文化沟通能力，提高其在国际化企业中的竞争力。企业在招聘和选拔管理人才时，往往更青睐那些具备多学科背景和综合能力的候选人，通过跨学科融合，学生能够更好地适应和胜任各种复杂的工作岗位。

例如，通过学习国际商务课程，学生可以掌握国际市场、国际贸易和国际投资的基本知识和技能，提升其国际化视野和国际商务能力；通过学习跨文化管理课程，学生可以掌握跨文化沟通、跨文化管理和跨文化合作的基本知识和技能，提升其跨文化沟通和跨文化管理能力；通过学习创新管理课程，学生可以掌握创新思维、创新方法和创新管理的基本知识和技能，提升其创新能力和创新管理水平。

四、跨学科融合的实施方法

为实现跨学科融合，需要从课程设置、师资建设和教学资源等方面入手，进行系统的改革和创新。以下是具体实施方法的详细阐述。

（一）设置跨学科课程

跨学科课程是实现跨学科融合的重要途径。在课程设置中，应注重引入数据科学、信息技术、法律、国际商务等跨学科课程，培养学生的综合素质和跨学科思维。

例如，在设置"数据科学与商业分析"课程时，可以通过数据科学基础、数据分析方法、商业分析应用等多个模块，系统地教授数据科学与商业分析的基本知识和技能；在设置"信息系统管理"课程时，可以通过信息系统基础、信息系统设计、信息系统管理等多个模块，系统地教授信息系统管理的基本知识和技能；在设置"国际商务与跨文化管理"课程时，可以通过国际商务基础、跨文化沟通、跨文化管理等多个模块，系统地教授国际商务与跨文化管理的基本知识和技能。在跨学科课程的设置过程中，需要注意课程内容的系统性和连贯性，确保学生能够全面掌握不同学科的知识和技能，全面提升其综合素质和跨学科思维。

（二）建设跨学科师资团队

跨学科师资团队是实现跨学科融合的重要保障。在师资建设中，应注重引进具有多学科背景的教师，提升教师的跨学科教学能力和科研水平。

例如，可以通过招聘具备多学科背景和丰富教学经验的教师，组成高水平的跨学科师资团队；可以通过教师培训和交流，让教师参加跨学科的学术会议和研讨会，了解和学习最新的跨学科研究成果和教学方法，提升其跨学科教学能力和科研水平；可以通过教师合作和团队合作，让教师参与跨学科的科研项目和教学项目，提升其跨学科研究和教学水平。确保跨学科课程的教学质量和效果。

（三）构建跨学科教学平台

跨学科教学平台是实现跨学科融合的重要载体。在教学资源建设中，应注重构建跨学科教学平台，整合不同学科的教学资源和科研成果，提供系统的学习框架和丰富的学习资源。例如，可以构建跨学科教学平台，整合数据科学、信息技术、法律、国际商务等学科的教学资源，提供在线课程、案例库、实验平台等丰富的学习资源，在线学习平台，可以提供数据科学、信息技术、法律、国际商务等跨学科课程的在线学习资源，让学生随时随地进行学习和交流；案例库可以提供不同学科的实际案例和案例分析，让学生深入分析和理解不同学科的知识和技能；实验平台，可以提供不同学科的实验资源和实验机会，让学生在实际操作中掌握和应用不同学科的知识和技能。帮助学生全面掌握不同学科的知识和技能，提升其综合素质和跨学科思维。

（四）推动跨学科研讨和合作

跨学科研讨和合作是实现跨学科融合的重要途径。在教学和科研活动中，应注重推动跨学科研讨和合作，促进不同学科之间的交流和融合。例如，可以组织跨学科研讨会、学术交流会等活动，促进不同学科的教师和学生之间的交流和合作，分享跨学科研究的最新成果和经验；可以通过跨学科科研项目，推动不同学科之间的科研合作，提升跨学科研究的水平和影响力；可以通过推动跨学科研讨和合作，不同学科的教师和学生能够相互学习和借鉴，提升跨学科研究的水平和影响力。

（五）实施跨学科项目教学

跨学科项目教学是培养学生跨学科思维和实践能力的重要方法。在教学过程中，应注重实施跨学科项目教学，让学生在实际项目中运用不同学科的知识和方法，解决实际问题。例如，可以设计跨学科项目教学，让学生组成跨学科团队，在项目中进行数据分析、市场调研、法律咨询、国际合作等实际操作，培养其跨学科思维和实践能力。通过实施跨学科项目教学，学生能够在实际操作中运用和整合多学科的知识和技能，全面提升其综合素质和跨学科思维。

在跨学科项目教学的实施过程中，可以通过项目设计、项目管理和项目评估等多种方式，提升学生的跨学科思维和实践能力。例如，可以通过项目设计，设置涉及多个学科的项目，让学生在项目中运用和整合多学科的知识和技能；可以通过项目管理，指导和监督学生在项目中的表现和进展，确保项目的顺利进行和成功完成；可以通过项目评估，全面评估学生在项目中的表现和能力，提升其跨学科思维和实践能力。

（六）建立跨学科评价体系

跨学科评价体系是衡量跨学科融合效果的重要标准。在评价过程中，应注重建立多样化和综合性的跨学科评价体系，通过项目评估、案例分析、模拟实验等多种方式，全面评估学生的学习效果和能力发展。例如，可以通过项目评估，评估学生在跨学科项目中的表现和能力；可以通过案例分析，评估学生的跨学科分析和解决问题的能力；可以通过模拟实验，评估学生的跨学科实践能力和创新思维。通过建立跨学科评价体系，能够全面反映学生的学习成果，确保跨学科融合的教学质量和效果。

第四节　教学方法与手段的革新

　　教学方法与手段的革新是工商管理教育中至关重要的环节。随着社会的进步和技术的发展，传统的教学方法已经无法完全满足现代工商管理教育的需求。因此，通过教学方法与手段的革新，能够提升教学效果，增强学生的学习体验和实践能力。本节将从传统教学方法的局限性、新兴教学方法的应用、多样化教学手段的探索、技术在教学中的应用、师生互动的加强等方面进行详细分析和阐述。

一、传统教学方法的局限性

　　传统的教学方法主要以教师讲授为主，学生被动接受知识。这种方法虽然能够系统地传授理论知识，但在培养学生的实践能力、创新思维和自主学习能力方面存在明显的局限性。

（一）单向知识传递

　　传统教学方法中，教师是知识的传递者，学生是知识的接收者。这种单向的知识传递模式限制了学生的主动性和创造性，使学生在学习过程中处于被动地位。学生缺乏参与感和互动性，难以在学习过程中形成深刻的理解和思考。例如，在传统的讲授过程中，教师通常会按照预先准备的讲稿进行授课，学生只能被动地听讲、记笔记，缺乏互动和反馈的机会。这种模式下，学生难以提出自己的疑问和观点，无法在课堂上积极地思考和讨论。

（二）缺乏实践环节

　　传统教学方法注重理论知识的传授，忽视了实践环节。学生在课堂上接受大量的理论知识，但缺乏实际操作和应用的机会，难以将所学知识与实际问题相结合，导致理论与实践脱节。例如，在许多工商管理课程中，学生主要通过课本和讲义学习管理理论，缺乏参与实际企业项目和案例分析的机会。这种情况下，学生虽然掌握了理论知识，但在实际工作中往往难以应对复杂的商业环境和实际问题。

（三）难以激发学生兴趣

传统教学方法单一，缺乏多样性和趣味性，难以激发学生的学习兴趣。学生在课堂上听讲，容易产生疲劳和厌倦情绪，学习效果大打折扣。缺乏互动和参与的教学方法，使学生在学习过程中难以保持积极性和热情。例如，许多课程的教学方式过于刻板，学生每天面对相似的授课方式，难以产生新的学习动力和兴趣。长此以往，学生的学习积极性和主动性会受到影响。

二、新兴教学方法的应用

随着教育理念的进步和教学技术的发展，许多新兴的教学方法被应用到工商管理教育中。这些新兴教学方法注重学生的主体地位，强调互动和实践，能够有效提升教学效果和学生的学习体验。

（一）案例教学法

案例教学法通过分析和讨论实际的商业案例，帮助学生将理论知识应用于实践，培养其分析问题和解决问题的能力。案例教学法注重学生的参与和互动，能够激发学生的思考和讨论，提高其学习的主动性和积极性。例如，在一个市场营销课程中，教师可以通过分析一个成功或失败的营销案例，让学生深入探讨企业的营销策略、市场定位和竞争环境等问题。通过对实际案例的分析，学生不仅能够加深对理论知识的理解，还能够培养其在实际商业环境中解决问题的能力。

案例教学法的实施需要教师具备一定的实际经验和案例分析能力。教师需要根据教学目标和学生的实际情况，选择和设计合适的案例，并在课堂上引导学生进行分析和讨论。例如，教师可以选择一个知名企业的营销案例，让学生分组分析企业的市场定位、竞争策略和营销效果，提出自己的见解和改进建议。通过这种方式，学生能够在实际情境中应用所学知识，提升其分析和解决问题的能力。

（二）项目教学法

项目教学法通过设计和实施实际项目，让学生在项目中运用所学知识和技能，提升其实践能力和培养其团队合作精神。项目教学法注重学生的实际操作和应用，能够帮助学生在实践中深化对知识的理解和掌握。例如，在一个运营管理课程中，教师可以设计一个模拟企业运营项目，让学生分组进行企业的生产计划、库存管理和质量控制等工作。通过参与实际项目，学生可以获得宝贵的实践经验，提升其解决实际问题和团队协作能力。

项目教学法的实施需要教师具备一定的项目管理经验和指导能力。教师需要根据教学目标和学生的实际情况，设计和安排合适的项目，并在项目过程中提供指导和支持。例如，教师可以设计一个企业运营模拟项目，让学生在项目中模拟企业的运营管理过程，进行生产计划、库存管理和质量控制等工作，通过这种方式，学生能够在实际操作中应用所学知识，培养其实践能力和团队合作精神。

（三）翻转课堂

翻转课堂是一种颠覆传统教学模式的创新方法，通过将课堂讲授和课后学习顺序颠倒，提升学生的学习效果。在翻转课堂中，学生在课前观看视频和阅读材料进行自主学习，课堂上进行讨论、练习和答疑，教师在课堂上起到引导和辅导的作用。例如，在一个财务管理课程中，教师可以将课前的讲授内容录制成视频，让学生在课前观看学习基础知识，课堂上则进行实际案例分析和问题讨论。翻转课堂注重学生的自主学习和互动，能够提升学生的学习积极性和主动性。

翻转课堂的实施需要教师具备一定的教学设计和技术应用能力。教师需要根据教学目标和学生的实际情况，设计和安排合适的课前学习材料，并在课堂上进行有效的引导和辅导。通过这种方式，学生能够在自主学习中掌握基础知识，在课堂讨论中深化对知识的理解和应用。

（四）混合学习

混合学习将传统课堂教学和在线学习相结合，发挥两者的优势，提升教学效果。在混合学习中，学生可以通过在线平台进行自主学习和交流，教师在课堂上进行讨论和辅导。例如，在一个国际商务课程中，教师可以通过在线平台提供课程材料和学习资源，学生在课前通过在线平台学习掌握基础知识，课堂上则进行讨论和交流。混合学习注重灵活性和个性化，能够满足学生的不同学习需求，提升其学习体验和效果。

混合学习的实施需要教师具备一定的教学设计和技术应用能力。教师需要根据教学目标和学生的实际情况，设计和安排合适的在线学习材料和课堂活动，并在教学过程中提供有效的指导和支持。通过这种方式，学生能够在自主学习中掌握基础知识，在课堂讨论中深化对知识的理解和应用。

三、多样化教学手段的探索

为了进一步提升教学效果，需要探索多样化的教学手段，将理论知识与实际应用相结合，增强学生的学习体验和实践能力。

（一）模拟实验

模拟实验是一种将理论知识与实际操作相结合的教学手段，通过模拟商业环境和管理情境，让学生在虚拟环境中进行管理决策和操作。模拟实验注重实践性和互动性，能够帮助学生在实际操作中深化对知识的理解和掌握，提升其实践能力和创新思维。例如，在一个战略管理课程中，教师可以设计一个模拟企业竞争环境的实验，让学生在虚拟环境中进行战略决策和市场竞争。通过模拟实验，学生可以在虚拟环境中体验和练习管理决策和操作，增强其实践体验和操作技能。

模拟实验的实施需要教师具备一定的实验设计和技术应用能力。教师需要根据教学目标和学生的实际情况，设计和安排合适的模拟实验，并在实验过程中提供指导和支持。通过这种方式，学生能够在实际操作中应用所学知识，提升其实践能力和创新思维。

（二）角色扮演

角色扮演是一种通过模拟实际情境和角色，帮助学生体验和理解不同角色的行为和决策的教学手段。在角色扮演中，学生通过扮演不同的角色，模拟情境进行决策和操作，提升其实践能力和团队合作精神。例如，在一个人力资源管理课程中，教师可以设计一个招聘面试的角色扮演活动，让学生分别扮演招聘官和应聘者，模拟实际的招聘面试过程。角色扮演注重实践性和互动性，能够帮助学生在实际情境中体验和理解管理决策和操作，培养其实践能力和团队合作精神。

角色扮演的实施需要教师具备一定的情境设计和指导能力。教师需要根据教学目标和学生的实际情况，设计和安排合适的角色扮演活动，并在活动过程中提供指导和支持。

（三）情境教学

情境教学是一种通过设置实际情境和问题，让学生在情境中进行学习和操作的教学手段。情境教学注重实践性和互动性，能够帮助学生在实际情境中应用所学知识和技能，提升其实践和解决问题的能力。例如，在一个供应链管理课程中，教师可以设计一个模拟供应链运营的情境，让学生在情境中进行供应链计划、采购和物流管理等工作。通过情境教学，学生可以在实际情境中体验和练习管理决策和操作，增强其实践体验和操作技能。

情境教学的实施需要教师具备一定的情境设计和指导能力。教师需要根据教学目标和学生的实际情况，设计和安排合适的情境教学活动，并在活动过程中提供指导和支持。通过这种方式，学生能够在实际情境中应用所学知识，提升其实践能力和解决问题的能力。

（四）小组讨论

小组讨论是一种通过小组合作和讨论，帮助学生在互动中学习和理解知识的教学手段。小组讨论注重互动性和合作性，能够帮助学生在讨论中分享和交流观点，提升其分析问题和解决问题的能力。例如，在一个组织行为学课程中，教师可以通过设计一系列讨论题目，让学生分组进行讨论和交流，分享各自的观点和见解。通过小组讨论，学生可以在互动中深化对知识的理解和掌握，提升其学习积极性和主动性。

小组讨论的实施需要教师具备一定的讨论引导和组织能力。教师需要根据教学目标和学生的实际情况，设计和安排合适的小组讨论题目和活动，并在讨论过程中提供引导和支持。通过这种方式，学生能够在互动中学习和理解知识，提升其分析问题和解决问题的能力。

四、技术在教学中的应用

随着信息技术的迅速发展和普及，技术在教学中的应用越来越广泛。应用先进的教学技术，不仅能提升教学效果，还可增强学生的学习体验和实践能力。

（一）在线学习平台

在线学习平台是一种通过互联网提供学习资源和交流平台的技术手段。在在线学习平台上，学生可以随时随地进行自主学习和交流，获取丰富的学习资源和学习支持。例如，许多工商管理课程可以通过在线学习平台提供课件、视频、案例和练习，让学生根据自己的时间和进度学习。在线学习平台注重灵活性和个性化，能够满足学生的不同学习需求，提升其学习体验和效果。

在线学习平台的应用需要教师具备一定的技术应用和课程设计能力。教师需要根据教学目标和学生的实际情况，设计和安排合适的在线学习材料和活动，并在在线平台上提供有效的指导和支持。让学生根据自己的时间和进度进行学习，通过这种方式，学生能够在自主学习中掌握基础知识，提升其学习体验和效果。

（二）虚拟现实技术

虚拟现实技术是一种通过模拟真实环境和情境，提供沉浸式学习体验的技术手段。在虚拟现实环境中，学生可以进行实际操作和体验，提升其实践能力和操作技能。例如，在一个生产管理课程中，教师可以通过虚拟现实技术模拟生产车间的操作环境，让学生在虚拟环境中进行生产计划、设备操作和质量控制等工作。虚拟现实技术注重实践性和互动性，能够帮助学生在沉浸式环境中学习和应用知识，提升其学习体验和实践能力。

虚拟现实技术的应用需要教师具备一定的技术应用和情境设计能力。教师需要根据教学目标和学生的实际情况，设计和安排合适的虚拟现实情境和活动，并在虚拟环境中提供有效的指导和支持。

（三）在线讨论和交流平台

在线讨论和交流平台是一种通过互联网提供交流和互动平台的技术手段。在在线讨论和交流平台上，学生可以随时随地进行讨论和交流，分享、交流观点和经验。例如，在一个国际商务课程中，教师可以通过在线讨论平台设计一系列讨论题目，让学生在线进行讨论和交流，分享各自的观点和见解。在线讨论和交流平台注重互动性和合作性，能够帮助学生在互动中学习和理解知识，提升其学习积极性和主动性。

在线讨论和交流平台的应用需要教师具备一定的技术应用和讨论引导能力。教师需要根据教学目标和学生的实际情况，设计和安排合适的在线讨论题目和活动，并在在线平台上提供有效的引导和支持。

（四）大数据分析

大数据分析是一种通过分析大量数据，提供个性化学习支持和反馈的技术手段。在大数据分析的支持下，教师可以根据学生的学习数据和行为，提供个性化的学习建议和支持，提升教学效果和学生的学习体验。例如，在一个市场营销课程中，教师可以通过大数据分析了解学生的学习进度和学习效果，针对不同学生的学习情况提供个性化的学习建议和支持。大数据分析注重个性化和精准化，能够帮助学生在学习过程中获得个性化的支持和反馈，提升其学习效果和学习体验。

大数据分析的应用需要教师具备一定的数据分析和个性化教学能力。教师需要根据教学目标和学生的实际情况，利用大数据分析工具和技术，分析学生的学习数据和行为，提供个性化的学习支持和反馈。

五、师生互动的加强

师生互动是提升教学效果的重要保障。在教学过程中，应注重加强师生之间的互动和合作，激发学生的学习兴趣和主动性。

（一）课堂提问和讨论

课堂提问和讨论是一种通过互动和交流，帮助学生在课堂上参与和理解知识的教学手段。在课堂提问和讨论中，教师通过提问和讨论，引导学生思考和讨论问题，提升其学习积极性和主动性。例如，在一个管理学课程中，教师可以通过设计一系列提问和讨论题目，让学生在课堂上积极参与和互动，分享各自的观点和见解。课堂提问和讨论注重互动性和参与性，能够帮助学生在互动中学习和理解知识，提升其学习效果和学习体验。

课堂提问和讨论的实施需要教师具备一定的讨论引导和组织能力。教师需要根据教学目标和学生的实际情况，设计和安排合适的提问和讨论题目，并在讨论过程中提供引导和支持。

（二）课后辅导和交流

课后辅导和交流是课堂教学的重要补充，是帮助学生在课后解决问题和深化理解的教学手段。通过教师的额外指导和帮助，能够提升学生的学习效果和学习体验。例如，在一个财务管理课程中，教师可以通过设计课后辅导和交流环节，帮助学生解决学习中的问题，提升其学习效果和学习体验。

课后辅导和交流的实施需要教师具备一定的辅导和交流能力。教师需要根据教学目标和学生的实际情况，设计和安排合适的课后辅导和交流活动，并在活动过程中提供引导和支持。

（三）师生合作和项目指导

师生合作和项目指导是一种通过合作和指导，帮助学生在项目中应用所学知识和技能的教学手段。在师生合作和项目指导中，教师通过合作和指导，帮助学生在项目中应用所学知识和技能，提升其实践和项目管理能力。例如，在一个创业管理课程中，教师可以设计一个创业项目，让学生在项目中进行创业计划、市场调研和财务预测等工作，教师在项目中进行指导和支持。师生合作和项目指导注重合作性和实践性，能够帮助学生在合作和实践中学习和应用知识，提升其实践和项目管理能力。

师生合作和项目指导的实施需要教师具备一定的项目管理和指导能力。教师需要根据教学目标和学生的实际情况，设计和安排合适的项目，并在项目过程中提供指导和支持。

（四）在线互动和交流

在线互动和交流是一种通过在线平台提供互动和交流的教学手段。在在线互动和交流中，教师和学生可以通过在线平台进行实时互动和交流，分享和交流观点和经验。例如，在一个国际贸易课程中，教师可以通过在线互动平台设计一系列互动和交流活动，让学生在在线平台上进行实时互动和交流，分享各自的观点和见解。在线互动和交流注重实时性和互动性，能够帮助学生在互动中学习和理解知识，提升其学习积极性和主动性。

在线互动和交流的实施需要教师具备一定的技术应用和互动引导能力。教师需要根据教学目标和学生的实际情况，设计和安排合适的在线互动和交流活动，并在在线平台上提供有效的引导和支持。

（五）个性化指导和反馈

个性化指导和反馈是一种通过个性化的指导和反馈，帮助学生在学习过程中获得个性化支持和反馈的教学手段。在个性化指导和反馈中，教师根据学生的学习情况和学习需求，提供个性化的指导和反馈，提升学生的学习效果和学习体验。例如，在一个市场营销课程中，教师可以根据学生的学习情况和学习需求，提供个性化的指导和反馈，帮助学生解决学习中的问题，提升其学习效果和学习体验。

个性化指导和反馈的实施需要教师具备一定的指导和反馈能力。教师需要根据教学目标和学生的实际情况，设计和安排合适的个性化指导和反馈活动，并在活动过程中提供引导和支持。

第五节　评价体系的优化与重构

评价体系在工商管理教学中起着至关重要的作用，它不仅是衡量教学效果的主要手段，也是激励学生学习、提高教学质量的重要工具。随着教育理念的不断发展和教学手段的不断革新，传统的评价体系已经无法全面反映学生的学习成果和能力发展。因此，优化和重构评价体系，建立科学、全面、多维的评价体系，已成为现代工商管理教育的迫切需求。本节将从传统评价体系的局限性、评价体系优化的必要性、多维评价体系的构建、过程性评价的重要性、个性化评价的探索、评价体系的多元化发展等方面进行详细分析和阐述。

一、传统评价体系的局限性

传统评价体系主要依靠期末和期中考试成绩等形式来评估学生的学习效果。这种评价方式虽然简单易行，但存在诸多局限性，难以全面反映学生的综合素质和实际能力。

（一）单一评价标准

长久以来，高校和教师经常以考试成绩作为唯一标尺，用以衡量学生的学习表现。然而，这样的评价方式在某种程度上忽视了学生在学习旅程中的艰辛付出、积极参与以及不断取得的进步。这种单一的评价标准，就像是一面"狭隘"的镜子，只能反映出学生在某一瞬间、某一特定时间段内对某些知识点的掌握程度，而无法捕捉和展示学生更为丰富、多维度的学习状态和能力。

将考试成绩作为唯一标准，往往忽略了学生在学习过程中的努力。每个学生都有他们独特的学习节奏和方式，有的学生在考试前能够迅速掌握知识点，而有的学生则需要更多的时间和努力来理解和消化。但传统评价体系却未能给予后者足够的认可和鼓励，这无疑会打击他们的学习积极性和自信心。另外，课堂讨论、小组合作、实践活动等，都是学生展示自己思维能力和团队协作能力的重要舞台。然而，这些在传统评价体系中往往被忽视，导致一些学生虽然在课堂上积极参与，但在最终的考试成绩上却未能得到应有的体现。还有的学生在学习过程中，往往会遇到各种挑战和困难，但他们通过不断努力和尝试，最终克服困难、取得进步。然而，这种进步在传统评价体系中也被忽视，因为评价体系更关注的是学生最终的成绩，而不是他们取得成绩的过程。

（二）忽视过程性评价

在现有的教育评价体系中，不难发现一种普遍的现象，那就是对于终结性评价的过度依赖，特别是期末考试这类一次性、结果导向的评价方式。然而，这种评价体系存在显著的局限性，过于强调学习成果的输出，而往往忽略了学生在学习过程中展现出的多维度素质和能力。

首先，学习态度应该作为评价学生学习效果的重要指标。学习态度是学生学习行为的内在驱动力，决定了学生面对学习困难时的韧性和毅力。但在传统的评价体系中，学生的学习态度往往被忽略，没有得到应有的重视和评价。一个学生可能在课堂上积极发言、勤于思考，但在期末考试时可能紧张或其他原因没有发挥出最佳水平，导致最终成绩不尽如人意。如果仅依据期末考试的成绩来评价学生，那么这样的学生可能会被误判为不够努力或学习能力不足，无疑是对其学习态度的否定。

其次，参与情况也是评价学生学习效果的重要指标之一。学生在课堂上的参与程度、对课堂内容的理解和吸收情况，都是反映其学习效果的重要方面。但在传统的评价体系中，由于缺乏对参与情况的细致观察和记录，学生的参与情况往往被忽视。这导致学生可能在课堂上表现得非常积极，但因为期末考试成绩不够理想，而被判定为学习效果不佳。这种评价方式显然是不公平的，因为它没有全面考虑学生在学习过程中的表现。

最后，团队合作和创新能力是现代教育中非常重要的素质和能力。但在传统的评价体系中，这些素质和能力往往没有得到足够的重视和评价。学生可能在团队项目中表现出色，但在个人考试中可能某些原因表现平平。如果仅依据个人考试的成绩来评价学生，那么学生的团队合作和创新能力就无法得到应有的认可。这种评价方式不仅无法激励学生积极参与团队合作和创新活动，还可能抑制学生的创造力和不利于合作精神的培养。

（三）难以激发学生的学习兴趣

首先，以分数为导向的评价体系极易使学生陷入功利化的学习泥潭。在这种体系下，分数已成了衡量学生优劣的唯一标准，学生为了追求更高的分数，往往会忽视学习过程中的体验和实际能力的提升。他们可能会过度关注考试技巧，而忽视了对知识的深入理解和实际应用，这种学习方式无疑是短视的，不利于学生的长远发展。

其次，这种评价方式很难真正激发学生的学习兴趣和主动性。学生往往是被动地接受知识，为了应对考试而学习，而不是出于对知识的好奇和热爱。这样的学习状态很难让学生产生持续的学习动力，也难以培养他们的创新精神和批判性思维。

再次，高强度的考试压力给学生带来了沉重的心理负担。在面对分数的压力时，学生可能会感到焦虑和紧张，这种情绪状态不仅会影响他们的学习效果，还可能会对他们的身心健康造成不良影响。为了应对考试，学生可能会采取死记硬背、临时抱佛脚等应试策略，这些策略虽然能够在短期内提高分数，但长期来看，会削弱他们的学习能力和适应能力。

最后，这种评价体系还不利于了学生的创造性思维和问题解决能力的培养。在追求分数的过程中，学生往往缺乏机会去探索和尝试新的方法和思路，他们的思维被局限在固定的框架内，难以产生新的想法和创意。同时，由于缺乏对实际问题的深入理解和分析，学生在面对真实世界的问题时，往往显得手足无措，缺乏解决问题的能力。

二、评价体系优化的必要性

随着教育理念的不断更新和教学改革的深入，优化和重构评价体系已成为提高工商管理教学质量的必然选择。优化评价体系不仅能够全面反映学生的学习成果和能力发展，还能够激发学生的学习兴趣和主动性，推动教学改革的深入发展。

（一）全面衡量学生的综合素质

现代工商管理教育，作为培养未来商业领袖的摇篮，早已不满足于传授学生理论知识的层面。在这个日新月异的商业世界中，学生需要具备的不仅是书本上的知识，更多的是应对复杂商业环境的综合素质和实际能力。因此，现代工商管理教育开始更多地强调对学生综合素质的培养和实际能力的提升。

为了全面、准确地衡量学生的这些综合素质,优化评价体系显得尤为重要。一个科学、全面、多维的评价标准,能够为学生提供一个清晰的成长路径和努力方向。这样的评价体系,不仅要考察学生的理论知识掌握程度,更要关注学生的实践能力、创新思维以及团队合作能力等多方面的素质。

具体来说,一个科学的评价体系应当具备以下几个方面的特点。

首先,评价体系应当能够全面衡量学生的知识应用能力。这不仅是指学生能否将所学知识运用到实际场景中,更是指学生能否在复杂多变的商业环境中灵活运用所学知识,解决实际问题。这种能力的考察,可以通过案例分析、模拟演练等方式进行。

其次,评价体系应当注重学生的批判性思维。在商业世界中,面对各种信息和数据,学生需要具备独立思考、判断真伪的能力。这种能力的考察,可以通过讨论课、辩论赛等方式进行,让学生在交流和碰撞中不断提升自己的思维能力。

再次,评价体系应当鼓励学生发挥创新能力。在商业竞争中,创新是企业保持竞争力的关键。因此,学生需要具备创新思维和创新能力,能够为企业带来新的想法和解决方案。这种能力的考察,可以通过项目实践、创新大赛等方式进行,让学生在实践中锻炼自己的创新能力。

最后,评价体系还应当关注学生的团队合作能力。在商业世界中,团队合作是不可或缺的。学生需要具备与他人协作、共同完成任务的能力。这种能力的考察,可以通过团队项目、协作实践等方式进行,让学生在团队中学会沟通、协作和分享。

(二)激发学生的学习兴趣和主动性

科学、全面的评价体系在教育领域中扮演着至关重要的角色,它不仅是对学生学习成果的一种简单衡量,更是激发学生内在动力、培养其学习兴趣和主动性的关键手段。这种评价体系从多维度、多层次出发,全面覆盖学生的学习过程和学习成果,从而为学生提供了一个更为全面、准确的自我认知窗口。

首先,过程性评价是这一体系中不可或缺的一部分。它关注学生在学习过程中的表现,强调学生在课堂讨论、小组活动、项目实践等各个环节中的积极参与和主动思考。通过对学生学习过程的细致观察和评价,教师能够及时发现学生的优点和不足,从而给予针对性的指导和帮助。这种评价方式鼓励学生不断尝试、不断探索，让他们在学习过程中体验到成功的喜悦，进而提升学习兴趣和积极性。

其次，个性化评价是评价体系中的重要组成部分。它尊重每个学生的个体差异，关注他们的兴趣、特长和潜力，鼓励他们发挥自身优势，提升学习积极性和主动性。个性化评价要求教师在评价过程中关注学生的个体差异，采用不同的评价标准和方法，让每个学生都能在自己的优势领域得到充分的发挥和认可。这种评价方式能够增强学生的自信心和归属感，让他们更加热爱学习、享受学习。

最后，评价体系应当注重激发学生的内在学习动力。通过评价，让学生认识到自己的不足和需要改进的地方，同时也让他们看到自己的进步和成长。这种评价方式能够促使学生进行自我反思和持续改进，让他们更加主动地投入学习。此处，评价体系还应当关注学生的情感体验，让学生在评价过程中感受到教师的关爱和尊重，从而建立起积极的学习态度和情感联系。

（三）推动教学改革的深入发展

优化评价体系在推动教学改革中扮演着举足轻重的角色，它为整个教育体系的革新提供了坚实的支撑和动力，对于教学内容、教学方法以及教学手段的创新和改进具有深远的影响。

首先，多维评价体系的引入，无疑为教学内容注入了新的活力。这种评价体系不再局限于传统的单一维度，而是从多个角度、多个层面对学生的学习进行全面评价。这不仅要求教师具备更加广阔的视野和更加丰富的知识储备，同时也推动了教学内容的不断更新和丰富。在这样的评价体系下，教师会更加注重理论与实践的结合，将最新的科研成果和行业动态融入教学中，使教学内容更加贴近实际、更加具有实用性。

其次，过程性评价的引入，使得教学更加注重学生的参与和互动。传统的评价方式往往只注重学生的最终成绩，而忽视了学生在学习过程中的表现。而过程性评价则更加注重学生在学习过程中的表现，包括他们的学习态度、学习方法、学习成果等多个方面。这种评价方式促使教师在教学中更加注重学生的参与和互动，通过组织各种形式的教学活动，激发学生的学习兴趣和积极性，提升他们的学习效果和学习体验。

最后，多维的评价体系还能够为教学改进提供重要的依据和反馈。通过对学生学习情况的全面评价，教师可以更加准确地了解学生的学习状况和需求，发现教学中存在的问题和不足。这些信息对于教学改进具有非常重要的意义，可以帮助教师及时调整教学策略和方法，使教学更加符合学生的需求和兴趣，从而提高教学质量和效果。

三、多维评价体系的构建

构建多维评价体系、全面衡量学生的综合素质和能力，是优化评价体系的重要方向。多维评价体系应包括知识评价、能力评价、态度评价、创新思维评价、团队合作评价等多个方面。采用多种评价方式和手段，能够全面反映学生的学习成果和能力发展。

（一）知识评价

知识评价主要衡量学生对工商管理理论知识的掌握情况。传统的笔试和期末考试是知识评价的主要方式，但在多维评价体系中，还可以引入开卷考试、闭卷考试、随堂测试等多种形式，全面评估学生的知识掌握情况。知识评价应当不仅关注学生对理论知识的记忆，还应当考查其对知识的理解、应用和创新。

（二）能力评价

能力评价主要衡量学生的实际操作能力和实践能力。在多维评价体系中，可以通过案例分析、项目评估、模拟实验等方式，全面评估学生的实际操作能力和实践能力。能力评价应当注重学生的实际操作能力、创新能力和团队合作精神的培养及提升。

（三）态度评价

态度评价主要衡量学生在学习过程中的态度和行为表现。在多维评价体系中，可以通过课堂参与、课后作业、小组合作等方式，全面评估学生的学习态度和行为表现。态度评价应当关注学生的学习态度、学习习惯、团队合作精神和社会责任感等多方面素质。

（四）创新思维评价

创新思维评价是衡量学生在解决问题和提出新想法方面的能力。在多维评价体系中，可以通过创新项目、创意比赛、创业计划等方式，评估学生的创新思维和创新能力。创新思维评价应当关注学生在创新思维、创新方法和创新实践方面的表现。

（五）团队合作评价

团队合作评价是衡量学生在团队活动中合作能力和团队精神的表现。在多维评价体系中，可以通过小组项目、小组讨论、小组报告等方式，评估学生的团队合作能力和团队精神。团队合作评价应当关注学生在团队中的角色和贡献、合作和沟通能力、组织和协调能力。

四、过程性评价的重要性

过程性评价是多维评价体系的重要组成部分，通过对学生在学习过程中的表现进行评价，全面反映学生的学习态度、参与情况、进步和发展。过程性评价不仅能够激发学生的学习兴趣和主动性，还能够为教师提供重要的教学反馈，推动教学改革和改进。

（一）激发学生的学习兴趣和主动性

过程性评价是这一现代教育评价体系中的关键一环，强调的是学生在学习旅程中的每一步足迹，而非仅仅聚焦于终点。这种评价方式能够深入挖掘学生在学习过程中的表现，以此来评估他们的学习成效，进一步激发他们的学习兴趣和主动性。

在过程性评价的框架下，教师会密切关注学生在学习中的每一个阶段，从课堂讨论到课后作业、从独立思考到团队合作，每一个环节都被视为评估的重要组成部分。这种评价方式鼓励学生不仅要在考试中取得好成绩，更要在学习过程中展现自己的努力和进步。

过程性评价的最大优势在于，它能够让学生深刻认识到学习过程的重要性。学生们不再仅为了应付考试而学习，而是真正投入学习，享受知识带来的乐趣和挑战。他们在学习过程中不断投入和努力，不断地实践和探索，逐渐构建起自己的知识体系和能力框架。

此外，过程性评价还能够激发学生的学习主动性和积极性。在教师的鼓励和引导下，学生们会积极参与学习，主动探索知识的奥秘，寻找解决问题的方法。他们会在课堂上积极发言、与同学交流思想，共同进步。这种积极的学习态度不仅有助于他们在学业上取得更好的成绩，更能够培养他们的创新思维和批判性思考能力。

（二）全面反映学生的学习成果和能力发展

过程性评价在教育领域扮演着重要的角色，其不仅是对学生学习成果的一种衡量，更是对学生学习过程和成长轨迹的深入剖析。这种评价方式能够全面反映学生在各个学习阶段的表现和进步，从而更为准确地把握学生的学习状态和能力发展。

具体来说，过程性评价通过对学生在学习过程中的各项表现进行持续观察和记录，形成了一幅详尽的学生学习画像。这包括了学生的课堂参与度、作业完成情况、小组合作表现、课堂讨论活跃度等多方面的信息。综合这些信息，使教师能够全面了解学生在各个学习环节中的表现，进而判断学生的学习状态和能力水平。

此外，过程性评价还有助于培养学生的自主学习能力和终身学习习惯。在过程性评价的引导下，学生需要对自己的学习过程持续反思和总结，从而不断提高自己的学习效率和能力水平。这种自我反思和总结的过程，有助于学生形成自主学习的意识和习惯，为未来的学习和成长打下坚实的基础。

（三）为教师提供重要的教学反馈

首先，过程性评价为教师提供了深入而全面的教学反馈，使教师能够更为精准地把握学生的学习情况和教学效果。这种评价不仅关注学生在某一阶段或某一课程结束时的表现，而是贯穿于整个学习过程，能够捕捉到学生在各个学习阶段的具体表现，为教师提供更丰富的数据支持。

具体来说，过程性评价可使教师及时了解学生的学习需求和兴趣。在日常的教学过程中，学生可能会表现出对某些知识点的疑惑，或者对某一教学方法的不适应。通过过程性评价，教师可以敏锐地捕捉到这些信号，进而调整自己的教学策略，以更好地满足学生的学习需求。这种基于学生实际表现的评价方式，使得教学更加贴近学生的真实需求，有助于提高学生的学习兴趣和积极性。

其次，过程性评价也为教师提供了有针对性的教学支持和指导。当教师发现学生在某一方面的学习存在困难时，可以根据过程性评价的结果，为学生量身定制个性化的辅导方案。这种辅导方案不仅关注知识点的讲解，更注重学习方法的培养和学习习惯的养成，从而帮助学生从根本上提高学习能力。

最后，过程性评价还有助于推动教学改革和改进。对学生在学习过程中的具体表现进行细致分析，教师可以发现教学中存在的问题和不足，进而提出针对性的改进措施。这种基于实际表现的教学改革，不仅具有更强的针对性和可操作性，还能够更好地满足学生的实际需求，提高教学效果和学生的学习质量。

（四）促进学生的自我反思和改进

过程性评价的深远影响不仅体现在学生的学业成绩上，更在于它对学生学习过程、自我认知以及学习态度的塑造。这种评价方式鼓励学生从传统的"应试"模式中解脱出来，转向更为关注自我成长和持续进步的学习路径。

这种反思并非简单的回顾，而是深入剖析学习过程中的每一个环节，从知识的获取、理解到应用，再到问题解决和创新思维的培养，学生都能从中找到自身的不足和提升空间。这种自我审视不仅增强了学生的自主性和主动性，还使他们能够更加清晰地认识到自己在知识掌握和能力发展上的不足。

通过评价，学生能够及时发现问题并找到解决方法。例如，在解题过程中，学生可能会遇到思路不清晰或方法不当的情况，这时他们可以通过查看评价反馈、调整解题策略或寻求老师同学的帮助，从而不断提升自己的解题能力和思维水平。这种自我调整和改进的过程，不仅有助于学生提高学习效率，还能培养他们的自主学习能力和终身学习的意识。

此外，过程性评价还能显著提升学生的学习效果和学习体验。由于评价贯穿整个学习过程，学生能够在学习过程中不断获得正向的反馈和激励，这不仅能够增强他们的学习动力和信心，还能够使他们更加专注于学习任务，减少学习焦虑和压力。同时，过程性评价还能够让学生更加深入地理解知识，掌握学习方法，形成自己的学习风格和策略，从而在未来的学习和生活中更加游刃有余。

（五）动态跟踪学生的学习进展

过程性评价不仅为教师提供了一扇观察学生学习进程的窗口，更为学生提供了一个及时反馈和修正学习路径的平台。当深入探讨其内涵与功能时，不难发现其强大的潜力和深远的影响。

过程性评价通过动态跟踪学生的学习进展，实现了对学生学习状态的实时监控。这种实时监控不仅是对学生成绩和分数的简单记录，更是对学生学习行为、思考方式、情感态度的全面把握。通过这一过程，教师能够更准确地把握学生的学习状态，了解学生在不同阶段的学习难点和困惑。

在学习过程中，学生难免会遇到各种问题和困难。传统的评价方式往往只能在学期末或阶段末才能发现这些问题，但过程性评价却能在学生学习过程中及时发现问题。这种及时性使教师能够迅速介入，帮助学生解决学习上的困难，避免问题积累到无法挽回的地步。

更为重要的是，过程性评价的动态跟踪和及时反馈为教师的教学调整和改进提供了有力支持。在教学过程中，教师会根据学生的学习进展和反馈来不断调整教学策略和方法。这种调整是基于对学生学习状态的深入了解和把握，因此更具针对性和实效性。通过过程性评价，教师能够更准确地把握学生的学习需求，提供更符合学生实际的教学服务，从而提升教学效果和学生的学习体验。

五、个性化评价的探索

个性化评价是优化评价体系的重要方向，通过尊重学生的个体差异，提供个性化的评价标准和方式，全面反映学生的个体特点和发展需求，激发学生的学习兴趣和主动性，提升教学效果和学生的学习体验。

（一）尊重学生的个体差异

个性化评价注重尊重学生的个体差异，提供个性化的评价标准和方式，全面反映学生的个体特点和发展需求。在知识评价中，可以根据学生的学习情况和发展需求，提供个性化的评价标准和方式，全面衡量学生的知识掌握情况和发展水平；在能力评价中，可以根据学生的实际操作能力和实践能力，提供个性化的评价标准和方式，全面衡量学生的实际操作能力和实践能力；在态度评价中，可以根据学生的学习态度和行为表现，提供个性化的评价标准和方式，全面衡量学生的学习态度和行为表现。

（二）激发学生的学习兴趣和主动性

个性化评价能够激发学生的学习兴趣和主动性，促使学生在学习过程中积极参与、主动探索。通过提供个性化的评价标准和方式，鼓励学生在学习过程中发挥自身优势，提升其学习兴趣和积极性；通过提供个性化的评价反馈，鼓励学生在学习过程中不断进步，提升其学习积极性和主动性。个性化评价能够帮助学生认识到自身的优点和潜力，激发其在学习过程中不断努力和进步。

（三）全面反映学生的个体特点和发展需求

个性化评价能够全面反映学生的个体特点和发展需求，全面衡量学生的学习成果和能力发展。通过提供个性化的评价标准和方式，全面衡量学生的知识掌握情况、实际操作能力、学习态度和行为表现，全面反映学生的个体特点和发展需求。个性化评价能够帮助教师了解学生的个体特点和发展需求，提供更有针对性的教学支持和指导。

（四）提升教学效果和学生的学习体验

个性化评价能够提升教学效果和学生的学习体验，推动教学改革和改进。通过提供个性化的评价标准和方式，教师可以根据学生的个体特点和发展需求，提供个性化的教学支持和指导，提升教学效果和学生的学习体验；通过提供个性化的评价反馈，教师可以及时了解学生的学习情况和教学效果，发现教学中的问题和不足，及时调整和改进教学方法和手段，提升教学质量。

（五）个性化学习路径的设计

个性化评价能够帮助教师设计个性化的学习路径，满足学生的个体学习需求和发展需求。通过个性化评价，教师可以根据学生的学习情况和发展需求，设计个性化的学习路径，提供个性化的学习资源和学习支持，提升学生的学习效果和学习体验。个性化学习路径的设计能够帮助学生在学习过程中发挥自身优势，提升其学习兴趣和主动性。

（六）个性化指导和支持的提供

个性化评价能够帮助教师提供个性化的指导和支持，满足学生的个体学习需求和发展需求。通过个性化评价，教师可以根据学生的学习情况和发展需求，提供个性化的指导和支持，帮助学生解决学习中的问题和困难，提升学生的学习效果和学习体验。

六、评价体系的多元化发展

评价体系的多元化发展是优化和重构评价体系的重要方向，通过引入多种评价方式和手段，全面衡量学生的综合素质和能力发展，提升教学效果和学生的学习体验。

（一）多元化评价方式的引入

评价体系的多元化发展需要引入多种评价方式和手段，全面衡量学生的综合素质和能力发展。通过引入案例分析、项目评估、模拟实验等评价方式，全面评估学生的实际操作能力和实践能力；通过引入课堂参与、课后作业、小组合作等过程性评价方式，全面评估学生的学习态度和行为表现；通过引入个性化评价标准和方式，全面衡量学生的个体特点和发展需求。

（二）评价标准的多维化

评价体系的多元化发展需要建立多维的评价标准，全面衡量学生的综合素质和能力发展。通过建立知识评价、能力评价、态度评价等多维的评价标准，全面衡量学生的知识掌握情况、实际操作能力、学习态度和行为表现；通过建立个性化的评价标准，全面衡量学生的个体特点和发展需求。

（三）评价过程的动态化

评价体系的多元化发展需要注重评价过程的动态化，通过过程性评价全面反映学生在学习过程中的表现和进步。通过对课堂参与、课后作业、小组合作等进行过程性评价，全面了解学生在不同学习环节中的表现和进步；通过动态的评价过程，及时发现和解决学生在学习过程中的问题和不足，提升教学效果和学生的学习体验。

（四）评价反馈的及时化

评价体系的多元化发展需要注重评价反馈的及时化，通过及时的评价反馈帮助学生了解自身的学习情况和发展水平。通过对课堂参与、课后作业、小组合作等进行及时的评价反馈，帮助学生了解自身的学习情况和发展水平；通过及时的评价反馈，激发学生的学习兴趣和主动性，促使学生在学习过程中不断进步和提升。

第三章

工商管理课程体系的重构与创新

第一节　课程体系改革的动因与意义

课程体系改革是提升工商管理教育质量的重要途径，不仅能够满足现代企业对高素质管理人才的需求，还能够促进学生综合素质和实际操作能力的全面发展。本节将详细分析课程体系改革的动因与意义，从社会经济环境的变化、管理实践的发展、教育理念的进步、学生需求的多样化、课程改革的意义等方面进行深入阐述，并探讨课程体系改革对工商管理教育的深远影响。

一、社会经济环境的变化

随着全球化和信息化的快速发展，社会经济环境发生了深刻的变化，这对工商管理教育提出了新的要求。

（一）全球化的影响

全球化使得企业面临的市场环境更加复杂多变，竞争压力不断增大。企业需要具备国际视野和跨文化管理能力的高素质管理人才，以应对全球市场的挑战。传统的课程体系往往缺乏对国际化管理知识和技能的系统传授，难以满足企业对国际化管理人才的需求。因此，课程体系改革需要引入国际化的课程内容，培养学生的国际视野和跨文化管理能力，提升其在全球市场中的竞争力。全球化还要求学生具备更高的语言能力和跨文化沟通技巧，这些内容应在课程体系中得到加强。

（二）信息化的驱动

信息技术的发展推动了企业管理的变革，信息化管理工具和技术被广泛应用于企业的各个环节。企业需要具备信息化管理能力的高素质管理人才，以提升企业的管理效率和竞争力。传统的课程体系往往忽视了信息化管理知识和技能的传授，难以满足企业对信息化管理人才的需求。因此，课程体系改革需要引入信息化管理的课程内容，培养学生的信息化管理能力，使其能够熟练应用信息化管理工具和技术，提升企业的管理效率和竞争力。课程内容应包括数据分析、信息系统管理、网络安全等方面的知识。

（三）经济环境的不确定性

经济环境的不确定性使企业面临的风险不断增大，企业需要具备风险管理能力的高素质管理人才，以有效应对经济环境的变化。传统的课程体系往往缺乏对风险管理知识和技能的系统传授，难以满足企业对风险管理人才的需求。因此，课程体系改革需要引入风险管理的课程内容，培养学生的风险管理能力，使其能够识别、评估和应对企业面临的各种风险，提升企业的抗风险能力。风险管理课程应涵盖金融风险、运营风险、战略风险等多个方面。

（四）市场需求的多样化

市场需求的多样化使得企业需要具备市场敏锐度和创新能力的高素质管理人才，以满足多样化的市场需求。传统的课程体系往往过于注重理论知识的传授，忽视了学生的市场敏锐度和创新能力的培养，难以满足企业对创新型管理人才的需求。因此，课程体系改革需要引入市场敏锐度和创新能力的课程内容，培养学生的市场敏锐度和创新能力，使其能够敏锐捕捉市场变化、提出创新的解决方案、满足多样化的市场需求。课程内容应包括市场调研、创新管理、产品开发等方面的知识和技能。

二、管理实践的发展

管理实践的发展推动了工商管理教育的改革。现代管理理论和方法不断涌现，新的管理工具和技术被广泛应用于企业实践中，这些都要求工商管理教育能够及时更新课程内容，引入最新的管理理论和实践经验。

（一）现代管理理论的涌现

现代管理理论的发展推动了管理实践的不断创新，企业需要具备现代管理理论知识和应用能力的高素质管理人才。传统的课程体系往往只注重基础理论知识的传授，忽视了现代管理理论的最新发展，难以满足企业对现代管理人才的需求。因此，课程体系改革需要引入现代管理理论的最新研究成果，培养学生的现代管理理论知识和应用能力，使其能够将现代管理理论应用于实际管理问题的解决中。管理理论课程应包括精益管理、敏捷管理、变革管理等新兴管理理论。

（二）管理工具和技术的创新

管理工具和技术的不断创新推动了企业管理的变革，企业需要具备管理工具和技术应用能力的高素质管理人才。传统的课程体系往往忽视了管理工具和技术的应用，难以满足企业对管理工具和技术应用人才的需求。因此，课程体系改革需要引入最新的管理工具和技术课程内容，培养学生的管理工具和技术应用能力，使其能够熟练应用管理工具和技术，提升企业的管理效率和竞争力。课程内容应包括项目管理软件，ERP系统、CRM系统等工具的应用。

（三）企业管理模式的变革

企业管理模式的不断变革推动了管理实践的发展，企业需要具备新型管理模式知识和应用能力的高素质管理人才。传统的课程体系往往只注重传统管理模式的传授，忽视了新型管理模式的最新发展，难以满足企业对新型管理模式应用人才的需求。因此，课程体系改革需要引入新型管理模式的最新研究成果，培养学生的新型管理模式知识和应用能力，使其能够将新型管理模式应用于实际管理问题的解决中，提升企业的管理水平和竞争力。课程内容应涵盖网络化组织、虚拟团队、自组织团队等新型管理模式。

（四）管理实践的国际化

管理实践的国际化推动了企业管理的变革，企业需要具备国际化管理实践经验和能力的高素质管理人才。传统的课程体系往往只注重本土管理实践的传授，忽视了国际化管理实践的最新发展，难以满足企业对国际化管理实践人才的需求。因此，课程体系改革需要引入国际化管理实践的最新研究成果，培养学生的国际化管理实践经验和能力，使其能够在国际化的管理环境中有效应对各种管理挑战，提升企业的国际竞争力。国际化管理课程应包括跨国公司管理、国际营销、国际金融等方面的内容。

三、教育理念的进步

随着教育理念的不断进步，工商管理教育更加注重学生主体地位和综合素质的培养，课程体系改革成为必然。

（一）以学生为中心的教育理念

现代教育理念强调以学生为中心，注重学生的主体地位和个性发展需求。传统的课程体系以教师为中心，忽视了学生的主体地位和个性发展需求，难以激发学生的学习兴趣和主动性。课程体系改革需要以学生为中心，注重学生的个性发展和综合素质的培养，通过多样化的课程设置和教学方法，提升学生的学习体验和效果。这需要教师在教学过程中更多地关注学生的反馈和需求，灵活调整教学内容和方式。

（二）综合素质的全面培养

现代教育理念强调综合素质的全面培养，注重学生的知识、能力和素质的全面发展。传统的课程体系往往只注重知识的传授，忽视了能力和素质的培养，难以满足现代教育对综合素质人才的需求。课程体系改革需要注重知识、能力和素质的全面培养，通过理论与实践的有机结合，提升学生的综合和实际操作能力，满足现代教育对综合素质人才的需求。课程内容应包括沟通能力、团队合作能力、领导力等综合素质的培养。

（三）创新精神和实践能力的培养

现代教育理念强调创新精神和实践能力的培养，注重学生的创新思维和实际操作能力的提升。传统的课程体系往往只注重理论知识的传授，忽视了创新精神和实践能力的培养，难以满足现代教育对创新型人才的需求。课程体系改革需要注重创新精神和实践能力的培养，通过引入创新课程和实践课程，提升学生的创新和实际操作能力，使其能够在实际管理环境中提出创新的解决方案，提升企业的竞争力。课程内容应包括创新思维训练、创业教育、实验课程等。

（四）自主学习和终身学习的理念

现代教育理念强调自主学习和终身学习，注重学生的自主学习和终身学习能力的培养。传统的课程体系往往注重知识的传授，忽视了自主学习和终身学习能力的培养，难以满足现代教育对自主学习和终身学习能力人才的需求。课程体系改革需要注重自主学习和终身学习能力的培养，通过多样化的学习资源和学习支持，提升学生的自主学习和终身学习能力，使其能够在快速变化的社会环境中不断学习和成长，提升个人和企业的竞争力。课程内容应包括学习方法、信息素养、自我管理等方面的教育。

四、学生需求的多样化

现代学生的需求呈现多样化趋势，既包括对理论知识的掌握，又包括对实际操作能力的提升，课程体系改革成为必然。

（一）理论知识的掌握

学生需要掌握系统的理论知识，以提升其管理理论水平和管理能力。传统的课程体系注重基础理论知识的传授，但往往缺乏对前沿理论和最新研究成果的关注，难以满足学生对前沿管理理论知识的需求。课程体系改革需要引入前沿管理理论和最新研究成果、更新课程内容，使学生能够掌握最新的管理理论知识，提升其管理理论水平和管理能力。

（二）实际操作能力的提升

学生需要提升实际操作能力，以应对复杂多变的商业环境。传统的课程体系往往只注重理论知识的传授，忽视了实际操作能力的培养，难以满足学生对实际操作能力的需求。课程体系改革需要注重实际操作能力的培养，通过设计和实施多样化的实践课程，学生能够在实际操作中掌握管理技能，提升其实际操作能力。

（三）创新能力的培养

学生需要提升创新能力，以在激烈的市场竞争中脱颖而出。传统的课程体系往往只注重理论知识的传授，忽视了创新能力的培养，难以满足学生对创新能力的需求。课程体系改革需要注重创新能力的培养，通过引入创新课程和创新项目，培养学生的创新思维和创新能力，使其能够在实际管理环境中提出创新的解决方案，提升企业的竞争力。

（四）个性化学习需求的满足

学生的个性化学习需求不断增加，既包括对知识的掌握，又包括对能力的提升。传统的课程体系往往缺乏灵活性和选择性，难以满足学生的个性化学习需求。课程体系改革需要注重个性化学习需求的满足，通过模块化课程设计和个性化学习支持，提供多样化的学习资源和学习路径，满足学生的个性化学习需求，提升其学习体验和效果。

五、课程体系改革的意义

课程体系改革在工商管理教育中具有重要意义，不仅能够提升教育质量，还能够培养适应新时代需求的高素质管理人才，促进学生综合素质和实际操作能力的全面发展。

（一）提升教育质量

课程体系的重构与创新确保了教育内容与时代同步。在快速发展的今天，管理实践日新月异，前沿的管理理论和实践经验层出不穷。通过重构课程体系，能够及时跟进这些最新发展，将最新的管理知识和技能融入教学之中。这不仅有助于学生掌握最新的行业趋势，还能够帮助他们为未来的职业生涯做好充分准备。

在工商管理领域，理论知识和实践经验同样重要。通过引入实际案例、模拟操作和实践项目等教学方式，学生可以更好地将理论知识应用于实际情境中，提升他们的综合素质和实际操作能力。这种能力正是企业所急需的高素质管理人才所必备的。

传统的工商管理教育模式往往侧重于理论知识的灌输，而忽视了学生的兴趣和需求。然而，在重构课程体系的过程中，注重将学生的兴趣和需求融入教学之中，通过设计多样化的教学活动和考核方式，激发学生的学习兴趣和主动性。这不仅有助于提升学生的学习效果，还能够培养他们的创新精神和团队合作能力。

（二）培养高素质管理人才

课程体系改革在培养适应新时代需求的高素质管理人才方面，具有深远而全面的影响。这一改革不仅仅是简单地调整课程内容和结构，更是对教育理念的深刻革新和对未来人才需求的精准把握。

首先，引入国际化的课程内容，意味着学生们将接触到更广泛、更前沿的国际管理知识和实践案例。这不仅有助于培养学生的国际视野，使他们能够站在全球的高度审视问题，还能够提升他们的跨文化管理能力。在全球化的今天，企业面临的竞争环境日益复杂多变，只有具备国际化视野和跨文化管理能力的管理人才，才能够在国际市场中立足并脱颖而出。

其次，信息化管理是现代企业管理的重要趋势。通过引入信息化管理的课程内容，学生将学习到如何运用现代信息技术手段，如大数据、云计算、人工智能等，来优化企业的管理流程、提高管理效率。这种能力的培养，不仅有助于学生在未来的职业生涯中更好地适应企业的信息化需求，还能够使他们成为推动企业信息化转型的中坚力量。

再次，引入风险管理的课程内容，可以让学生学习到如何识别、评估和应对企业面临的各种风险。这种能力的培养，有助于学生在未来的职业生涯中，无论是从事企业的战略规划、项目管理还是日常运营工作，都能够保持清醒的头脑和敏锐的洞察力，及时发现并应对潜在的风险隐患，从而确保企业的稳健发展。

最后，通过引入市场敏锐度和创新能力的课程内容，学生将学习到如何敏锐捕捉市场变化、洞察消费者需求、提出创新的解决方案。这种能力的培养，有助于学生在未来的职业生涯中，无论是在产品创新、营销策划还是企业转型等方面，都能够发挥出积极的作用，为企业的发展注入新的活力。

（三）促进学生综合素质的发展

课程体系改革无疑在现代教育中扮演着举足轻重的角色，特别是在促进学生综合素质的发展方面。这一改革不仅限于理论知识的传授，更着重于将理论与实践深度融合，从而为学生提供一个全面、多维度的学习体验。

传统的教育模式往往侧重于理论知识的传授，而忽视了实践操作的重要性。而改革后的课程体系则打破了这一局限，通过引入更多的实践环节和项目任务，让学生在实践中学习和掌握理论知识，从而真正实现知行合一。这种结合不仅提升了学生的综合和实际操作能力，还使他们在面对实际问题时能够迅速找到解决方案，为未来的职业生涯打下坚实的基础。

在现代社会中，创新能力已成为企业和个人成功的关键因素之一。因此，改革后的课程体系不仅要求学生掌握基本的理论知识，还鼓励他们积极探索、勇于创新。通过参与科研项目、创业实践等活动，学生的创新和实际操作能力得到了显著提升。这种能力的提升使他们能够在实际管理环境中提出创新的解决方案，为企业带来更大的价值，从而提升企业的竞争力。

随着社会的快速发展和变化，终身学习已成为每个人必须面对的现实。因此，改革后的课程体系鼓励学生主动参与学习过程，培养他们的自主学习能力和终身学习的能力。通过提供丰富的学习资源和指导，学生可以根据自己的兴趣和需求选择学习的内容和方式，从而在快速变化的社会环境中不断学习和成长。这种能力不仅有助于提升个人的综合素质和竞争力，还有助于企业应对各种挑战和

变化，实现可持续发展。

（四）满足学生多样化的学习需求

课程体系改革在满足学生多样化学习需求这一层面，其重要性更是不可小觑。这一改革举措的深入实施，不仅为学生提供了更为丰富和前沿的学习内容，更在多个维度上极大地提升了他们的学习成效和未来的职业竞争力。

首先，引入前沿管理理论和最新研究成果使得课程内容始终紧跟时代的步伐，让学生能够接触到最新的管理理论知识。这不仅拓宽了学生的知识视野，更使他们在管理理论水平上得到了极大的提升。随着管理理论的不断进步，学生能够更好地理解管理活动的本质和规律，为他们未来的职业发展奠定了坚实的理论基础。

其次，多样化实践课程的设计和实施能够让学生在模拟或真实的管理环境中进行操作，从而在实践中掌握管理技能。这种学习方式相较于传统的理论学习更为直观和生动，能够激发学生的学习兴趣和积极性。同时，实践课程还能够帮助学生更好地理解理论知识，并将其应用于实际情境中，对于学生未来的职业发展具有极大的帮助。

再次，创新课程和创新项目的引入，使学生可以接触到更多的创新思维和创新方法，从而培养他们的创新能力和创新意识。而在创新项目中，学生需要运用所学的知识和技能，提出创新的解决方案，并付诸实践。这种过程不仅能够锻炼学生的实践能力，更能够培养他们的团队协作和沟通能力。同时，创新项目的成果也能够为企业带来实际的效益，提升企业的竞争力。

最后，模块化课程设计使得课程内容更加灵活和多样化，学生可以根据自己的兴趣和需求选择相应的课程模块进行学习。而个性化学习支持则能够为学生提供更加贴心和精准的学习服务，包括学习路径规划、学习资源推荐等。这种学习方式能够更好地满足学生的个性化学习需求，提升他们的学习体验和效果。

（五）推动教学方法的创新

课程体系改革一个显著的意义便是推动教学方法的创新。这种创新不仅体现在教学内容的选择上，更在于如何将这些内容有效地传递给学生，使其真正内化为自己的知识和能力。

首先，课程体系改革鼓励教师引入多样化的教学方法。传统的讲授式教学虽然有其独特的价值，但在当今这个信息爆炸的时代，需要更多元、更生动的学习方式和教学方法的引入，为学生提供更加真实、具体的学习场景。这些教学方法的引入，极大地提升了教学的生动性和实效性，使学习变得更加有趣和有意义。

其次，课程体系改革还倡导利用现代信息技术来辅助教学。随着科技的发展，现代教育技术在教学中的应用越来越广泛。在线学习平台、大数据分析、虚拟现实技术等现代信息技术的引入，为教学带来了前所未有的便利和可能性。在线学习平台可以让学生随时随地学习，打破了时间和空间的限制；大数据分析可以帮助教师更准确地了解学生的学习情况，为学生提供更加个性化的学习建议；而虚拟现实技术则可以为学生创造一个沉浸式的学习环境，让他们更加深入地体验所学知识。这些现代信息技术的应用，不仅提升了教学的灵活性和个性化水平，还为学生提供了更加便捷和高效的学习体验。

（六）加强校企合作

传统的教育模式往往侧重于理论知识的传授，而与企业合作则能够确保课程内容更加贴近企业的实际需求。这意味着，学生在学习的过程中，将不仅是获得书本上的知识，更能够学习到企业实际工作中所需的技能和知识。这种紧密的合作关系，确保了教育内容与职业需求的无缝对接，为学生未来的职业发展奠定了坚实的基础。

企业提供的实践基地和实习机会，为学生提供了丰富的实践经验和锻炼机会。通过参与企业的实际工作，学生不仅能够将所学知识应用于实践，更能够在实际操作中发现问题、解决问题，从而提升其综合素质和实际操作能力。这种实践教学模式，不仅能够提高学生的技能水平，更能够培养学生的创新意识和团队协作精神，使其在未来的职业发展中更具竞争力。

此外，校企合作还能够促进学校与企业之间的双向交流。学校可以了解企业的最新技术和发展趋势，从而不断更新和完善课程内容；企业则可以借助学校的科研力量和人才优势，推动自身的技术创新和产业升级。这种双向交流的模式，不仅有助于提升教育的质量和水平，更有助于推动整个社会的科技进步和经济发展。

（七）提升教育国际化水平

课程体系改革的意义不仅局限于学术层面，更在提升教育国际化水平方面发挥着举足轻重的作用。这一改革不仅意味着教学内容的更新与拓展，更代表着教育理念的国际化转型和教学方法的国际化融合。

引入国际化课程内容意味着将全球范围内的优质教育资源引入课堂，让学生在学习过程中接触到更广泛、更前沿的知识体系。这样的内容不仅拓宽了学生的学术视野，更培养了他们的国际视野，使他们能够站在全球的角度思考问题，理解不同文化背景下的知识体系。

通过与国际知名学府建立合作关系，开展学术交流和合作研究，可以为学生提供更多接触国际前沿研究的机会，同时也有助于提升学校的国际影响力。此外，国际交流与合作还能够促进不同文化之间的交流与碰撞，有助于培养学生的跨文化管理能力和全球竞争力。

进一步来说，通过开展国际化的教学合作，如国际联合培养项目、双学位项目等，可以为学生提供更多海外学习的机会。这些项目不仅能够让学生亲身体验到不同国家的教育体系和文化氛围，更能够让他们在实践中锻炼自己跨文化沟通和团队协作能力。同时，这些项目也能够为学校带来更多的国际学生，促进学校国际化水平的提升。

（八）促进教育公平和个性化发展

在个性化发展方面，课程体系改革为学生提供了前所未有的多样化课程选择。这意味着，学生不再被传统的、一成不变的课程设置所束缚，而是可以根据自己的兴趣、能力和发展目标，选择适合自己的课程。这种自主性的增强，极大地激发了学生的学习热情和积极性，使他们能够更加主动地投入学习，从而促进了他们的个性化发展。

除了多样化的课程选择，课程体系改革还为学生提供了个性化的学习支持。这种支持不仅体现在教学方式的多样性上，如线上教学、项目式学习、合作学习等，更体现在对学生个体差异的关注和尊重上。教师会根据学生的学习特点、学习风格和学习进度，为他们提供个性化的学习指导和帮助，使每个学生都能够获得最适合自己的教育方式。

此外，教育公平是社会公平的重要体现，而课程体系改革正是实现教育公平的重要途径之一。通过提供多样化的学习资源和学习机会，课程体系改革打破了地域、经济、文化等因素对教育资源的限制，使得每个学生都有机会获得优质的教育资源和学习机会。

这种公平性的提升，不仅体现在城市与农村、发达地区与欠发达地区之间的教育资源均衡配置上，更体现在不同类型学生之间的学习机会均等上。无论是学习成绩优异的学生，还是学习成绩稍差的学生；无论是家庭经济条件好的学生，还是家庭经济条件差的学生；无论是城市的学生，还是农村的学生，他们都能够在课程体系改革的推动下，享受到同样的学习资源和机会，从而实现自己的教育梦想。

第二节　模块化课程设计的新思路

模块化课程设计是现代教育改革的重要方向之一，通过将课程内容模块化，可以提升课程设置的灵活性和多样性，满足学生的个性化学习需求，提升教学效果和学生的学习体验。本节将详细阐述模块化课程设计的新思路，包括模块化课程的定义与特点、模块化课程的设计原则、模块化课程的实施策略、多样化模块设计、多层次模块设置、模块化课程的评估与反馈，以及模块化课程的挑战与对策。

一、模块化课程的定义与特点

（一）模块化课程的定义

模块化课程是指将课程内容按照一定的逻辑和结构进行划分，形成若干相对独立且相互关联的模块，学生可以根据自己的兴趣和需求选择模块进行学习。每个模块都具有独立的知识体系和完整的教学内容，模块之间既相互独立又有机结合，形成了系统的课程结构。

（二）模块化课程的特点

模块化课程设计是教育领域的重要创新，通过将课程内容分割成若干独立但相互关联的模块，能够灵活地满足不同学生的需求、提升教学的整体质量。模块化课程设计具有以下几个显著特点。

1. 灵活性

模块化课程设计允许学生根据自己的兴趣和职业目标选择不同的模块，形成个性化的学习路径。传统的课程设计通常是固定的课程顺序,学生需要按照预定的顺序完成所有课程。而模块化课程设计打破了这一限制,学生可以根据自己的需求,自由选择学习的顺序和内容,从而更好地满足个人发展需求。

模块化课程设计提供了多样化的课程设置方案,适应不同学生的学习节奏和学习方式。例如,对于已经有一定基础知识的学生,可以跳过基础模块,直接进入高级模块;对于需要更多时间理解基础知识的学生,可以多花时间在基础模块上,确保扎实的知识基础。

模块化课程设计能够灵活应对教育需求的变化和发展。随着科技进步和行业变化,课程内容需要不断更新和调整。模块化设计允许单个模块的更新和调整,而不需要整体课程的重新设计,从而提高了课程设计的灵活性和适应性。

2.选择性

模块化课程设计提供了多样化的课程模块,涵盖了不同的知识领域和技能需求。学生可以根据自己的兴趣和职业规划,选择不同的模块进行学习。这样不仅丰富了学生的学习内容,还提高了学生的学习积极性和主动性。

不同学生在知识背景、学习目标和职业发展方向上存在差异。模块化课程设计能够满足这些不同的学习需求,通过提供多样化的模块,学生可以选择适合自己的学习内容和学习路径,从而实现个性化学习和差异化教育。

模块化课程设计不仅提供基础知识模块,还提供高级和专业模块,使学生能够在基础知识的基础上,进一步拓展学习的广度和深度。通过选择不同层次和领域的模块,学生可以实现全面的发展,提升综合素质和专业能力。

3.多样性

模块化课程设计涵盖了管理学的各个领域,包括市场营销、人力资源管理、财务管理、运营管理等。每个模块都有独立的知识体系和教学内容,学生可以根据自己的兴趣和需求选择不同的模块进行学习。这样不仅丰富了学生的知识面,也提高了学生的综合和实际操作能力。

模块化课程设计采用多样化的教学方法,提升了教学的生动性和实效性,激发了学生的学习兴趣和主动性。

模块化课程设计采用多样化的评估方式,包括阶段性测验、课程作业评审、课堂表现评估、项目评估等。通过多样化的评估方式,全面评估学生的知识掌握情况和技能水平,帮助学生了解自己的学习效果,发现自己的优势和不足,从而不断改进学习方法和提升学习效果。

二、模块化课程的设计原则

模块化课程设计需要遵循一定的设计原则，以确保课程内容的科学性、系统性和实用性。以下是模块化课程设计的一些关键原则。

（一）独立性与完整性原则

模块化课程设计中的每个模块都应具备相对独立的知识体系和完整的教学内容。模块内容应覆盖特定的知识点和技能点，能够独立成章，系统传授特定的知识和技能。每个模块应设计得足够独立，使学生能够在学习一个模块时，全面掌握该模块的知识和技能，而不依赖于其他模块的内容。

例如，一个市场营销模块应包括市场调研、市场定位、营销策略、品牌管理等内容，通过系统的课程设置，学生能够全面掌握市场营销的知识和技能。

（二）关联性与衔接性原则

模块化课程设计中的各个模块之间应具有内在的逻辑关系和有机的衔接，形成一个系统的课程结构。模块之间的知识和技能应相互关联、前后衔接，形成连贯的学习路径，使学生能够系统地学习和掌握整个课程体系的知识和技能。例如，基础模块为后续的专业模块打下了坚实的理论基础，专业模块为高级模块提供了更深入的专业知识，高级模块进一步提升了学生的专业能力和综合素质。

例如，学生在学习市场营销模块时，可以将人力资源管理、财务管理等模块的知识结合起来，全面提升自己的管理能力和综合素质。

（三）多样性与选择性原则

模块化课程设计应提供多样化的课程模块，涵盖不同的知识领域和技能需求。学生可以根据自己的兴趣和职业规划，选择不同的模块进行学习。这样不仅丰富了学生的学习内容，也提高了学生的学习积极性和主动性。例如，可以设置市场营销、人力资源管理、财务管理、运营管理等专业模块，学生根据自己的兴趣和需求选择学习不同的模块。

不同学生在知识背景、学习目标和职业发展方向上存在差异。模块化课程设计应能够满足这些不同的学习需求，通过提供多样化的模块，学生可以选择适合自己的学习内容和学习路径，从而实现个性化学习和差异化教育。

（四）实用性与应用性原则

模块化课程设计应注重实践导向，设计具有实际应用价值的模块内容，提升学生的实际操作能力和实践经验。模块内容应紧密结合管理实践，涵盖最新的管理理论和方法，使学生能够将理论知识应用于实际管理问题的解决中。例如，在市场营销模块中，通过分析和讨论实际的市场营销案例，学生能够掌握市场调研、市场定位、营销策略、品牌管理等实际操作技能。

模块化课程设计应采用多样化的教学方法，提升教学的生动性和实效性，激发学生的学习兴趣和主动性。例如，在项目教学中，通过设计和实施实际项目，学生能够在项目实践中掌握管理技能，提升项目管理能力和实际操作能力。

模块化课程设计应注重培养学生解决实际问题的能力，通过实际案例分析、项目实施等实践活动，学生能够在实际操作中掌握管理技能，提升实际操作能力。例如，在财务管理模块中，通过分析和讨论实际的财务报表和财务决策案例，学生能够掌握财务分析、财务决策、风险管理等实际操作技能。

（五）系统性与渐进性原则

模块化课程设计中的各个模块应按照一定的逻辑和结构进行划分，形成一个系统的知识体系。学生在学习不同模块时，可以系统地掌握各个模块的知识和技能，形成一个完整的知识体系。例如，在管理学课程中，通过学习管理学基础、市场营销、人力资源管理、财务管理等模块，学生可以系统地掌握管理学的基本理论和方法，形成一个完整的管理学知识体系。

模块化课程设计应按照知识的逻辑关系和学习的渐进性进行设计，从基础知识到高级知识，从理论到实践，逐步深入，形成一个渐进的学习路径。学生在学习不同的模块时，可以按照一定的顺序逐步深入，形成一个连贯的学习路径。例如，学生可以先学习管理学基础模块，掌握管理学的基本概念和理论；然后逐步深入学习市场营销、人力资源管理、财务管理等专业模块，掌握更深入的专业知识和技能；最后学习高级模块，提升自己的专业能力和综合素质。

（六）灵活性与适应性

模块化课程设计应允许学生根据自己的兴趣和职业目标选择不同的模块，形成个性化的学习路径。传统的课程设计通常是固定的课程顺序，学生需要按照预定的顺序完成所有课程。而模块化课程设计打破了这一限制，学生可以根据自己的需求，自由选择学习的顺序和内容，从而更好地满足个人发展需求。

模块化课程设计应提供多样化的课程设置方案，适应不同学生的学习节奏和学习方式；应能够灵活应对教育需求的变化和发展。随着科技进步和行业变化，课程内容需要不断更新和调整。模块化设计允许单个模块的更新和调整，而不需要整体课程的重新设计，从而提高了课程设计的灵活性和适应性。例如，随着管理实践的发展，可以在模块化课程中增加新的管理理论和方法，确保课程内容的前沿性和实用性；通过调整和更新现有模块内容，适应行业变化和学生需求，提升课程的适应性和灵活性。

三、模块化课程的实施策略

（一）科学的模块划分

根据课程目标和教学内容，将课程内容科学地划分为若干模块。每个模块应涵盖特定的知识点和技能点，形成相对独立的知识体系和完整的教学内容。模块划分应考虑知识的逻辑关系和学习的渐进性，确保模块之间的有机衔接和系统整合。例如，在工商管理课程中，可以将基础课程划分为管理学基础、经济学基础、统计学基础等模块；专业课程划分为市场营销、人力资源管理、财务管理、运营管理等模块；实践课程划分为实习课程、项目课程、实验课程等模块。

（二）灵活的模块组合

提供灵活的模块组合方案，允许学生根据自己的兴趣和需求选择模块进行学习。学生可以自由组合学习模块，形成个性化的学习路径和学习计划。模块组合方案应考虑学生的不同学习需求和职业发展方向，提供多样化的学习路径。例如，学生可以根据自己的职业规划选择不同的专业模块和实践模块，形成个性化的学习计划；也可以根据自己的兴趣选择跨学科模块，提升综合素质和跨学科能力。

（三）多样化的教学方法

采用多样化的教学方法，提升模块化课程的教学效果。在模块教学中，可以采用多种教学方法，提升教学的生动性和实效性，激发学生的学习兴趣和主动性。通过多样化的教学方法，学生能够在互动中学习，在实践中掌握知识和技能。例如，在案例教学中，通过分析和讨论实际的管理案例，学生能够将理论知识应用于实际管理问题的解决中；在项目教学中，通过设计和实施实际项目，学生能够在项目实践中掌握管理技能；在情境教学中，通过模拟实际管理情境，学生能够在实际操作中加深对理论知识的理解和掌握；在实验教学中，通过模拟实验，学生能够在虚拟环境中进行实际操作和决策。

（四）系统的模块评估

建立系统的模块评估机制，全面评估学生的学习效果和模块教学效果。评估方法应多样化，包括阶段性测验、课程作业评审、课堂表现评估等，全面评估学生的知识掌握情况和技能水平。评估结果应及时反馈给学生和教师，帮助学生改进学习方法，帮助教师改进教学方法。例如，在阶段性测验中，通过测试学生对模块知识点的掌握情况，评估学生的学习效果；在课程作业评审中，通过评审学生的作业质量，评估学生的实际操作能力和实践经验；在课堂表现评估中，通过观察学生的课堂参与度和表现，评估学生的学习态度和积极性。

（五）持续的模块改进

建立持续的模块改进机制，定期审查和更新模块内容和教学方法。通过教师团队合作、行业专家参与、学生反馈等多种途径，持续改进模块设计和教学方法，提升模块化课程的质量和教学效果。模块内容应紧跟管理实践的发展和最新研究成果，确保课程内容的前沿性和实用性。例如，通过教师团队的定期审查和讨论，更新模块内容，确保课程内容的前沿性和实用性；通过行业专家的参与，提供最新的管理理论和方法，提升课程内容的实用性和应用性；通过学生的反馈，了解学生的学习需求和意见，及时调整和优化模块设计和教学方法，提升学生的学习体验和效果。

四、多样化模块设计

（一）基础模块

基础模块主要传授基本的管理理论和方法，帮助学生建立扎实的理论基础。基础模块应涵盖管理学、经济学、统计学等基础课程，确保学生掌握基本的管理知识和技能，为后续学习奠定基础。基础模块设计应考虑知识的系统性和全面性，通过系统的课程设置，学生能够全面了解管理学的基本理论和方法。例如，管理学基础课程应涵盖管理的基本概念、管理职能、管理过程、管理理论的发展等内容，帮助学生建立全面的管理学知识体系；经济学基础课程应涵盖微观经济学和宏观经济学的基本概念和理论，帮助学生了解经济学的基本原理和方法；统计学基础课程应涵盖统计学的基本概念和方法，帮助学生掌握统计数据的收集、分析和解释方法。

（二）专业模块

专业模块主要传授特定领域的专业知识和技能，帮助学生深入了解特定领域的管理实践。专业模块应涵盖市场营销、人力资源管理、财务管理、运营管理等专业课程，使学生能够系统学习特定领域的专业知识和技能。专业模块设计应注重知识的深度和应用性，通过深入的课程内容和实际案例，学生能够深入了解特定领域的管理实践。例如，市场营销课程应涵盖市场调研、市场定位、营销策略、品牌管理等内容，通过实际案例分析，学生能够掌握市场营销的实际操作技能；人力资源管理课程应涵盖招聘与选拔、培训与发展、绩效管理、薪酬管理等内容，通过实际案例分析，学生能够掌握人力资源管理的实际操作技能；财务管理课程应涵盖财务报表分析、资本预算、财务决策、风险管理等内容，通过实际案例分析，学生能够掌握财务管理的实际操作技能；运营管理课程应涵盖生产管理、质量管理、供应链管理、项目管理等内容，通过实际案例分析，学生能够掌握运营管理的实际操作技能。

（三）实践模块

实践模块主要通过实际操作和实践项目，提升学生的实际操作能力和实践经验。实践模块应涵盖实习课程、项目课程、实验课程等，通过真实的工作环境和实践项目，学生能够在实践中掌握管理技能，积累实践经验。实践模块设计应注重实践的真实性和多样性，通过多样化的实践课程，学生能够在实际工作环境中积累丰富的实践经验。例如，实习课程应与企业合作，为学生提供真实的工作岗位，使学生能够在实际工作中应用所学知识，提升实际操作能力；项目课程应设计实际的管理项目，让学生在项目实施中掌握管理技能，提升项目管理能力；实验课程应通过模拟实验，让学生在虚拟环境中进行实际操作和决策，提升实验技能和实际操作能力。

（四）创新模块

创新模块主要培养学生的创新思维和创新能力，帮助学生应对复杂多变的管理环境。创新模块应涵盖创新管理、创业管理、创新方法等课程，通过创新项目、创业计划等实际操作，学生能够在创新实践中提升创新能力。创新模块设计应注重创新的系统性和实践性，通过系统的课程内容和实际操作，学生能够掌握创新的理论和方法，提升创新能力。例如，创新管理课程应涵盖创新的基本概念、创新的过程和方法、创新管理的策略和工具等内容，通过创新项目和创业计划，学生能够在实际操作中提升创新能力；创业管理课程应涵盖创业的基本概念、创业的过程和方法、创业管理的策略和工具等内容，通过创业项目和创业计划，学生能够在实际操作中提升创业能力；创新方法课程应涵盖创新思维、创新工具、创新方法等内容，通过创新项目和创新计划，学生能够在实际操作中提升创新方法的应用能力。

（五）国际化模块

国际化模块主要提升学生的国际视野和跨文化管理能力，帮助学生应对全球化背景下的管理挑战。国际化模块应涵盖国际商务、跨文化管理、全球市场等课程，通过国际项目、海外实习等实践机会，学生能够在国际环境中积累经验，提升跨文化管理能力。国际化模块设计应注重国际化的全面性和实际性，通过系统的课程内容和实际操作，学生能够掌握国际化的理论和方法，提升国际化管理能力。例如，国际商务课程应涵盖国际贸易、国际投资、跨国公司管理、国际市场营销等内容，通过国际项目和海外实习，学生能够在国际环境中积累丰富的实践经验，提升跨文化管理能力；跨文化管理课程应涵盖跨文化沟通、跨文化团队管理、跨文化冲突解决等内容，通过跨文化项目和跨文化交流，学生能够在跨文化环境中提升跨文化管理能力；全球市场课程应涵盖全球市场分析、全球市场策略、全球市场营销等内容，通过全球市场项目和全球市场调研，学生能够在全球市场中积累丰富的实践经验，提升全球市场管理能力。

五、多层次模块设置

（一）初级模块

初级模块主要面向初学者，传授基础知识和技能，帮助学生建立扎实的理论基础。初级模块应简单易懂、内容全面，适合刚入学的学生学习，帮助他们迅速适应大学生活和学习环境。初级模块设计应考虑知识的系统性和循序渐进，通过系统的课程设置，学生能够全面了解管理学的基本理论和方法。例如，初级管理学课程应涵盖管理的基本概念、管理职能、管理过程、管理理论的发展等内容，帮助学生建立全面的管理学知识体系；初级经济学课程应涵盖微观经济学和宏观经济学的基本概念和理论，帮助学生了解经济学的基本原理和方法；初级统计学课程应涵盖统计学的基本概念和方法，帮助学生掌握统计数据的收集、分析和解释方法。

（二）中级模块

中级模块主要面向有一定基础的学生，传授较为深入的专业知识和技能，帮助学生深入了解特定领域的管理实践。中级模块内容较为复杂，适合已掌握基础知识的学生，帮助他们提升专业水平。中级模块设计应注重知识的深度和应用性，通过深入的课程内容和实际案例，使学生能够深入了解特定领域的管理实践。例如，中级市场营销课程应涵盖市场调研、市场定位、营销策略、品牌管理等内容，通过实际案例分析，学生能够掌握市场营销的实际操作技能；中级人力资源管理课程应涵盖招聘与选拔、培训与发展、绩效管理、薪酬管理等内容，通过实际案例分析，使学生能够掌握人力资源管理的实际操作技能；中级财务管理课程应涵盖财务报表分析、资本预算、财务决策、风险管理等内容，通过实际案例分析，学生能够掌握财务管理的实际操作技能；中级运营管理课程应涵盖生产管理、质量管理、供应链管理、项目管理等内容，通过实际案例分析，学生能够掌握运营管理的实际操作技能。

（三）高级模块

高级模块主要面向高年级学生，传授高级专业知识和技能，帮助学生深入研究和应用管理理论和方法。高级模块内容深入细致，适合已具备较高专业水平的学生学习，帮助他们进行高级研究和实际操作。高级模块设计应注重知识的前沿性和创新性，通过深入的课程内容和实际操作，学生能够掌握最新的管理理论和方法。例如，高级战略管理课程应涵盖战略制定、战略执行、战略评估等内容，通过实际案例分析和战略项目实施，学生能够在实际操作中掌握战略管理的高级技能；高级创新管理课程应涵盖创新战略、创新文化、创新方法等内容，通过创新项目和创新计划，学生能够在实际操作中提升创新管理能力；高级国际商务课程应涵盖国际商务战略、国际市场分析、跨国公司管理等内容，通过国际项目和国际交流，学生能够在实际操作中提升国际商务管理能力。

（四）综合模块

综合模块主要通过综合性的课程和项目，提升学生的综合能力和实际操作能力。综合模块应涵盖跨学科、跨领域的知识和技能，通过综合性项目、跨学科课程等，学生能够在综合学习和实践中提升综合能力。综合模块设计应注重知识的综合性和实践性，通过系统的课程内容和实际操作，学生能够掌握综合性的管理知识和技能。例如，综合管理课程应涵盖管理学、经济学、社会学、心理学等多个学科的知识，通过综合性项目和跨学科课程，学生能够在综合学习和实践中提升综合能力；综合项目课程应设计跨学科的管理项目，学生在项目实施中掌握综合性的管理技能，提升项目管理能力；综合实验课程应通过模拟实验，让学生在虚拟环境中进行综合性的实际操作和决策，提升综合实验技能和实际操作能力。

六、模块化课程的评估与反馈

（一）多元化评估方法

模块化课程的评估应采用多元化的评估方法，包括阶段性测验、课程作业评审、课堂表现评估、项目评估等，全面评估学生的知识掌握情况和技能水平。多元化评估方法有助于全面了解学生的学习效果，发现课程内容和教学方法的不足，并进行相应的调整和改进。多元化评估方法应注重评估的全面性和科学性，通过系统的评估体系，全面评估学生的学习效果。例如，通过阶段性测验，评估学生对基础知识的掌握情况；通过课程作业评审，评估学生的实际操作能力和实践经验；通过课堂表现评估，评估学生的学习态度和参与度；通过项目评估，评估学生的综合能力和项目实施能力。

（二）及时反馈机制

建立及时反馈机制，通过将评估结果及时反馈给学生和教师，帮助其改进学习方法和教学方法。及时反馈机制有助于提升学生的学习效果和教师的教学效果，促进教学相长。及时反馈机制应注重反馈的及时性和有效性，通过多样化的反馈方式，及时反馈评估结果。例如，通过阶段性测验的及时反馈，学生能够了解自己的知识掌握情况，及时调整学习方法；通过课程作业评审的及时反馈，学生能够了解自己的实际操作能力，及时改进实践方法；通过课堂表现评估的及时反馈，学生能够了解自己的学习态度和参与度，及时调整学习态度和参与方式；

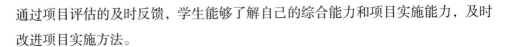

通过项目评估的及时反馈，学生能够了解自己的综合能力和项目实施能力，及时改进项目实施方法。

（三）持续改进机制

建立持续的模块评估和改进机制，定期审查和更新模块内容和教学方法，确保模块设计与时俱进。通过教师团队合作、行业专家参与、学生反馈等多种途径，持续改进模块设计和教学方法，提升模块质量。持续改进机制应注重改进的系统性和科学性，通过系统的改进体系，持续改进模块设计和教学方法。例如，通过教师团队合作，定期审查和更新模块内容，确保课程内容的前沿性和实用性；通过行业专家参与，引入最新的管理理论和方法，确保课程内容的前沿性和实用性；通过学生反馈，了解学生的学习需求和意见，及时调整和优化模块设计和教学方法，提升学生的学习体验和效果。

（四）学生反馈机制

建立学生反馈机制，定期收集学生对模块内容、教学方法、教学效果等方面的意见和建议。通过学生反馈机制，了解学生的学习需求和意见，及时调整和优化模块设计和教学方法，提升学生的学习体验和效果。学生反馈机制应注重反馈的全面性和及时性，通过多样化的反馈方式，收集学生的意见和建议。例如，通过问卷调查，收集学生对模块内容的意见和建议；通过课堂讨论，收集学生对教学方法的意见和建议；通过课程评价，收集学生对教学效果的意见和建议；通过项目反馈，收集学生对项目实施的意见和建议。

（五）教师评估与发展机制

建立教师评估与发展机制，通过教师自评、同行评估、学生评估等多种方式，全面评估教师的教学效果和发展潜力。教师评估与发展机制，可以提升教师的教学能力和专业素养，促进教师的持续发展。教师评估与发展机制应注重评估的全面性和科学性，通过系统的评估体系，全面评估教师的教学效果和发展潜力。例如，通过教师自评，评估教师的教学态度和教学方法；通过同行评估，评估教师的教学水平和专业素养；通过学生评估，评估教师的教学效果和学生满意度。系统的评估体系，可以全面评估教师的教学效果和发展潜力，提升教师的教学能力和专业素养，促进教师的持续发展。

七、模块化课程的挑战与对策

（一）课程设计复杂性

模块化课程设计需要将课程内容科学地划分为若干模块，并确保模块之间的逻辑关系和有机衔接，设计复杂性较高。对此，课程设计团队可以包括管理学专家、教育学专家、行业专家等，通过多学科的合作，确保课程设计的全面性和科学性；可以通过行业专家和学者的参与，确保课程内容的前沿性和实用性，提升课程设计的质量和效果。

（二）教师教学适应性

模块化课程设计需要教师具备多样化的教学能力和灵活的教学方法，对教师提出了较高的要求。对此，可以通过开展教师培训和发展计划，提升教师的教学能力和适应性；通过引入企业导师和行业专家，丰富教学团队、提升教学效果。可以通过教学方法的创新，提升教学的生动性和实效性，激发学生的学习兴趣和主动性。

（三）评估方法多样性

模块化课程的评估需要采用多元化的评估方法，全面评估学生的知识掌握情况和技能水平，评估方法的多样性对评估体系提出了较高的要求。对此，可以通过引入先进的评估技术和工具，提升评估的科学性和准确性；通过建立系统的评估机制，确保评估的全面性和有效性。可以通过多样化的评估方法，全面评估学生的学习效果，发现课程内容和教学方法的不足，并进行相应的调整和改进。

（四）课程资源丰富性

模块化课程设计需要丰富的课程资源和多样化的学习资源，确保学生能够在学习过程中获得全面的知识和技能。对此，可以通过与企业、行业协会、国际机构的合作，丰富课程资源，提供多样化的学习资源和实践机会；可以通过引入现代信息技术，提升课程资源的丰富性和可及性。可以通过多样化的学习资源，提升课程内容的前沿性和实用性，激发学生的学习兴趣和主动性。

（五）学生学习自主性

模块化课程设计需要学生具备较高的学习自主性和自我管理能力，能够根据自己的兴趣和需求选择学习模块。对此，可以通过开展学习方法和自我管理能力的培训，提升学生的学习自主性；可以通过提供个性化的学习支持和指导，帮助学生制订个性化的学习计划，提升学习效果。可以通过个性化的学习支持，提升学生的学习体验和效果，满足学生的个性化学习需求。

通过以上策略，可以实现模块化课程设计的科学性和系统性，提升课程设置的灵活性和多样性，满足学生的个性化学习需求，提升教学效果和学生的学习体验。模块化课程设计不仅注重课程内容的科学性和系统性，也强调教学方法的创新性和多样性，确保学生在学习过程中能够全面掌握理论知识和实践技能，为未来的职业发展奠定坚实基础。

第三节　创新元素在课程体系中的融入

在工商管理教学中，创新元素的融入至关重要。创新不仅是企业发展的动力，也是教育发展的核心。在课程体系中融入创新元素，有助于培养学生的创新思维、提升学生的实践能力和综合素质，满足社会和市场对创新型人才的需求。

一、创新元素的定义与意义

（一）创新元素的定义

创新元素指的是在教育过程中引入的新思想、新方法、新技术、新工具等，这些创新元素，可以激发学生的创造力和创新思维，提升教学效果和学生的综合素质。在工商管理课程中，创新元素包括但不限于新颖的教学方法、先进的教学工具、前沿的管理理论和实践、新型的课程内容和结构等。

（二）创新元素的意义

创新元素在课程体系的融入，不仅对于个人的成长，而且对于整个社会的发展都具有深远的意义。

1．培养创新思维

创新元素在课程中的融入，如同在平静的湖面投入一颗石子，激起层层涟漪。它打破了传统的教育模式，鼓励学生跳出固定框架，用全新的视角去看待问题。在这样的环境中，学生的创新思维和创造力得到了极大的激发。他们开始尝试用不同的方法解决问题，不再满足于已有的答案，而是勇于探索未知。这样的过程不仅拓宽了他们的视野，更提升了他们面对复杂问题时的解决能力。

2．提升实践能力

创新元素的引入，使课程从理论走向实践，从书本走向现实。学生不再只是被动地接受知识，而是需要亲自动手，将所学知识应用于实际问题的解决中。案例分析、项目实践、模拟实验等创新教学方法，让学生在实践中学习，在操作中成长。这样的过程不仅锻炼了他们的实际操作能力，更让他们在实践中积累了经验，提升了综合能力。这样的实践经验，对于他们未来的学习和工作都是极其宝贵的。

3．满足市场需求

随着社会的发展，市场和社会对人才的需求也在不断变化。创新型人才成为了人才市场中的"香饽饽"。在课程体系中融入创新元素，就是为了培养这样的创新型人才。他们不仅具备扎实的专业知识，更具备独立思考和解决问题的能力。这样的人才，无疑能够更好地适应社会和市场的需求，赢得更多的就业机会。

4．促进教育发展

创新是推动社会进步的重要动力，也是教育发展的不竭源泉。在课程体系中融入创新元素，不仅可以提升教学质量和效果，更可以推动教育的不断进步和发展。创新元素让教师有了更多的教学选择和方法，让课堂变得更加生动有趣。同时，创新元素也让学生有了更多的学习机会和体验，让他们更加热爱学习，更加积极地投入学习。这样的教育环境，无疑能够培养出更多优秀的人才，为社会的进步和发展做出更大的贡献。

二、创新文化的培养

在课程体系中融入创新元素，需要培养创新文化，激发学生的创新兴趣和创新精神。以下是培养创新文化的一些关键方法。

（一）创新氛围的营造

在工商管理课程体系中，营造创新氛围意味着为学生创造了一个充满活力、鼓励挑战、崇尚多元的环境，让每个人都能在其中找到创新的可能，激发内心的创造热情。

通过举办各类创新活动，可以为学生提供一个展示自己创新成果的平台。这些活动可以是创新大赛，鼓励学生将自己的创新想法转化为具体的作品或方案，进行竞争和交流；也可以是创新工作坊，让学生在实践中学习、探索和创造，提升他们的创新能力和综合素质。这些活动不仅能够让学生感受到创新的乐趣和价值，还能够激发他们的创新兴趣和热情，进一步推动他们参与更多的创新活动。

除了创新活动，创新空间的打造也是营造创新氛围的关键一环。设置创新实验室、创新中心等创新空间，可以为学生提供充足的创新实践场所和资源。这些空间应该具备先进的设备、丰富的材料、专业的指导等条件，让学生能够在其中自由地进行实验、探索和创新。同时，这些空间还应该具备开放、包容、合作的氛围，让学生之间能够互相学习、交流和合作，共同推动创新的发展。

在创新空间中，学生可以进行各种创新实践，如科学实验、技术发明、艺术创作等。他们可以根据自己的兴趣和专长，选择适合自己的创新项目，进行深入的研究和探索。这些创新实践不仅能够帮助学生积累宝贵的经验和技能，还能够培养他们的创新思维和解决问题的能力。同时，这些创新实践还能够让学生感受到创新的魅力和价值，进一步激发他们的创新兴趣和热情。

（二）创新思维的培养

首先，开设创新管理和创新方法课程，为学生搭建一个系统的知识体系。在这些课程中，学生将接触到创新的基本理论、方法和实践案例。他们不仅可以了解到创新的定义、特点和重要性，还能学习到如何进行创新思考、如何寻找创新点、如何评估创新的可行性等实用技能。这样的课程不仅能够帮助学生理解创新，更能激发他们对创新的兴趣和热情。

其次，设计创新项目。创新项目可以来源于实际生活中的问题，也可以是学生自己提出的创意。在项目实施过程中，学生需要运用所学的创新理论和方法，进行独立思考、团队协作和问题解决。这样的过程不仅能够让学生将所学知识应用于实际，更能够培养他们的创新思维和创造力。同时，创新项目的实施过程也是一个不断试错、不断调整、不断完善的过程，这有助于学生形成坚韧不拔、勇于挑战的精神。

最后，还可以通过其他方式来培养学生的创新思维。例如，可以鼓励学生参加各种创新竞赛和创业活动，让他们在竞争中锻炼自己的创新和团队协作能力；可以邀请行业专家和创业者来校进行讲座和交流，让学生了解行业的最新动态和创新趋势；还可以为学生提供更多的实践机会，如实习、兼职等，让他们在实践中学习、成长和创新。

（三）创新实践的支持

支持创新实践，不仅是一个口号或概念，更是一种实质性的行动，旨在全方位地助力学生将脑海中闪现的创新火花转化为现实中的实践成果。这一过程涵盖了资金、指导、资源等多个方面的支持，确保学生在创新的道路上能够稳步前行。

首先，设立创新基金。创新往往需要投入大量的时间和资源，而资金往往是其中最为关键的一环。创新基金的设立，能够为学生提供必要的资金支持，让他们更加专注于创新项目的研发和实施。这不仅减轻了学生的经济压力，更激发了他们探索未知、追求创新的热情。

其次，邀请创新导师。导师具有丰富的专业知识和实践经验，能够为学生提供针对性的指导和支持。他们不仅能够在技术上给予学生指导，更能够在创新思维、项目管理等方面给予学生宝贵的建议。这种一对一的指导方式，能够让学生更加深入地理解创新实践的内涵和要求，从而更加高效地完成创新项目。

最后，建设创新实验室。创新实验室配备了先进的实验设备和丰富的实验资源，为学生提供了进行创新实验和创新项目的场所。在这里，学生可以自由地进行实验和探索，将理论知识与实际操作相结合，不断提升自己的创新实践能力。同时，创新实验室还为学生提供了与同行交流、合作的机会，让他们能够在实践中不断学习和成长。

（四）创新精神的激励

激励创新精神的背后蕴含着对学生深层次创新潜能的激发和挖掘。通过一系列精心设计的激励机制，营造一个充满活力和创造力的学术环境，让学生在这样的环境中自由探索、勇于创新。

首先，设立创新奖项是激励创新精神的重要手段之一。这些奖项不仅是对学生创新成果的认可，更是对他们创新精神和努力的嘉奖。获得创新奖项的学生，不仅能够在物质上得到一定的奖励，更重要的是，他们的创新能力和综合素质得到了极大的提升。这种提升不仅体现在学术上，更体现在他们未来的职业发展和人生规划中。

其次，创新荣誉称号的设立也是激励创新精神的有效途径。这些荣誉称号代表着学生在某一领域或某一方面的卓越成就和贡献。当学生获得这些荣誉称号时，他们的自信心和自尊心会得到极大的增强，同时也会更加珍惜自己的创新成果，并以此为动力，继续探索和创新。

最后，创新学分的设立更是将创新精神的培养与学生的学习生活紧密相连。学生在参与创新活动、完成创新项目时，可以获得相应的创新学分。这些学分不仅可以作为学生评优评奖的重要依据，更可以作为他们未来升学、就业的加分项。这样的设计，让学生在学习的同时，更加注重自己的创新能力和综合素质的提升。

三、创新课程内容的开发

在工商管理教学中，开发创新的课程内容是提升学生创新能力的重要环节。以下是一些关键方法。

（一）前沿知识的引入

引入前沿知识，在教育的领域中，特别是管理学科的课程中，扮演着至关重要的角色。它不仅是将最新的学术成果和理论引入教学，更是为学生打开了一扇洞察未来、把握趋势的窗户。通过这种方式，学生可以更全面地理解管理领域的最新发展和变化，从而在未来的职业生涯中占据更有利的位置。

具体来说，引入前沿知识可以从多个方面展开。首先，对于大数据分析这一现代管理工具，它的应用已经渗透到管理的各个角落。在课程中，可以详细介绍大数据分析的基本原理、技术方法以及它在管理决策、市场分析、消费者行为研究等方面的应用实例。这样，学生不仅可以理解大数据分析的理论知识，还能通过实际案例感受其在实际工作中的强大功能。其次，人工智能作为近年来最为热门的科技趋势之一，其在管理领域的应用也日益广泛。从智能客服、自动化办公到人才招聘和选拔，人工智能都在为管理者提供着前所未有的便利。在课程中，可以深入探讨人工智能在管理中的具体应用场景，以及它如何帮助管理者提高工作效率、优化决策过程。同时，也可以引导学生思考人工智能在未来可能带来的挑战和机遇。最后，创新管理作为现代管理理论的重要组成部分，也在不断地发展和完善。在课程中，可以介绍创新管理的最新研究成果和实践经验，如设计思维、敏捷开发、精益创业等。这些理论和方法不仅能帮助学生掌握创新管理的核心思想，还能激发他们的创新思维和创业精神。

除了以上几个方面，还可以结合行业最新动态和发展趋势来扩写课程内容。例如，随着数字化、网络化和智能化的深入发展，传统的管理理念和模式正在发生深刻变革。在课程中，我们可以分析这些变革的原因、过程和影响，以及它们对管理者提出的新要求和挑战。同时，也可以引导学生关注行业内的创新实践和新兴业态，了解它们对管理实践的影响和启示。

（二）实践导向的课程设计

实践导向的课程设计，其核心理念在于将理论知识与实际操作紧密结合，从而使学生能够在真实或模拟的情境中，深入理解和掌握管理学的精髓。这一课程设计策略通过精心选择和引入各种实际管理案例，为学生搭建了一个充满挑战与机遇的学习环境。

首先，案例研究。教师会挑选出具有代表性、复杂性和真实性的管理案例，供学生进行深入研究。在案例分析的过程中，学生不仅需要理解案例的背景和情境，还需要运用所学的管理理论，对案例中的问题进行深入剖析，并提出切实可行的解决方案。这种学习方式不仅锻炼了学生的分析能力和批判性思维，还在实践中检验和巩固了所学知识。

其次，模拟实践。通过模拟软件或虚拟现实技术，教师可以为学生创建一个高度逼真的虚拟环境，让学生在其中进行实际操作和决策。这种学习方式使学生能够在没有实际风险的情况下，亲身体验管理的各个环节，如决策制定、资源配置、团队协调等。在模拟实践中，学生需要不断尝试和调整自己的策略，以应对各种复杂多变的情况。这种学习方式不仅提高了学生的实践能力，还培养了他们的应变能力和团队协作精神。

最后，项目驱动的学习。在这种学习方式中，学生需要组建团队，共同完成一个实际的管理项目。项目内容可以来源于企业实际需求或社会问题，旨在解决现实生活中的具体问题。在项目驱动的学习中，学生需要运用所学的管理知识，

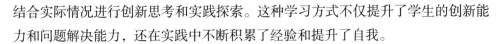
结合实际情况进行创新思考和实践探索。这种学习方式不仅提升了学生的创新能力和问题解决能力，还在实践中不断积累了经验和提升了自我。

（三）动态课程结构

动态课程结构不仅彰显了教育的灵活性和个性化，更在深层次上推动了教育内容的多样化和学习路径的个性化。精心设计的模块化课程，能够为学生呈现一个丰富多彩的课程体系，这个体系包括基础课程、专业课程、实践课程和创新课程等多元化的选择。

基础课程作为整个课程结构的基石，为学生打下了坚实的基础。它们涵盖了各个学科领域的基本知识，是每一个学生都需要掌握的内容。而在基础课程之上，专业课程则为学生提供了深入某一领域的可能。无论是数学、物理、化学这样的自然科学，还是文学、历史、哲学这样的人文科学，专业课程都能满足学生对某一领域的深入研究需求。

实践课程则是连接理论与实际的桥梁。它鼓励学生走出课堂，通过实地考察、实验操作、社会实践等方式，将所学知识应用到实际中，从而加深对知识的理解和掌握。实践课程的引入，不仅丰富了学生的学习体验，也提高了他们的实际操作和解决问题的能力。

而创新课程，则是动态课程结构中的一大亮点。它鼓励学生们挑战传统，勇于创新，培养他们的创新精神和创新能力。无论是科技发明、艺术创作，还是商业策划、社会服务，创新课程都能为学生提供一个展示自己才华和创造力的舞台。

除了课程类型的多样性，动态课程结构还提供了灵活的课程组合方案。学生可以根据自己的兴趣和需求，选择适合自己的课程组合。这种灵活性不仅满足了学生的个性化学习需求，也促进了他们的全面发展。

同时，动态课程结构还强调了对课程内容的定期审查和更新。随着科技的发展和社会的进步，知识的更新速度越来越快。为了确保课程内容的前沿性和实用性，我们需要不断地对课程进行审查和更新，这样，学生才能学到最新、最实用的知识，为他们的未来发展打下坚实的基础。

四、创新教学工具的应用

在工商管理教学中，创新教学工具的应用是提升教学效果的重要手段。以下是一些关键方法。

（一）多媒体教学工具

多媒体教学工具以其直观性、生动性和互动性，极大地丰富了教学内容和形式。视频资源可以呈现真实的商业场景，使学生身临其境地感受到商业环境的复杂性和挑战性；动画则能够将抽象的理论知识具象化，帮助学生更好地理解和记忆；而图表则能够清晰地展示数据之间的关系，增强学生的数据分析能力和逻辑思维能力。此外，多媒体教学工具还可以根据学生的学习进度和兴趣点，进行个性化的内容推荐，使学习更加高效和有趣。

（二）在线学习平台

在线学习平台打破了传统课堂的时间和空间限制，使学习变得更加灵活和自由。学生可以根据自己的时间安排和兴趣点，选择适合自己的课程。在线课程视频和资料可以让学生随时回顾和巩固所学知识；在线论坛和聊天室可以让学生随时与老师和同学进行交流和讨论；在线作业和评审则可以让学生及时了解自己的学习情况和改进方向。此外，在线学习平台还可以利用大数据和人工智能技术，对学生的学习行为进行分析和预测，为教学提供更加精准的指导和支持。

（三）模拟软件和虚拟现实

模拟软件和虚拟现实技术为学生提供了一个接近真实的实践环境，使他们在模拟操作中积累实践经验、提升实际操作能力。企业模拟软件可以让学生模拟经营一家企业，从市场调研、产品开发、生产销售到财务管理等各个环节都进行实际操作；市场模拟软件则可以让学生模拟参与市场竞争，了解市场规律和竞争策略；财务模拟软件则可以让学生模拟进行财务分析和决策。通过模拟软件和虚拟现实技术，学生可以更加深入地了解商业运作的机制和规律，提升综合素质和竞争力。

（四）数据分析工具

数据分析工具在工商管理教学中具有举足轻重的地位。随着大数据时代的到来，数据分析已经成为商业领域不可或缺的一项能力。数据收集工具如在线调查工具、数据采集软件等可以帮助学生快速收集大量数据；数据分析工具如数据分析软件、统计分析软件等则可以对这些数据进行深入分析和挖掘；而数据可视化工具，如图表生成工具等则可以将分析结果以直观的形式呈现出来。通过数据分析工具的学习和使用，学生可以掌握数据分析的基本方法和技能，提升数据驱动决策的能力。同时，数据分析工具还可以帮助学生更好地理解和应用商业领域的理论知识，提高学习效果和应用能力。

第四节　课程体系改革的推进与实施

课程体系改革在工商管理教育中扮演着重要的角色。它不仅关系到教学内容和教学方法的更新，更涉及教育理念、教师素质、学生培养模式等诸多方面。为了确保课程体系改革的有效推进与实施，需要制定详细的改革规划、落实具体的实施步骤、构建科学的评估体系以及处理改革过程中可能遇到的各种挑战。

一、改革规划与策略

（一）明确改革目标

在进行课程体系改革时，需要有明确改革的目标。改革目标应涵盖知识体系的完善、能力培养的加强、教学方法的创新、课程内容的更新等多个方面。具体来说，知识体系的完善要求课程内容能够系统地涵盖管理学的基本理论和最新发展，帮助学生建立完整的知识结构；能力培养的加强要求课程设计能够通过实践环节和案例分析等方式，提升学生的综合管理能力和实际操作能力；教学方法的创新要求引入多样化的教学手段，如互动式教学、项目式学习等，提升教学效果和学生的学习积极性；课程内容的更新则需要及时引入最新的管理理论和实践，反映最新的管理理论和实践，确保课程的前沿性和实用性。

（二）制定详细的改革方案

在明确改革目标的基础上，制定详细的改革方案是课程体系改革的关键。改革方案应包括课程设置、教学方法、评估体系、师资培训等多个方面。具体而言，课程设置方面，可以通过模块化设计，将课程内容分为基础模块、专业模块和选修模块，提供灵活的学习路径，满足不同学生的需求；教学方法方面，可以引入案例教学和项目教学等，提升教学的实践性和应用性，培养学生的实际操作能力和综合素质；评估体系方面，可以通过多样化的评估方式，全面评估学生的学习效果和创新能力，帮助学生了解自己的优势和不足；师资培训方面，可以通过定期的培训和交流，提升教师的教学能力和适应性，确保他们能够有效实施新的课程体系和教学方法。

二、改革的实施步骤

（一）改革试点与推广

在课程体系改革的实施过程中，选择若干院系或专业进行试点是必要的。试点阶段是课程体系改革的重要环节，在部分院系或专业进行试点，可以积累经验，发现并解决改革过程中的问题。试点过程中，应注重学生和教师的反馈，及时调整和优化改革方案，确保改革措施的科学性和可行性。通过试点总结经验，可以为全面推广改革提供宝贵的参考和指导。

（二）教师培训与发展

教师是课程体系改革的核心推动力。教师培训是课程体系改革的重要保障，通过系统的培训和发展计划，提升教师的教学能力和适应性，确保他们能够有效实施新的课程体系和教学方法。培训内容应涵盖现代教育理念、创新教学方法、课程设计与开发、信息技术应用等多个方面，帮助教师掌握最新的教学理念和方法，提升其教学水平和教育质量。

（三）课程开发与更新

在课程体系改革过程中，课程开发与更新是关键环节，课程开发与更新需要紧密结合市场需求和学科发展前沿。具体来说，课程开发应基于市场调研和学科发展趋势，设计科学、合理的课程内容和结构，满足学生的实际需求。课程更新则需要及时引入最新的管理理论和实践，确保课程内容的前沿性和实用性，帮助学生掌握最新的知识和技能，提升其竞争力和适应性。

（四）学生参与与反馈

学生是课程体系改革的直接受益者和参与者。为了确保改革的有效实施，需要充分发挥学生的参与和反馈作用。

学生参与与反馈是课程体系改革的重要环节，通过多种方式收集学生对课程体系改革的意见和建议，及时调整和优化改革方案，确保改革措施能够满足学生的实际需求。通过问卷调查、座谈会、课程评价等多种方式，了解学生对课程内容、教学方法和评估方式的反馈，及时调整和优化改革方案，提升学生的满意度和参与度。

（五）评估与反馈机制

建立科学的评估与反馈机制，是确保课程体系改革顺利推进和有效实施的重要保障。

评估与反馈机制是课程体系改革的重要保障，通过科学的评估体系，全面评估改革目标的达成情况、课程设置的合理性、教学方法的有效性、学生的学习效果等多个方面，确保改革措施的科学性和有效性。通过阶段性评估和总结，及时发现和解决改革过程中存在的问题，确保改革方案的不断完善和优化，提升改革的整体效果。

三、改革过程中的挑战与应对

（一）观念转变的挑战

在课程体系改革过程中，观念转变是课程体系改革面临的首要挑战，传统教育观念和方法的根深蒂固，使得教师、学生和管理层对改革持保守态度，担心改革带来的不确定性和风险。为了应对这一挑战，需要通过广泛的宣传和动员，提升各方对改革的认识和支持力度，确保改革措施的顺利推进和有效实施。

（二）师资力量的不足

课程体系改革需要教师具备较高的专业素养和创新能力。师资力量的不足是课程体系改革面临的现实问题，现有的师资力量难以完全满足改革的要求。因此，需要通过多种方式解决师资力量不足的问题，包括引进高素质的师资力量、加强教师培训和发展、提升教师的教学能力和适应性等，确保教师能够适应新的教学要求，有效实施新的课程体系和教学方法。

（三）资源配置的限制

课程体系改革需要大量的人力、物力和财力资源支持。资源配置的限制是课程体系改革面临的现实困难，改革需要大量的人力、物力和财力资源支持。为了应对这一挑战，需要通过合理配置和有效利用现有资源、争取更多的外部支持和资源投入、提升资源使用效率等多种方式，解决资源配置的限制问题，确保改革措施的顺利推进和有效实施。

（四）评估与反馈的有效性

在课程体系改革过程中，评估与反馈的有效性是课程体系改革的重要保障，直接关系到改革的成效。为了确保评估结果的准确性和科学性，需要建立科学、合理的评估体系，全面评估改革目标的达成情况、课程设置的合理性、教学方法的有效性、学生的学习效果等，及时反馈和调整改革方案，确保改革措施的科学性和有效性。

四、理论分析与探讨

（一）变革管理理论

变革管理理论认为，组织变革需要系统的规划和管理，变革过程包括变革的准备、实施、巩固和评估。在课程体系改革中，变革管理理论强调通过系统的规划和管理，确保改革的顺利推进和有效实施。变革管理理论的应用，可以为课程体系改革提供系统的指导和参考。变革的准备阶段，应通过广泛的宣传和动员，提升各方对改革的认识和支持力度，减少改革阻力；变革的实施阶段，应通过科学的改革方案和详细的实施步骤，确保改革的顺利推进；变革的巩固阶段，应通过评估与反馈机制，及时发现和解决改革过程中存在的问题，确保改革成果的巩固和推广；变革的评估阶段，应通过科学的评估体系，全面评估改革的成效，总结经验和教训，为未来的改革提供参考和借鉴。

（二）创新扩散理论

创新扩散理论认为，创新的传播和扩散需要经历创新的认知、说服、决策、实施和确认五个阶段。在课程体系改革中，创新扩散理论强调通过系统的创新传播和扩散，提升各方对改革的接受和支持力度。创新扩散理论的应用，可以为课程体系改革提供系统的创新传播和扩散指导。创新的认知阶段，应通过广泛的宣传和动员，使教师、学生和管理层了解改革的意义和目标；创新的说服阶段，应通过具体的改革案例和成功经验，使各方认识到改革的可行性和必要性；创新的决策阶段，应通过广泛的参与和讨论，使各方达成改革的共识；创新的实施阶段，应通过科学的改革方案和详细的实施步骤，确保改革的顺利推进；创新的确认阶段，应通过评估与反馈机制，确认改革的成效，总结经验和教训，为未来的改革提供参考和借鉴。

（三）系统理论

系统理论认为，组织是一个复杂的系统，系统内各要素相互关联、相互影响。在课程体系改革中，系统理论强调通过系统的规划和管理，确保改革的整体性和协调性。系统理论的应用，可以为课程体系改革提供系统的规划和管理指导。系统的整体性，指的是改革方案应涵盖课程设置、教学方法、评估体系、师资培训等多个方面，确保各要素的相互协调和有机结合，提升改革的科学性和有效性；系统的协调性，指的是改革过程中各要素应相互配合、相互支持，提升改革的整体效果和效率，确保改革的顺利推进和有效实施。

（四）组织学习理论

组织学习理论认为，组织的持续学习和创新是其发展的动力。组织学习理论的应用，可以为课程体系改革提供持续学习和创新的指导。通过持续的学习和创新，提升教师的教学能力和适应性，确保改革的顺利推进和有效实施。教师培训和发展计划，可以提升教师的教学能力和适应性，确保他们能够有效实施新的课程体系和教学方法；课程开发和更新，可以确保课程内容的前沿性和实用性，帮助学生掌握最新的知识和技能，提升其竞争力和适应性。

第四章
教学管理的创新与实践

第一节　现代教学管理理念的树立

现代教学管理理念的树立是提高教育质量和促进教育发展的重要保障。随着社会的进步和科技的发展，传统的教学管理模式已不能满足现代教育的需求。新时期的教学管理理念应包括以下几个方面。

一、以人为本

在现代教学管理理念中，以人为本的思想占据了举足轻重的地位。它不仅体现了对教师和学生的尊重，更强调了在教学管理过程中要关注他们的实际需求和发展潜力。对于这一理念，本书就以下几个方面进行了更深层次的分析和详细的阐释。

（一）教师

对于教师而言，以人为本的教学管理意味着对他们的尊重和信任。教师作为教育的灵魂，他们的教学能力和创新精神直接关系到学生的学习效果和整个教育系统的质量。因此，教学管理应当充分尊重教师的个性和专业选择，为他们提供一个宽松、自由的教学环境。具体来说，教学管理应当尊重教师的创造性。每位教师都有自己独特的教学方法和风格，这是他们多年教学经验和智慧的结晶。教学管理者应当鼓励教师进行教学创新，尝试新的教学理论和方法，为学生提供更加丰富多样的学习体验。为此，学校可以定期组织教学研讨会和培训课程，邀请专家学者进行讲座和指导，帮助教师了解最新的教学动态和趋势，拓宽他们的教学视野。同时，教学管理也应当为教师提供必要的支持和资源。教师在教学过程中可能会遇到各种问题和挑战，教学管理者应当积极为教师排忧解难，提供必要的帮助和支持。例如，学校可以设立教学基金，为教师提供教学设备和教学材料的支持；可以建立教学档案，记录教师的教学成果和荣誉，为教师的发展提供有力的保障。

（二）学生

对于学生而言，以人为本的教学管理意味着关注他们的个性发展和全面素质的提升。每个学生都是独一无二的个体，他们有着自己的兴趣和潜力。首先，教学管理应当尊重学生的个性差异，为他们提供多样化的教育选择和发展机会。具体来说，教学管理应当关注学生的个性发展。学校可以开设丰富多彩的选修课程和社团活动，让学生根据自己的兴趣和特长进行选择和学习。这样不仅可以激发学生的学习兴趣和热情，还可以帮助他们发现自己的潜力和优势，为未来的发展打下坚实的基础。

其次，教学管理也应当关注学生全面素质的提升。除了学术成绩之外，学生的品德、情感、社交等方面的发展也同样重要。教学管理应当注重培养学生的综合素质和能力，让他们在未来的社会中能够具备良好的适应能力和竞争力。为此，学校可以加强校园文化建设，营造积极向上的学习氛围；可以开展各种社会实践活动和志愿服务活动，让学生在实践中锻炼自己的能力和品质。

最后，教学管理还应当关注学生的心理健康和身心发展。现代社会的竞争压力越来越大，学生面临着巨大的心理压力。教学管理应当重视学生的心理健康教育，提供心理咨询和辅导服务，帮助学生应对学习和生活中的压力。同时，教学管理也应当关注学生的身体健康和体育锻炼，为他们提供充足的运动时间和场地设施，让他们保持健康的体魄和积极向上的心态。

综上所述，以人为本的教学管理理念强调了对教师和学生的尊重和关注，要求教学管理在制定政策和实施管理时充分考虑他们的利益和需求。只有这样，才能真正实现教育的目标和价值。

二、科学管理

科学管理在教学管理中的应用，无疑为提升教学管理效率和质量带来了显著的效果。这种管理理念的核心在于，运用现代管理科学的原理和方法，对教学过程进行全面、系统、精细的规划和控制，从而实现教学管理的科学化、高效化。

（一）科学制订教学计划

教学计划是教学管理的基石，直接关系到教学活动的顺利进行和教学效果的实现。科学制定教学计划，意味着我们需要对教育目标和学生的实际情况进行深入的理解和分析。

首先，明确教育目标。教育目标不仅是教学活动的出发点，还是教学活动的归宿。它决定了教学的内容、方向和方法。在制订教学计划时，要深入研究教育目标，理解其内涵和要求，确保教学计划与教育目标紧密相连，符合教育教学的根本宗旨。

其次，对学生的实际情况进行深入调研。学生是教学活动的主体，他们的学习需求、学习能力、学习习惯等都会影响到教学计划的制订。教师和管理人员需要通过科学的调研和分析，了解学生的实际情况，制订出符合他们特点的教学计划。

最后，要合理安排教学内容和教学进度。教学内容是教学计划的核心，我们要根据教育目标和学生的实际情况，选择适合的教学内容，确保教学内容的系统性和连贯性。同时，我们还要合理安排教学进度，确保教学进度的合理性和可操作性，避免教学进度过快或过慢，影响教学效果。

（二）精细管理教学过程

教学过程的管理是教学管理的核心环节，涉及教学资源的配置、教学活动的组织和教学质量的监控等多个方面。

首先，对教学资源进行合理配置。教学资源是教学活动的基础，包括教学设备、教学资料、教学场地等。高校和教师要根据教学活动的需要，合理配置教学资源，确保教学设备和教学资料的及时供应和有效利用。同时，还要对教学场地进行合理规划，确保教学活动的有序进行。

其次，对教学活动进行精细组织。教学活动是教学管理的重要组成部分，它包括备课、上课、作业布置和批改等多个环节。工商管理教师要运用科学的管理方法，对教学活动进行精细组织，确保教学活动的有序进行和教学目标的实现。同时，还要关注学生的学习过程和学习态度，引导他们积极参与教学活动，提高他们的学习兴趣和学习效果。

最后，对教学质量进行科学监控。教学质量是教学管理的生命线，直接关系到教学效果的实现。管理人员和教师要通过数据分析和评价，及时发现和解决教学中存在的问题，保证教学质量的持续提升。同时，还要关注学生的学习成果和学习反馈，及时调整教学策略和方法，确保教学目标的实现。

（三）科学实施教学评价

教学评价是教学管理的重要环节，是对教学效果进行全面、客观评价的重要手段。科学实施教学评价，意味着要根据教学目标和教学实际情况，采用多样化的评价方法，对教学效果进行全面和客观的评价。

首先，明确教学评价的目标和要求。教学评价的目标是了解教学效果的实现情况、发现教学中存在的问题、促进教学改进和提高。要根据教学目标和教学实际情况，明确教学评价的目标和要求，确保教学评价的科学性和有效性。

其次，采用多样化的评价方法。教学评价的方法有很多种，包括考试、作业、问卷调查、访谈等。要根据教学目标和教学实际情况，选择合适的评价方法，对教学过程和教学结果进行全面评价。同时，还要关注学生的学习过程和学习态度，通过多元化的评价方式，全面了解学生的学习情况和发展情况。

最后，关注评价结果的应用和反馈。教学评价的结果是改进教学和提高教学效果的重要依据。要认真分析和研究评价结果，找出教学中存在的问题和不足，提出改进措施和建议。同时，还要将评价结果及时反馈给学生和教师，引导他们关注自己的学习情况和发展情况，促进他们的自我反思和自我提高。

三、信息化管理

信息化管理在现代教学管理中占据着举足轻重的地位，其深度和广度不仅反映了教育技术的先进性，更彰显了教育理念的革新。随着信息技术的飞速发展，信息化管理在教学中的应用愈加广泛，为学习和管理带来了前所未有的便利和可能性。接下来，本书将对信息化管理在教学管理中的应用进行更深层次的分析和阐释。

（一）电子化的教学资源管理

电子化的教学资源管理无疑是信息化管理的基础和核心。传统的纸质教材、课件和教学视频等教学资源，虽然有其固有的价值，但在获取、保存、更新和使用等方面存在诸多不便。电子化的教学资源管理，将这些资源转化为数字形式，存储在云端，师生只需通过网络便可随时随地访问和使用。这不仅大大节省了存储空间和物理运输的成本，也极大地提高了资源的使用效率和便捷性。

在电子化的教学资源管理中，教学管理者需要建立完善的电子化教学资源管理系统。这个系统不仅需要对教学资源进行科学分类和有效管理，还需要确保教学资源的及时更新和高效利用。例如，学校可以建立电子图书馆，将各类图书、期刊、论文等文献资源进行数字化处理，方便师生查阅；同时，建立在线教学平台，将课件、教学视频等多媒体教学资源进行集中管理和展示，供师生下载和使用。此外，教学管理者还需要定期对教学资源进行更新和维护，确保资源的时效性和准确性。

（二）数字化的教学过程监控

数字化的教学过程监控是信息化管理的又一重要方面。通过信息技术手段，可以实时监控教学过程，了解学生的学习情况和教师的教学状态，及时发现和解决教学中存在的问题。这不仅可以提高教学的针对性和有效性，还可以增强教学管理的透明度和公正性。

在数字化的教学过程监控中，教学管理者需要建立数字化的教学过程监控系统。这个系统可以通过在线教学平台、学习管理系统等工具实现。例如，在线教学平台可以实时记录学生的学习进度、作业完成情况、课堂互动等数据；学习管理系统则可以对这些数据进行分析和挖掘，提供有关学生的学习行为、学习风格、学习偏好等方面的信息。教学管理者可以根据这些信息，及时了解教学进度和教学效果，发现和解决教学中存在的问题。同时，数字化的教学过程监控还可以为教师提供反馈和建议，帮助他们优化教学内容和方法，提高教学效果。

（三）智能化的教学评价系统

智能化的教学评价系统是信息化管理的又一亮点。利用大数据和人工智能技术，可以构建智能化的教学评价系统。这个系统可以通过收集和分析学生的学习数据、教师的教学数据等信息，对教学效果进行全面分析和评价。与传统的教学评价方式相比，智能化的教学评价系统具有更高的客观性、准确性和及时性。

例如，智能学习分析系统可以对学生的学习行为和学习效果进行全面分析，提供个性化的学习建议；同时，也可以对教师的教学效果进行全面评价，提供教学改进方案。这些评价结果和建议可以帮助师生更好地了解自身的教学和学习情况，为未来的教学和学习提供有力的支持和指导。

四、协同创新

协同创新，作为现代教学管理的重要理念，无疑是推动教育体制不断革新、教学品质持续提升的强大动力。这一理念不仅要求教学管理者在校内各部门间构建紧密的合作关系，还需要积极寻求与校外教育资源的有效联动，共同为教学创新提供源源不断的动力。

（一）学科交叉融合

学科之间的交叉融合是协同创新在教学管理中的一个重要体现。在当今这个知识爆炸的时代，任何一门学科都不再是孤立的。它们之间往往存在着千丝万缕的联系，相互渗透、相互融合。教学管理者应当敏锐地捕捉到这一点，鼓励并支持不同学科之间的交叉融合。通过组织跨学科的教学团队，不同学科的教师可以共同参与到教学项目的设计和实施中来，将各自的专业知识和经验融入教学，为学生提供更为全面、深入的学习体验。这种交叉融合的教学方式，不仅可以提高学生的综合素质和创新能力，还可以促进学科之间的相互学习和借鉴，推动学科本身的发展。

（二）校企合作

校企合作是协同创新在教学管理中的又一重要实践。学校作为人才培养的摇篮，其教学质量直接关系到学生的未来和国家的命运。而企业作为社会经济发展的重要力量，对于人才的需求和期待也是非常迫切的。因此，教学管理者应当积极寻求与企业的合作机会，将学校的教学资源与企业的实际需求相结合，共同推动教学与实践的深度融合。例如，可以与企业合作开设实习基地，为学生提供真实的实践环境和机会，让他们在实践中学习、在实践中成长。同时，企业也可以从学校的科研成果和人才资源中获益，实现产学研的良性循环。这种校企合作的方式，不仅可以提高学生的实践能力和就业竞争力，还可以加强学校与社会的紧密联系和互动。

（三）国际交流

国际交流也是协同创新在教学管理中的不可忽视的一环。在全球化的背景下，教育资源的国际流动和共享已经成为一种趋势。教学管理者应当积极开展国际交流与合作，引进国外先进的教学理念和方法，提高教学的国际化水平。通过与国外知名大学的合作与交流，可以了解国际教育的最新动态和发展趋势，借鉴其成功的教学经验和做法。同时，也可以组织师生进行国际交流和合作研究，拓宽视野、增长见识、提高能力。这种国际交流的方式，不仅可以提高学校的教学质量和水平，还可以为学生提供更多的发展机会和选择空间。

综上所述，协同创新在教学管理中具有举足轻重的地位和作用。它要求教学管理者不仅要关注校内各部门之间的协同合作，还要积极寻求与校外教育资源的有效联动。通过学科交叉融合、校企合作和国际交流等方式的实践与探索，推动教学管理不断创新和发展，为培养更多高素质、创新型人才做出更大的贡献。

五、可持续发展

可持续发展作为现代教学管理的长期目标，其内涵深远而广泛。它不仅是对教学管理理念的革新，更是对教育未来发展的深思熟虑。在这一理念的指导下，教学管理者需从多个维度出发，深入剖析和扩写其内涵，以期达到教育资源的可持续利用和教育的长远发展。

（一）绿色校园建设

绿色校园建设是实现可持续发展的基石。绿色校园不仅仅是一个环境优美、生态和谐的校园环境，更是一种理念、一种文化的体现。教学管理者应当积极倡导绿色理念，将环保和节约的意识融入校园生活的方方面面。例如，在校园规划中，应充分考虑生态环境的保护，通过合理布局和绿色植被的种植，打造宜人的校园景观。在日常管理中，可以推广垃圾分类、节能减排等环保措施，让学生在实际行动中感受到环保的重要性。同时，开展丰富多彩的环保主题教育活动，如环保知识竞赛、环保手工制作等，让学生在参与中培养环保意识和行为习惯。

（二）资源节约型教育

资源节约型教育模式是实现可持续发展的关键。教育资源的有限性决定了我们必须提高资源的利用效率、减少浪费。教学管理者应当从教学资源的配置、使用和管理等方面入手，探索和实践资源节约型的教育模式。一方面，可以推广电子化教学资源，减少纸质教材的使用。通过建设数字化图书馆、在线学习平台等，为学生提供丰富多样的学习资源，满足他们的个性化需求。另一方面，可以提倡节约用水用电、减少能源消耗。在校园内安装节能设备、推广节能技术，让师生在日常生活中养成节约资源的良好习惯。此外，还可以推广循环利用和再生利用的理念，减少资源浪费和环境污染。

（三）关注教育公平

关注教育公平是实现可持续发展的必要条件。教育公平是社会公平的重要体现，也是实现可持续发展的基础。教学管理者应当关注教育资源的均衡分配和优质教育资源的普及化。例如，可以通过远程教育和在线学习平台等现代信息技术手段，打破地域限制和资源壁垒，为偏远和贫困地区的学生提供优质教育资源。同时，建立完善的奖学金和助学金制度，为家庭经济困难的学生提供经济支持，帮助他们顺利完成学业。此外，还应关注特殊群体，如残障儿童、少数民族学生等的教育需求，为他们提供平等的教育机会和条件。

树立现代教学管理理念是实现可持续发展的根本途径。现代教学管理理念强调以学生为中心、以教师为主体、以协同创新为动力、以可持续发展为目标。在这一理念的指导下，教学管理者应当注重培养学生的创新精神和实践能力，鼓励他们积极参与各种实践活动和科研项目；同时，关注教师的专业成长和职业发展，为他们提供必要的支持和帮助；加强与其他学校和企业的合作与交流，共同推动教育创新和发展；关注教育与社会、经济、文化的协同发展，为社会的可持续发展提供有力支持。

第二节　信息化管理在教学中的深度应用

信息化管理在教学中的应用极大地提升了教学效率和质量。随着信息技术的迅猛发展，教学管理逐渐从传统的方式向现代化、信息化方向转变。以下是信息化管理在教学中的几个主要应用领域。

一、教学资源的数字化

教学资源的数字化是信息化管理的基础。通过将教材、课件、教学视频等资源数字化，教师和学生可以方便地获取和使用这些资源，极大地提高了教学效率和学习效果。

（一）数字化教材

数字化教材是指将传统的纸质教材转化为电子教材。数字化教材具有便于携带、易于更新、互动性强等优点。通过电子阅读器或电脑，学生可以随时随地学习，极大地方便了学习过程。同时，数字化教材可以嵌入多媒体资源，如视频、音频和动画，增强了教学的互动性和趣味性。具体措施如下：

第一，与出版社合作。学校与出版社的合作是数字化教材建设的第一步。这一过程中，需要明确双方的权益和责任，确保教材内容的准确性和完整性。在合作中，除了简单的文本转换，还需要考虑如何保持原有教材的版式和排版风格，以及如何将纸质教材中的图表、公式等元素以最佳的方式呈现在数字教材中。此外，数字化教材还需要增加多媒体元素，如图片、视频、音视频等，以增强教材的互动性和吸引力。这要求学校与出版社共同研究，探讨如何在数字化教材中合理、有效地运用这些元素。

第二，开发配套多媒体资源。开发配套多媒体资源是数字化教材建设的关键环节。多媒体资源不仅可以丰富学生的学习体验，还能帮助学生更好地理解和掌握知识。在开发过程中，需要成立专门的多媒体资源开发团队，与学科专家紧密合作，共同制订开发计划和内容。多媒体资源的形式可以多样化，如教学视频、动画演示、音频讲解等。同时，还需要考虑如何将这些资源有效地嵌入数字教材中，方便学生随时访问和学习。

第三，建立数字教材库。数字教材库的建立为学生和教师提供了一个便捷的获取和下载教材的平台。在建立过程中，需要考虑如何设计合理的分类和检索功能，以便用户能够快速找到所需的教材。此外，还需要确保数字教材库的稳定性和安全性，防止教材被非法下载和传播。为了方便用户的使用，还可以考虑在数字教材库中增加在线阅读和标注功能，以及与其他学习平台的互联互通功能。

第四，定期更新数字教材。随着学科知识的不断更新和教学要求的不断变化，数字教材也需要不断更新和完善。为了确保数字教材的内容始终与最新的学科发展和教学要求保持一致，可以设立定期更新机制。在更新过程中，需要邀请学科专家对教材内容进行审核和修订，增加最新的学科知识和教学案例。同时，还需要考虑如何保持数字教材的稳定性和兼容性，确保更新后的教材能够正常地在各种设备和平台上运行。

第五，用户反馈机制。用户反馈是改进和优化数字教材的重要依据。通过收集教师和学生对数字教材的意见和建议，可以了解用户在使用过程中遇到的问题和困难，以及他们对教材的期望和需求。为了有效地收集用户反馈，可以建立在线调查系统或设置专门的反馈邮箱等渠道。同时，还需要对收集到的反馈进行整理和分析，提取有价值的意见和建议，并根据这些反馈不断改进和优化教材内容和形式。

（二）在线课件

在线课件是指通过互联网发布的电子化教学课件。教师可以将课件上传到教学平台，学生可以随时在线浏览和下载。在线课件不仅包含文字和图片，还可以嵌入视频、音频和动画，丰富了教学内容、提升了教学效果。具体措施如下：

第一，建立在线课件库。在线课件库是整个在线教学系统的基础，它为学生和教师提供了一个资源共享的平台。课件库应该具备细致的分类体系，如按照学科、年级、章节等进行分类，同时提供强大的检索功能，支持关键词、作者、上传时间等多种检索方式，以便用户快速找到所需的课件。对于同一个课件，可能存在多个版本。因此，课件库需要支持版本控制功能，确保用户能够获取到最新的、最适合自己学习或教学的版本。课件库中的课件可能包含大量敏感信息，如学生的个人信息、教师的教学材料等。因此，必须采取严格的安全措施，如数据加密、访问控制等，确保课件库的安全性和可靠性。除了提供课件的浏览和下载功能，课件库还可以增加一些互动性元素，如评论、点赞、分享等，鼓励用户之间的交流和互动。

第二，开发多媒体课件制作工具。多媒体课件制作工具是教师在制作课件时的重要助手。为了满足不同教师的需求，这些工具需要具备以下特点：①易用性。工具界面应该简洁明了，操作方式应该直观易懂，让教师可以快速上手。②丰富性。支持多种媒体格式，如文字、图片、视频、音频、动画等，同时提供大量的模板和素材库，帮助教师快速制作出高质量的课件。③兼容性。工具应该兼容多种操作系统和浏览器，确保教师可以在任何设备上制作和发布课件。④扩展性。工具应该具备良好的扩展性，可以根据教师的需求进行定制和扩展。

第三，定期审核和更新课件。为了确保在线课件的质量和时效性，需要定期对课件进行审核和更新。这包括以下几个方面：①内容审核。对课件的内容进行审核，确保内容科学、准确、无误。对于涉及敏感话题或错误信息的课件，需要进行相应的修改或删除。②技术审核。对课件的技术质量进行审核，包括文件的完整性、格式的正确性、链接的有效性等。确保用户能够顺利访问和下载课件。③更新与维护。根据学科的发展和教学的需要，定期更新课件的内容和形式。同时，对课件库进行维护和管理，确保系统的稳定性和可用性。

第四，课件制作培训。为了提高教师的多媒体课件制作能力，需要定期开展课件制作培训。这些培训可以包括以下几个方面：①工具使用培训。介绍多媒体课件制作工具的基本功能和操作方法，帮助教师快速掌握工具的使用技巧。②设计技巧培训。讲解课件设计的基本原则和技巧，如版面设计、色彩搭配、字体选择等，提高课件的视觉效果和用户体验。③素材选择与应用培训。介绍如何选择和应用各种媒体素材，如图片、视频、音频等，使课件内容更加丰富。

第五，用户反馈机制。建立用户反馈机制是优化在线课件的关键环节。通过收集教师和学生的反馈意见和建议，可以不断改进和优化课件的内容和形式。这包括以下几个方面：①意见收集。通过调查问卷、在线留言等方式收集用户的反馈意见。②问题分析。对收集到的反馈意见进行分析和整理，找出问题和不足之处。③优化改进。根据分析结果对课件进行相应的修改和优化，提高课件的质量和效果。同时，将优化结果及时通知用户并征求他们的进一步意见。

（三）教学视频

教学视频是指将课堂教学过程录制下来，并通过互联网发布的视频资源。教学视频可以补充学生在课堂上遗漏的内容，方便学生课后复习和巩固知识。同时，教学视频也为无法亲临课堂的学生提供了学习机会，扩大了教学的覆盖面。具体措施如下：

第一，建立教学视频录制和发布平台。为了构建一个高效、便捷的教学视频录制和发布平台，首先需要选择一个稳定、易于维护的服务器环境。其次，设计一个直观友好的用户界面，使得教师可以轻松地管理他们的教学视频。在功能设计方面，除了基本的上传、下载、浏览功能，还需要考虑到视频的分类、标签化、搜索和推荐系统。这样，无论是教师还是学生，都可以根据课程名称、关键词等快速找到所需的视频资源。最后，平台还需要支持多种视频格式，确保视频在不同设备和浏览器上都能流畅播放。同时，考虑到视频的安全性，还需要实施适当的权限管理和防盗链策略。

第二，开发教学视频编辑工具。编辑工具的开发是制作高质量教学视频的关键环节。这个工具需要满足教师的多种需求，包括但不限于剪辑、拼接、添加字幕、插入背景音乐、添加特效等。在界面设计上，要确保工具的操作简单直观，让即使是没有专业视频编辑经验的教师也能快速上手。同时，工具还需要支持多种视频格式和分辨率，以适应不同设备和网络环境下的播放需求。此外，还需要考虑工具的兼容性和稳定性。这意味着工具需要在不同的操作系统和浏览器上稳定运行，并且能够处理各种复杂的视频编辑任务。

第三，定期更新教学视频。为了确保教学视频的内容始终与最新的学科发展和教学要求保持一致，需要建立一套完善的更新机制。首先，要设立一个专门的团队来负责视频的审核和更新工作。这个团队需要定期浏览和评估现有的视频资源，找出需要更新或替换的内容。其次，要与学科专家和一线教师保持密切联系，及时了解最新的学科知识和教学动态。这有助于教师及时发现并添加新的教学案例和知识点。最后，还要建立一个反馈系统，收集学生和教师对视频内容的意见和建议。这些反馈可以帮助教师不断改进和优化视频内容。

第四，视频制作培训。为了提高教师的教学视频制作能力，要定期开展视频制作培训。培训内容可以包括教学视频录制技巧、视频编辑工具的使用、视频内容设计等方面。同时，还可以邀请专业的视频制作人员或教育机构来为教师进行授课和指导。在培训方式上，可以采用线上和线下相结合的方式。线上培训可以方便教师随时随地进行学习，而线下培训则可以提供更加深入和互动的学习体验。

第五，用户反馈机制。建立用户反馈机制是确保教学视频质量不断提升的关键环节。首先，要在平台上设置一个易于访问的反馈入口，让用户可以方便地提交他们的意见和建议。其次，要对收集到的反馈进行及时的处理和分析。这包括筛选出有价值的反馈、识别出问题的根源以及制定改进措施等。最后，要将改进措施及时应用到教学视频的制作和发布过程中，并通过反馈机制来验证改进的效果。这样就可以形成一个持续改进的良性循环，不断提高教学视频的质量和效果。

二、教学过程的实时监控

教学过程的实时监控是信息化管理的重要环节。通过信息技术手段，实时监控教学过程，及时发现和解决教学中存在的问题，确保教学质量的持续提升。

（一）在线教学平台

在线教学平台，作为现代教育领域的创新工具，已经逐渐成为推动教育现代化、提高教学效率的重要力量。其通过互联网提供的教学管理系统，不仅极大地便利了教师的教学工作和学生的学习过程，更在保障教学透明度和公正性方面发挥了关键作用。具体措施如下：

第一，开发和推广在线教学平台。在线教学平台不仅是一个简单的技术工具，更是一个集教学、管理、交流于一体的综合性平台。因此，在投入资金和技术资源时，要确保平台的功能完善、稳定性强，并且能够适应不同学科、不同教学模式的需求。同时还要关注平台的易用性和可扩展性，以便后续根据教育教学的变化进行功能调整和扩展。

第二，建立平台使用指南和培训机制。为了确保教师和学生能够充分利用在线教学平台的功能，需要编制详细的使用指南，并开展定期的培训。使用指南应该包括平台各个功能模块的介绍、具体的操作步骤、常见问题及解决方法等内容，以便用户能够快速上手。同时还要根据用户的使用情况，不断更新和完善使用指南，确保其准确性和实用性。在培训方面，可以采取线上和线下相结合的方式。线上培训可以通过视频教程、在线答疑等方式进行，方便用户随时随地进行学习；线下培训则可以邀请专业的技术人员进行现场演示和讲解，帮助用户更深入地了解平台的功能和操作。此外，还可以建立用户交流群或论坛，方便用户之间的交流和互助。

第三，定期维护和更新平台。在线教学平台的稳定性和安全性是其能够持续发挥作用的关键。因此，需要设立专门的技术团队，定期对平台进行维护和更新。维护工作包括修复已知的漏洞、优化平台的性能和功能、更新教学资源等，以确保平台的稳定性和可靠性。同时还要关注新兴技术的发展和应用，及时将新技术引入平台，提升平台的功能和性能。

第四，用户反馈机制。用户反馈是改进和优化在线教学平台的重要依据。因此，要建立有效的用户反馈机制，收集教师和学生对平台的意见和建议。这些反馈可以来自用户在使用过程中遇到的问题、对平台功能的建议或改进意见等。可以通过设置用户反馈入口、开展用户调研等方式收集反馈信息，并根据反馈结果不断改进和优化平台的功能和操作界面。

第五，数据安全与隐私保护。在线教学平台涉及大量的个人信息和教学数据，因此，必须高度重视数据安全与隐私保护。首先，要采取有效的加密措施，确保用户数据在传输和存储过程中的安全性。其次，要建立完善的数据备份和恢复机制，以防数据丢失或损坏。最后，还要严格遵守相关法律法规和隐私政策，保护用户的隐私和数据安全。在平台设计和开发过程中，要充分考虑数据安全和隐私保护的需求，确保平台能够满足相关标准和要求。

（二）教学数据分析

教学数据分析是指通过对教学过程中产生的数据进行分析，了解教学效果和学生的学习情况。教学数据分析可以帮助教师及时发现教学中存在的问题，进行针对性的改进，提高教学质量。具体措施如下：

第一，建立教学数据采集和分析系统的深度探索系统。这要求教师和管理人员对教学过程有深刻的理解，明确哪些数据是真正有价值的，哪些数据能够真实地反映教学效果。因此，要对教学过程中的每一个环节进行细致的梳理，确保数据采集的全面性和准确性。从学生的出勤率、作业完成情况，到考试成绩、课堂参与度，每一个环节的数据都如同拼图的一块，共同构建起教学全貌。

第二，教学数据分析报告的丰富内涵。定期发布的教学数据分析报告，不仅是数字的堆砌，更是对教学效果和学生学习情况的深入剖析。在报告中，不仅要展示数据的统计结果，更要对数据背后的原因进行深入分析。例如，当发现某个班级的平均成绩有所下降时，需要进一步探索是因为学生对某个知识点掌握不牢固，还是因为教学方法存在问题。只有这样，报告才能真正成为教学管理的科学依据，为教学改进提供有力支持。

第三，数据分析培训的全方位提升。数据分析培训是提升教师和管理人员数据分析能力的重要途径。在培训中，不仅要教授数据采集方法和数据分析工具的使用，更要引导他们如何解读数据、如何将数据应用于实际教学中。例如，当教师发现某个学生在课堂上的参与度较低时，他们应该如何利用数据分析结果找到问题的根源，并制定相应的改进策略。这样的培训，才能真正帮助教师和管理人员将数据转化为实际的教学改进动力。

第四，数据共享机制的深远影响。数据共享机制的建立，不仅有助于提升教学管理的协同效率，更有助于推动教学改进的深入发展。通过数据共享，不同部门之间可以更加便捷地获取所需数据，从而更好地了解教学情况和学生需求。同时，数据共享还可以促进不同部门之间的合作与交流，共同为教学改进贡献力量。在保障数据安全与隐私的前提下，数据共享机制的建立将为教学改进注入新的活力。

第五，数据驱动的教学改进的具体实践。数据驱动的教学改进并非空谈，而是需要具体落实到教学实践中。例如，当数据分析结果显示某个班级的学生在某个知识点上存在普遍困难时，首先，教师可以针对该知识点开展个性化辅导和补救教学。其次，教师也可以根据数据分析结果调整自己的教学方法和策略，以更好地满足学生的需求。最后，学校还可以根据数据分析结果制定针对性的专业发展支持计划，为教师提供专业发展支持和教学方法改进建议。这样的实践探索将使教学改进更加具有针对性和实效性。

（三）教学质量监控

教学质量监控是指通过对教学过程和结果进行监控和评估，确保教学质量的持续提升。教学质量监控可以帮助学校及时发现和解决教学中存在的问题，确保教学目标的实现。具体措施如下：

第一，建立科学的教学质量监控体系。这一体系应该是一个全面而系统的框架，能够涵盖教学过程中的各个环节。具体来说，它应该包括教学计划的制订与执行情况、教学资源的配置与利用、教学活动的组织与实施、学生的学习情况与反馈等多个方面。通过对这些方面的监控和评估，可以全面了解教学质量的现状，为后续的改进工作提供数据支持。

第二，在监控体系的基础上，定期开展教学质量评估。评估的目的是了解教学效果的实际情况，发现教学中存在的问题，为改进工作提供依据。评估方法应该多样化，以确保评估结果的全面性和客观性。课堂观察可以直观地了解教师的教学方法和学生的学习状态；学生问卷调查可以收集学生对教学的真实反馈；教师自评和专家评审则可以从不同角度对教学质量进行评估。这些评估方法的结合使用，可以形成一个全面而客观的评估结果，为改进工作提供有力的支持。

第三，完善教学质量反馈机制。反馈的目的是将评估结果及时、准确地传达给教师和相关部门，帮助他们了解教学中存在的问题，明确改进的方向。首先，反馈内容应该具体、明确，包括教学中存在的问题、改进建议以及具体的改进措施。其次，反馈应该具有及时性和针对性，以确保教师和管理人员能够迅速调整和改进教学方法和管理措施，提高教学质量。在收到反馈后，制订和实施教学质量改进计划是教学质量监控工作的重点。改进计划应该具有可操作性和针对性，能够针对评估结果中存在的问题提出具体的改进目标和措施。改进计划应该包括具体的改进目标、措施和时间表，以确保改进工作的有效性和可持续性。最后，学校应该提供必要的支持和资源，帮助教师和管理人员落实改进措施，确保改进工作的顺利进行。

第四，建立教学质量奖惩机制。奖惩机制可以激励教师和管理人员不断提高教学质量，增强他们的责任感和使命感。对教学效果显著、贡献突出的教师和团队进行奖励和表彰，可以激发他们的工作热情和创造力；对教学质量不达标的教师和课程进行帮扶和督导，可以促使他们及时改进和提高教学质量。这种奖惩并存的机制可以确保教学质量监控工作的有效性和可持续性。

三、智能化的教学评价

智能化的教学评价是信息化管理的重要组成部分。利用大数据和人工智能技术，构建智能化的教学评价系统，可以对教学效果进行全面分析和评价，提供个性化的学习建议和教学改进方案。

（一）学生学习行为分析

学生学习行为分析是指通过对学生在学习过程中的行为数据进行分析，了解学生的学习习惯和学习效果。学生学习行为分析可以帮助教师了解学生的学习情况，提供个性化的指导，帮助学生提高学习效率。具体措施如下：

第一，建立全面而精准的数据采集与分析系统。首先，一个高效的学生学习行为分析系统需要全面而精准的数据支持。这要求教师和管理人员不仅应收集学生在课堂上的表现数据，如课堂参与度、提问频率等，还应关注学生在课外的学习行为，如在线学习时间、学习内容偏好、作业完成情况等。为了确保数据的准确性和全面性，需要采用先进的技术手段进行数据采集，如通过学习平台、教学管理系统等工具进行自动跟踪和记录。

第二，详细解读学生学习行为报告。学习行为分析报告是教师了解学生学习情况的重要参考。在报告中，教师需要详细解读学生的学习习惯，如他们是喜欢独立学习还是更倾向于团队合作、是否善于利用碎片时间进行学习等。同时，还需要对学生的学习效果进行客观评估，如通过考试成绩、作业质量等指标来衡量学生的学习成果。此外，报告中还应包含对学生学习问题的诊断和建议，帮助教师及时发现学生的学习困难并提供有效的解决方案。

第三，提升教师的数据分析能力。教师是学生学习行为分析的重要执行者。为了充分发挥教师在数据分析中的作用，可以定期开展数据分析培训，提高教师的数据分析能力。培训内容包括但不限于学习行为数据采集方法、数据分析工具的使用、数据解读与应用等。通过培训，教师可以更好地利用数据进行教学改进和个性化指导，提高教学效果和学生的学习体验。

第四，为学生提供个性化的学习建议。根据学习行为分析结果，可以为学生提供个性化的学习建议。例如，对于学习时间管理不善的学生，可以建议他们制订合理的学习计划，合理安排学习时间和休息时间；对于学习效果不佳的学生，可以帮助他们分析学习方法和策略是否合适，提供有针对性的调整建议。个性化的学习建议可以帮助学生更好地认识自己的学习问题并找到解决方案从而提高学习效率。

第五，提供数据驱动的学习支持。除了为学生提供个性化的学习建议，还可以根据学习行为分析结果为学生提供数据驱动的学习支持。例如针对学习困难的学生，可以开展个性化辅导和补救教学，帮助他们解决学习中的具体问题；针对学习优秀的学生，可以提供更具挑战性的学习任务和资源，激发他们的学习潜力和创造力。此外，还可以利用数据分析结果来优化课程设置和教学方法使教学更加符合学生的需求和兴趣。

（二）个性化学习建议

个性化学习建议是指根据学生的学习行为和学习效果，提供个性化的学习建议，帮助学生提高学习效率和学习效果。个性化学习建议可以帮助学生发现自己的学习问题，找到适合自己的学习方法、提高学习效率。具体措施如下：

第一，建立个性化学习建议系统。这一系统需要运用先进的人工智能和大数据分析技术，深入挖掘学生的学习行为和学习效果数据，以生成个性化的学习建议。这些建议不应仅局限于学习时间管理和学习方法调整，还应包括学习资源的个性化推荐、学习计划的制订与执行、学习进度的监控与调整等多个方面。这样的系统能够全面、系统地帮助学生提高学习效率，使他们在学习的道路上更加顺畅。

第二，动态调整个性化学习建议。学生的学习是一个动态的过程，他们的学习需求、学习状态和学习效果都会随着时间的推移而发生变化。因此，个性化学习建议系统需要根据学生的学习进展和反馈，实时调整和优化学习建议。这要求系统需要具备强大的数据处理能力和灵活的算法设计，以确保建议的科学性和时效性。

第三，建立学习建议反馈机制。学生作为学习的主体，他们的意见和建议对于改进和优化学习建议系统具有重要的参考价值。通过收集学生的反馈，系统可以了解学生对学习建议的接受程度、满意度以及实施效果等方面的信息，进而对系统进行针对性的改进和优化，提高建议的实用性和有效性。另外，在个性化学习建议的实施过程中，教师的角色不可或缺。他们需要根据系统生成的学习建议，结合学生的实际情况，提供具体的实施指导。这包括帮助学生理解学习建议的意义和目的、制订实施计划、监控实施过程以及提供必要的支持和帮助等。教师的指导可以帮助学生更好地落实学习建议，提高学习效率。

第四，个性化学习建议的效果评估。通过定期评估个性化学习建议的实施效果，可以了解学生的学习进展和效果，进而为后续的学习建议调整和优化提供依据。评估结果应反馈给学生和教师，使他们了解个性化学习建议的实效性，并鼓励他们积极参与学习建议的改进和优化过程。

（三）教学改进方案

教学改进方案是指根据教学评价结果，提出针对性的教学改进方案，帮助教师改进教学方法、提高教学质量。教学改进方案可以帮助教师发现教学中的问题、找到改进的方向和方法、提高教学效果。具体措施如下：

第一，建立教学改进方案系统。教学改进方案系统，作为教学改进的基石，其构建显得至关重要。一个智能化的教学改进方案系统，不仅需要根据教学评价结果自动生成有针对性的改进方案，还需要整合多方资源，提供丰富的教学案例与策略。该系统应当包含教学目标管理、教学方法库、教学资源库等多个模块，通过数据分析与智能推荐，为教师提供个性化、科学化的教学改进建议。具体而言，教学目标管理模块可以帮助教师明确教学目标，确保教学活动的针对性与有效性；教学方法库则汇聚了多种教学方法与策略，教师可以根据学科特点和学生需求，灵活选择适合的教学方法；教学资源库则提供了丰富的教学资源，如教学课件、教学视频、教学案例等，为教师的教学工作提供了有力支持。

第二，教学改进方案的动态调整。教学是一个动态的过程，教学改进方案也需要随着教学进展和反馈进行动态调整。在教学过程中，教师应根据学生的学习情况和反馈，及时调整教学进度和方法，确保教学活动的顺利进行。同时，学校管理层也应定期对教学改进方案进行评估，根据评估结果调整方案内容，确保方案的科学性和时效性。这种动态调整的过程，需要教师和学校管理层具备高度的责任感和使命感。教师需要时刻关注学生的学习情况，及时调整教学策略，确保教学质量的提高；学校管理层则需要关注整个教学过程，为教师提供必要的支持和资源，推动教学改进工作的深入开展。

第三，教学改进方案反馈机制的建设。教学改进方案的反馈机制，是确保方案实用性和有效性的关键。通过建立反馈机制，可以收集到教师对教学改进方案的意见和建议，了解方案在实际应用中的问题和不足。这些反馈信息，可以为后续改进方案的调整和优化提供有力支持。具体而言，学校可以设立专门的教学改进方案反馈渠道，如教学改进论坛、教师意见箱等，鼓励教师积极发表意见和建议。同时，学校还应定期召开教学改进方案研讨会，邀请教师、学者和实践者共同探讨教学改进方案的问题和不足，共同推动教学改进工作的深入开展。

第四，教学改进方案实施指导的强化。教学改进方案的实施需要学校管理层的支持和教师的共同努力。为了确保改进方案的顺利实施，首先，学校应提供必要的支持和资源，帮助教师落实改进方案。这包括为教师提供必要的培训和指导，帮助教师掌握新的教学方法和策略；同时，还应为教师提供必要的教学资源和设备，确保教学活动的顺利进行。其次，教师也应积极参与教学改进工作，根据改进方案调整教学方法和策略，提高教学效果。在教学过程中，教师应注重学生的主体地位，关注学生的学习需求和反馈，不断调整教学策略和方法，确保教学活动的针对性和有效性。

第五，教学改进效果评估的深化。教学改进效果评估是了解教学改进实际效果的关键环节。通过定期评估教学改进方案的实施效果，可以了解教学改进的实际效果和存在的问题，为后续改进方案的调整和优化提供有力支持。具体而言，学校可以制定详细的教学改进效果评估标准和方法，对教学质量、学生学习成果等方面进行全面评估。评估结果应及时反馈给教师和学校管理层，作为后续改进方案调整和优化的依据。同时，学校还应注重评估结果的公开和透明化，鼓励教师、学生和家长共同参与评估过程，推动教学改进工作的深入开展。

四、虚拟实验与模拟教学

虚拟实验与模拟教学是信息化管理在教学中的重要应用。通过虚拟现实技术和仿真技术，开展虚拟实验和模拟教学，为学生提供真实的学习体验。

（一）虚拟实验

虚拟实验是指通过虚拟现实技术，模拟真实的实验过程，帮助学生进行实验操作和学习。虚拟实验可以弥补实验设备不足和打破实验条件限制，提供更多的实验机会，帮助学生掌握实验技能和实验原理。具体措施如下：

第一，建立虚拟实验平台。虚拟实验平台是虚拟实验的核心。一个优秀的虚拟实验平台应该具备强大的实验设计、实验操作、实验数据分析等功能。这个平台需要集合多种技术和资源，确保学生能够在这个平台上进行各种复杂的实验操作，并得到及时、准确的反馈。此外，平台还应提供丰富的虚拟实验资源，包括各种实验器材、实验场景、实验案例等，以满足不同学科、不同年级学生的需求。

第二，开发虚拟实验制作工具。为了鼓励更多的教师参与到虚拟实验的设计和制作中，要提供易于使用的虚拟实验制作工具。这些工具应该具备简单易用、功能强大、支持多种实验类型和实验操作等特点。通过提供丰富的实验素材和模板，教师可以快速制作出高质量的虚拟实验，并将其分享给学生使用。这不仅提高了教师的参与度，也丰富了虚拟实验的内容和质量。

第三，定期更新虚拟实验。随着学科的发展和教学的需求变化，虚拟实验的内容也需要不断更新。可以设立定期更新机制，每学期对实验内容进行审核和更新。这包括增加最新的实验项目和实验案例、更新实验器材和实验场景等。通过不断更新虚拟实验的内容，可以确保学生始终能够接触到最新的学科知识和实验技能，从而更好地适应社会的发展需求。

第四，虚拟实验操作培训。为了提高教师和学生的虚拟实验操作能力，可以定期开展虚拟实验操作培训。培训内容可以包括虚拟实验平台的使用、虚拟实验设计与制作、实验数据分析与报告撰写等方面。通过培训，教师和学生可以熟练掌握虚拟实验的操作方法，提高实验效率和准确性。同时，培训还可以帮助教师和学生更好地理解和应用虚拟实验技术，推动其在教育教学中的广泛应用。

第五，虚拟实验效果评估。为了了解虚拟实验的实施效果，可以定期评估学生的实验操作能力和实验效果。评估可以通过多种方式进行，如实验操作考核、实验报告评价、学生反馈等。评估结果应该及时反馈给教师和学校管理层，以便他们了解虚拟实验在教学中的实际作用，并据此进行后续改进和优化。通过评估，可以不断提高虚拟实验的实效性，为学生的学习和发展提供更好的支持。

（二）模拟教学

模拟教学是指通过仿真技术，模拟真实的教学场景，帮助学生进行实际操作和学习。模拟教学可以弥补教学资源不足和打破教学条件限制，提供更多的学习机会，帮助学生掌握实际操作技能和实际应用能力。具体措施如下：

第一，建立模拟教学平台。一个先进的模拟教学平台，应当具备高度的仿真性和互动性，能够还原真实的教学场景，使学习者身临其境地进行学习和操作。这样的平台通常集成了教学场景设计、教学操作、教学评价等多个功能，为学习者提供了极大的便利。同时，平台上的教学资源应当丰富多样，包括各类模拟软件、教学视频、在线教程等，以满足不同学习者的需求。

第二，开发模拟教学制作工具。这些工具应当具备易用性、高效性和可扩展性等特点，使教师能够轻松设计和制作出高质量的模拟教学。工具支持的教学场景和操作应当多样化，以覆盖不同的学科领域和教学需求。同时，工具还应提供丰富的教学素材和模板，帮助教师快速制作出符合教学要求的模拟教学。

第三，定期更新模拟教学内容。随着学科知识的不断更新和教学要求的不断提高，模拟教学的内容也需要与时俱进。因此，应当设立定期更新机制，对模拟教学的内容进行定期审核和更新。这不仅可以确保教学内容始终与最新的学科发展和教学要求保持一致，还能够激发学习者的学习兴趣和积极性。

第四，模拟教学操作培训。由于模拟教学涉及一定的技术操作，因此需要对教师和学生进行相关的培训。培训内容包括模拟教学平台的使用、模拟教学设计与制作、教学评价与反馈等。通过培训，教师和学生可以熟练掌握模拟教学的操作方法，提高教学效果和学习效果。

第五，模拟教学效果评估。通过定期评估模拟教学的实施效果，可以了解学习者的实际操作能力和教学效果。评估结果应反馈给教师和学校管理层，作为后续模拟教学改进和优化的依据。这样，可以不断提高模拟教学的实效性，为学习者提供更好的学习体验和学习效果。

五、在线学习与远程教育

在线学习与远程教育是信息化管理在教学中的重要应用。通过互联网，学生可以随时随地在线学习，不受时间和空间的限制。同时，远程教育为偏远地区的学生提供了更多的学习机会，促进了教育的公平和普及。

（一）在线学习平台

在线学习平台是指通过互联网提供的学习管理系统。学生可以通过平台进行在线学习、获取学习资源、参加在线考试、进行在线交流等。在线学习平台不仅方便了学生的学习，还提高了学习的自主性和灵活性。具体措施如下：

第一，开发和推广在线学习平台。开发在线学习平台需要学校投入大量的资金和技术资源，以确保平台的稳定性和功能完备性。首先，一个优秀的在线学习平台，应当具备课程管理、学习资源管理、在线考试、成绩查询等一系列功能，以满足学生多样化的学习需求。其次，平台的界面设计也至关重要，它应该简洁明了，易于操作，使学生能够轻松上手。在平台推广方面，学校可以采取多种措施。例如，通过官方网站、社交媒体等渠道发布平台信息，让学生了解平台的优势和特点。最后，还可以举办线上或线下的推广活动，邀请学生亲自体验平台的功能和便利，从而激发他们的学习兴趣和积极性。

第二，建立平台使用指南和培训机制。使用指南应该详细而全面，涵盖平台的各项功能和操作步骤。同时，学校还应定期开展平台使用培训，帮助学生快速掌握平台的使用方法。培训内容可以包括平台功能介绍、常见问题解决等，以确保学生在使用过程中能够得心应手。

第三，平台的定期维护和更新。随着技术的不断进步和用户需求的变化，平台需要不断更新和完善以满足新的需求。学校应设立专门的技术团队，负责平台的日常维护和更新工作。他们需要及时修复平台中的漏洞和解决错误，提升平台的功能和性能，确保平台的稳定运行。

第四，用户反馈机制。首先，学校应建立有效的反馈机制，鼓励学生积极提出对平台的意见和建议。这些反馈可以帮助学校了解学生在使用过程中遇到的问题和困难，从而有针对性地改进和优化平台的功能和操作界面。其次，学校还应积极回应学生的反馈，让他们感受到自己的意见和建议得到了重视和关注。

第五，数据安全与隐私保护。平台涉及大量的个人信息和学习数据，一旦泄露或被滥用，将给学生带来严重的后果。因此，学校必须采取有效的加密措施并建立完善的数据备份和恢复机制，确保用户数据的安全和完整。同时，学校还应加强对学生隐私的保护意识教育，让他们在使用平台时更加谨慎和注意自己的隐私安全。

（二）远程教育

远程教育是指通过互联网进行的教育活动。远程教育可以为偏远和贫困地区的学生提供优质的教育资源，帮助他们获得更多的学习机会。同时，远程教育也可以为在职人员和其他无法亲临课堂的学生提供继续教育的机会，促进终身学习。具体措施如下：

第一，建立远程教育平台。在构建远程教育平台的过程中，要充分考虑其稳定性和可拓展性。首先，平台应当采用先进的技术架构，确保学生在任何时间、任何地点都能稳定地访问和学习。其次，为了满足不同学生的学习需求，平台应支持多种学习模式，如自主学习、协作学习、项目式学习等。最后，远程教育平台还应具备强大的资源管理能力。除了基本的课程管理功能，还应包括学习资源的上传、下载、分享和评论等，让学生能够轻松地获取和利用各类学习资源。在线考试和成绩查询功能也应进一步完善，确保考试的公正性和成绩的准确性。

第二，开发远程教育课程。远程教育课程的开发是一个系统性的过程，需要充分考虑学生的实际需求和学习特点。首先，在课程内容的选择上，应注重课程的实用性和前沿性，确保学生能够学到真正有价值的知识和技能。其次，课程形式也应多样化，包括视频教程、音频讲座、在线互动等，以满足不同学生的学习习惯和需求。最后，为了确保课程质量，还应建立严格的课程审核机制。在课程开发过程中，应对课程内容、教学方法、教学效果等方面进行全面的评估，确保课程符合教学要求和学生需求。

第三，定期评估和更新远程教育课程。为了确保远程教育课程的内容始终与最新的学科发展和教学要求保持一致，应建立定期评估和更新机制。每学期结束后，教师和管理人员应对课程内容进行全面的审核和评估，了解学生的学习情况和反馈意见，并根据评估结果对课程进行相应的调整和优化。此外，还应密切关注学科发展的最新动态和趋势，及时将最新的学科知识和教学案例引入课程，保持课程的先进性和前瞻性。

第四，远程教育教学支持。远程教育教学支持是确保教学质量的关键环节。为了帮助学生顺利完成远程学习任务，学校应提供全方位的教学支持服务。这包括远程教学辅导、学习资源支持、学习进度跟踪等。远程教学辅导可以通过在线答疑、视频讲解等方式进行，帮助学生解决学习中的困惑和难题。学习资源支持则包括提供丰富的学习资料、参考书籍、学习软件等，让学生在学习过程中得到充分的支持和帮助。学习进度跟踪则可以通过学习平台的数据分析功能实现，让教师能够及时了解学生的学习情况和学习进度，为教学提供有力的支持。

第五，远程教育效果评估。远程教育效果评估是了解学生学习情况和学习效果的重要手段。通过定期评估远程教育的实施效果，可以了解学生的学习进度、学习成果以及存在的问题和不足。评估结果应反馈给教师和学校管理层，作为后续远程教育课程调整和优化的依据。在评估过程中，还要注重数据的真实性和客观性，采用多种评估方法和手段进行综合评价。同时，还应关注学生的学习体验和反馈意见，不断改进和优化远程教育的各个环节和流程，提高远程教育的实效性和质量。

（三）在线交流与互动

在线交流与互动是在线学习与远程教育的重要组成部分。通过在线交流与互动，学生可以与教师和同学进行实时交流和互动，解决学习中的问题、促进学习的深入。具体措施如下：

第一，建立在线交流平台。一个功能完善的在线交流平台是确保在线交流与互动顺利进行的基础。这样的平台需要支持多种交流方式，如文字聊天、语音聊天、视频聊天等，以满足不同学生的交流需求。文字聊天方便快捷，适用于日常的学习交流和简单的问题解答；语音聊天则能更直接地传达情感和语气，使交流更加生动；视频聊天则能更真实地模拟面对面的交流场景，增强交流的互动性和真实感。在平台的开发或引进过程中，还需要考虑其稳定性和安全性。稳定性是确保平台能够持续、稳定地提供服务的关键，而安全性则是保障学生隐私和信息安全的重要前提。

第二，开发在线交流工具。在线交流工具的作用在于帮助学生与教师、同学进行更加深入、有效的交流。这些工具可以包括文件共享、屏幕共享、在线讨论等。文件共享功能可以方便学生分享学习资料、作业和作品等；屏幕共享则能让学生在远程演示、讲解和演示时更加直观、生动地表达自己的观点；在线讨论则能让学生就某个问题或主题进行深入的探讨和交流。这些工具的开发需要充分考虑了学生的使用习惯和需求，确保它们易于上手、操作简便。同时还需要不断优化和完善这些工具的功能和性能，以满足学生不断变化的交流需求。

第三，定期开展在线交流活动。定期组织在线交流活动是促进学生之间互动和交流的有效途径。这些活动可以包括在线讨论、在线答疑、在线学习小组等。在线讨论可以让学生就某个问题或主题进行深入的探讨和交流；在线答疑则能帮助学生及时解决学习中遇到的问题；在线学习小组则能让学生在小组内共同学习、讨论和解决问题。这些活动的组织需要充分考虑学生的参与意愿和兴趣点，确保活动的吸引力和实效性。同时还需要为这些活动提供必要的支持和指导，确保它们能够顺利进行并取得预期的效果。

第四，在线交流培训。为了提高学生和教师的在线交流能力，高校需要定期开展在线交流培训。这些培训可以包括在线交流平台的使用、在线交流技巧、在线讨论的组织与管理等内容。通过培训，学生可以更好地掌握在线交流的方法和技巧，提高交流的效率和效果；教师则可以更好地指导学生进行在线学习和交流，提高教学的质量和效果。

第五，在线交流效果评估。定期评估在线交流的实施效果是确保在线交流持续、有效进行的重要措施。评估可以通过问卷调查、访谈、观察等方式进行，了解学生和教师的交流情况和交流效果。评估结果应及时反馈给学生和教师，帮助他们了解自己在交流中存在的问题和不足，并为他们提供改进和优化的建议。同时还需要根据评估结果对在线交流活动进行调整和优化，以提高在线交流的实效性和针对性。

第三节　教学质量监控与持续改进机制的构建

在工商管理教学中，构建有效的教学质量监控与持续改进机制是提升教学效果、培养高素质管理人才的重要保障。以下是构建教学质量监控与持续改进机制的几个关键步骤。

一、明确教学质量标准

明确教学质量标准是教学质量监控的基础。科学合理的教学质量标准能够为教学活动提供明确的方向和评估依据。

（一）制定教学质量标准

教学质量标准应涵盖教学内容、教学方法、教学效果等多个方面。学校可以依据国家教育政策和自身教学实际情况，制定详细的教学质量标准。具体措施如下：

第一，组建教学质量标准委员会。在组建教学质量标准委员会时，应强调其成员的多元性和专业性。委员会应由资深的教学专家、一线教师代表、管理人员以及行业内的专业人士共同组成。这样的组合能够确保教学质量标准在制定过程中能够充分考虑到各方的需求和利益，同时也能够确保标准的科学性和实用性。在委员会的工作中，要建立有效的沟通机制，确保各方意见能够得到充分的表达和讨论。此外，委员会还需要定期召开会议，对教学质量标准的制定和修订进行深入的讨论和研究。

第二，参考国内外先进标准。在制定教学质量标准时，应广泛参考国内外先进的教育标准和经验。这不仅可以提供宝贵的参考和借鉴，还可以帮助制定者更好地了解国际教育的最新动态和发展趋势。例如，可以参考国际商学院协会（AACSB）的认证标准，制定与国际接轨的工商管理教学质量标准。同时，还需要结合学校的实际情况和特色，对标准进行适当的调整和完善。这样的教学质量标准不仅能够满足国际认证的要求，还能够更好地适应学校的教学实际。

第三，分层次制定标准。针对不同学段、不同学科和不同类型的课程，应制定相应的教学质量标准。这些标准应具体明确、便于操作和评估。对于本科生、研究生和工商管理硕士（MBA）项目等不同的学段和类型，需要制定不同层次的教学质量标准。这些标准应充分考虑学生的知识背景、学习需求和职业发展方向等因素，确保教学质量能够满足学生的实际需求。同时，还需要针对不同学科的特点和要求，制定相应的教学质量标准。这些标准应明确教学目标、教学内容、教学方法和评估方式等方面的要求，确保教学质量能够达到学科的专业标准和要求。

第四，定期修订和更新。教学质量标准应随教育发展和教学实际情况的变化进行定期修订和更新。这不仅可以确保标准的时效性和适应性，还可以促进教学质量的持续改进和提升。首先，学校应设立定期评估机制，对教学质量标准进行全面评估和修订。在评估过程中，要收集和分析各方面的数据和反馈意见，了解教学质量标准的实施情况和存在的问题。其次，还需要对教育发展的新趋势和新技术进行深入的研究和探讨，以便及时将新的理念和技术融入教学质量标准。在修订和更新教学质量标准时，要保持与国内外先进标准的同步更新，确保学校的教学质量能够与国际接轨。最后，还需要充分考虑学校的实际情况和特色，确保修订后的教学质量标准能够更好地适应学校的教学实践和发展需求。

（二）宣传和培训

制定教学质量标准后，学校应通过多种途径进行宣传和培训，使教师和学生了解和掌握这些标准。具体措施如下：

第一，教学质量标准手册的精心设计与发放。教学质量标准手册是宣传与培训的重要工具。手册的设计应充分考虑内容的丰富性、可读性和实用性。首先，手册应明确列出各项教学质量标准，并配以详细的解释和说明，使教师和学生能够清晰理解每一项标准的具体要求。其次，手册中还应包含实施指南，详细阐述如何在教学过程中贯彻这些标准，包括教学方法、教学资源的选择与利用等方面。最后，手册还应介绍评估方法，使教师能够准确评估自己的教学质量，并据此进行改进。在手册的发放上，学校应确保每位教师和学生都能获得一份。可以通过班级为单位进行发放，也可以通过学校的图书馆、资料室等场所供师生免费取阅。此外，学校还可以将手册电子版上传至学校网站或在线学习平台，方便师生随时下载和查阅。

第二，宣讲活动的组织与实施。宣讲活动是宣传教学质量标准的有效途径。学校应定期组织宣讲活动，如讲座、研讨会、培训班等，邀请专家或校内优秀教师进行主讲。宣讲内容应紧密围绕教学质量标准展开，深入浅出地介绍标准的内容和实施方法。同时，宣讲活动应注重互动与交流，鼓励师生提问和讨论，以提高宣讲效果。在宣讲活动的组织上，学校可以采用线上线下相结合的方式。线上宣讲可以利用网络直播、视频会议等技术手段，使更多师生能够参与进来；线下宣讲则可以通过面对面的交流方式，增强师生的互动和体验。此外，学校还可以根据不同年级、不同学科的特点和需求，组织有针对性的宣讲活动。

第三，教师和管理人员的专项培训。针对教学质量标准的实施，开展专项培训是提高教师和管理人员实施能力的有效途径。培训内容应包括标准的解读、实施方法、评估技巧等方面。在培训过程中，可以结合实际案例进行分析和讨论，帮助教师和管理人员更好地理解和掌握标准。同时，培训还应注重实践性和操作性，使教师和管理人员能够在实践中不断提高自己的实施能力。在培训的组织上，学校可以邀请校外专家或校内优秀教师进行授课；也可以采用工作坊、研讨会等形式进行交流和分享。此外，学校还可以利用在线学习平台开展远程培训，方便教师和管理人员随时随地进行学习和提升。

第四，在线学习平台的充分利用。在线学习平台为教学质量标准的宣传与培训提供了更加便捷的途径。学校可以利用在线学习平台开设教学质量标准学习课程，方便师生随时随地进行学习和自我提升。课程内容应丰富多样，包括标准的解读、实施方法、评估技巧等方面；还应结合实际案例进行分析和讨论，提高学习效果。在在线学习平台的建设上，学校可以借鉴国内外优秀在线教育平台的经验和做法；也可以与相关企业或机构进行合作，共同打造符合学校实际需求的在线学习平台。此外，学校还应加强对在线学习平台的宣传和推广，鼓励师生积极利用这一平台进行学习和交流。

二、数据驱动的质量监控

利用信息技术手段，建立数据驱动的教学质量监控系统。通过数据采集和分析，及时发现教学中存在的问题，并进行针对性的改进。

（一）建立教学数据采集系统

教学数据采集是现代教育体系中不可或缺的一环，不仅是数据驱动质量监控的基石，更是推动教育教学改革和提升教学质量的关键所在。在这一过程中，教学数据采集的全面性、准确性和规范性显得尤为重要。具体措施如下：

第一，开发教学数据采集系统。教学数据采集系统不仅是技术的体现，更是教育理念和教学策略的延伸。学校应投入足够的资源，结合自身的实际情况，开发或引进一套高效、稳定、先进的教学数据采集系统。这套系统应能够自动采集和记录教学过程中的各项数据，包括但不限于课堂教学视频、音频、文字记录、作业提交情况、考试成绩、学生课堂参与程度等。通过这些数据的采集，学校可以更加全面、准确地了解学生的学习状况和教学效果。

第二，制定数据采集标准。数据采集标准的制定是确保数据采集工作规范性和一致性的基础。首先，学校应组织相关专家和教师，根据教学实际需求，制定详细的数据采集标准。这些标准应涵盖数据采集的时间、频率、内容、格式等多个方面，确保每一项数据都有明确的采集要求和标准。其次，学校还应定期更新和完善数据采集标准，以适应教学发展的需要。

第三，数据采集培训。数据采集工作的顺利开展离不开教师和管理人员的支持。因此，学校应定期开展数据采集培训，提高他们的数据采集能力。培训内容应包括数据采集系统的使用、数据采集标准的解读、数据采集的实际操作等。通过培训，教师和管理人员可以更加熟练地掌握数据采集方法，提高数据采集的效率和准确性。

第四，数据质量控制。数据质量是教学数据采集工作的生命线。首先，为了确保数据的准确性和可靠性，学校应建立数据质量控制机制。这一机制应包括数据的审核、校验、评估等多个环节。其次，学校应设立专门的数据质量控制团队，定期对采集到的数据进行检查和评估，发现并解决数据质量问题。最后，学校还应建立数据质量反馈机制，及时将数据质量情况反馈给教师和管理人员，以便他们改进数据采集工作。

（二）数据分析与评估

通过对采集到的数据进行深入分析，了解教学效果和学生学习情况，及时发现教学中的问题，为教学改进提供科学依据。具体措施如下：

第一，开发数据分析系统。学校应高度重视数据分析系统的开发或引进工作。一个先进的数据分析系统应具备多种功能，以满足不同层级和领域的数据分析需求。首先，系统应能够全面收集教学数据，包括学生的学习成绩、作业完成情况、课堂表现等，以及教师的教学日志、课程评价等。这些数据将为后续的分析提供丰富的素材。其次，系统应具备强大的数据统计功能，能够对数据进行分类、汇总、排序等操作，帮助用户快速了解数据的整体情况。再次，系统还应支持数据挖掘技术，能够发现数据中的潜在规律和关联，为教学改进提供有价值的线索。最后，系统应提供数据可视化功能，将复杂的数据以直观、易懂的形式展现出来，帮助用户更好地理解数据。例如，可以使用柱状图、折线图、饼图等图表形式展示数据，或者使用地图、热力图等空间数据可视化工具展示不同区域或群体的数据分布情况。

第二，定期发布数据分析报告。学校应定期编制和发布数据分析报告，以全面、系统地呈现教学数据和评估结果。报告内容应包括以下几个方面：①教学效果评估。对学生的学习成绩、课堂表现等数据进行分析，评估教学效果是否达到预期目标。同时，还可以对比不同课程、不同教师、不同班级之间的教学效果差异，为教学改进提供参考。②学生学习情况分析。深入了解学生的学习状态和需求，包括学生的学习成绩变化趋势、学习困难点、学习兴趣等。这些数据将帮助教师更好地了解学生，从而制订更加符合学生需求的教学计划。③教学问题诊断。通过数据分析发现教学中存在的问题和不足，如教学方法不当、课程难度过高或过低等。这些问题将成为教学改进的重点方向。

第三，数据分析培训。为了提高教师和管理人员的数据分析能力，学校应定期开展数据分析培训。培训内容应包括以下几个方面：①数据分析工具的使用。介绍常用的数据分析工具和软件，如Excel、SPSS、R等，并教授如何使用这些工具进行数据分析。②数据分析方法的选择。介绍不同的数据分析方法，如描述性统计分析、推断性统计分析、数据挖掘等，并教授如何根据具体问题和数据类型选择合适的方法。③数据分析结果的解读与应用。教授如何解读数据分析结果，并将其应用于教学改进和管理决策中。例如，可以根据学生的学习成绩变化趋势调整教学策略，或者根据教学问题诊断结果改进教学方法。

第四，建立数据分析团队。首先，为了保障数据分析工作的专业性和系统性，学校应设立专门的数据分析团队。团队成员应具备丰富的教学经验和数据分析能力，能够深入挖掘数据中的信息，为教学改进提供科学支持。其次，团队成员之间应建立良好的协作机制，共同推进数据分析工作。最后，学校还应为数据分析团队提供必要的支持和资源保障，如提供先进的数据分析工具、建立数据分析数据库等。

（三）数据驱动的教学改进

根据数据分析结果，制定和实施数据驱动的教学改进措施，提升教学质量。具体措施如下：

第一，制订教学改进计划。教学改进计划并非一蹴而就，而是需要基于数据分析结果，结合学校的实际情况，进行有针对性的规划。首先，要明确数据分析揭示的教学问题，例如学生成绩分布、知识点掌握情况、课堂参与度等。其次，基于这些问题，设定明确且具体的改进目标，例如提高学生的整体成绩、改善某一学科的教学效果等。再次，针对每一个目标，制定相应的措施，如优化教学内容、改进教学方法、提高教学技巧等。最后，还需要制定一个合理的时间表，确保各项改进措施能够有条不紊地推进。在制订教学改进计划时，还需要考虑一些可能影响实施效果的外部因素，如学生基础、教师教学水平、学校教学资源等。这些因素可能会影响改进目标和措施，因此要对其进行充分考虑和评估。

第二，教学改进支持与资源。为了确保教学改进计划的顺利实施，学校需要提供必要的支持和资源。首先，学校可以组织教学培训，帮助教师掌握新的教学方法和技巧，提高教学水平。其次，学校可以提供丰富的教学资源，如教学课件、教学视频、教学案例等，为教师提供多样化的教学选择。再次，学校可以引进先进的教学技术，如智慧教室、在线教学平台等，提高教学效率和质量。除了提供物质层面的支持和资源，学校还需要在精神层面给予教师充分的鼓励和支持。最后，学校可以建立激励机制，对在教学改进中取得显著成果的教师进行表彰和奖励，激发教师的积极性和创造力。

第三，改进效果评估与反馈。教学改进是一个持续的过程，要定期评估改进措施的实施效果，了解教学改进的实际效果和存在的问题。评估可以通过多种方式进行，如学生成绩分析、教师反馈、课堂观察等。评估结果应及时反馈给教师和管理部门，帮助他们了解教学改进的实际效果，发现存在的问题和不足，为后续的改进计划提供调整和优化的依据。在评估过程中，还需要注意评估结果的客观性和公正性。评估结果应该基于真实的数据和事实，避免主观臆断和偏见。同时，还需要对评估结果进行深入的分析和解读，找出问题的根源和解决方案。

第四，数据驱动的教学反思。教学反思是提高教学质量的关键环节。在数据驱动下的教学反思中，要根据数据分析结果和改进效果，深入反思教学中的优点和不足。教师可以通过反思发现自己的教学方法和策略是否有效、是否符合学生的学习需求等。同时，教师还需要关注学生的学习情况和反馈，及时调整自己的教学方法和策略。为了促进教师的教学反思，学校可以提供相应的培训和指导。学校可以组织专家对教师的教学进行点评和指导，帮助教师发现教学中的问题并提出改进建议。此外，学校还可以建立教学反思的分享平台，让教师相互学习、交流和分享教学经验和成果。

三、持续改进机制

建立教学质量持续改进机制，确保教学质量的不断提升。包括定期开展教学质量评估，制订改进计划，实施改进措施，并进行效果评估和反馈。

（一）定期教学质量评估

定期开展教学质量评估，了解教学效果和学生的学习情况，为教学改进提供科学依据。具体措施如下：

第一，制订评估计划。评估计划是教学质量评估的起点和基础。在制订评估计划时，学校应充分考虑教学的实际情况和需要，确保评估的全面性和系统性。首先，评估计划应明确评估的时间安排。这包括评估的周期、具体时间节点以及评估的持续时间等。合理的时间安排能够确保评估工作的有序进行，避免评估工作与教学活动的冲突。其次，评估计划应详细规定评估的内容。这包括教学目标达成情况、教学方法运用、教学效果等多个方面。评估内容应全面覆盖教学的各个环节，确保评估的准确性和客观性。最后，评估计划还应明确评估的方法和步骤。评估方法应科学合理，具有可操作性和可信度。评估步骤应清晰明确，确保评估工作的顺利进行。

第二，评估方法多样化。教学质量评估的方法多种多样，学校应根据实际情况选择适合的评估方法。课堂观察是评估教学质量的重要方法之一。通过观察教师的教学过程、学生的参与情况以及课堂氛围等，可以直观了解教学的实际情况。同时，课堂观察还可以发现教学中的问题和不足，为教学改进提供方向。学生问卷调查是了解学生学习情况和教学效果的有效途径。通过问卷调查，可以收集学生对教学的意见和建议，了解学生的学习需求和困惑。这些信息和数据可以为教学改进提供重要的参考依据。教师自评和同行评议也是评估教学质量的重要手段。教师自评可以帮助教师反思自己的教学过程和效果，发现自身存在的问题和不足；同行评议则可以从专业的角度对教师的教学进行评价和建议，促进教师之间的交流和合作。此外，管理部门评价也是评估教学质量的重要一环。管理部门可以从学校层面了解教学质量情况，提出改进意见和建议，推动教学质量的整体提升。

第三，评估结果分析。对评估结果进行深入分析是教学质量评估的关键环节。通过对评估结果的分析，可以发现教学中的优点和不足，提出改进建议。首先，应对教学效果进行评估。这包括学生对知识的掌握程度、技能的提升情况以及思维能力的培养等方面。通过对比教学目标和评估结果，可以了解教学效果是否达到了预期目标。其次，应对学生的学习情况进行分析。这包括学生的学习态度、学习方法以及学习困难等方面。通过分析学生的学习情况，可以了解学生的学习需求和困惑，为教学改进提供了方向。最后，应对教学问题进行诊断。通过评估结果的分析和对比，可以发现教学中存在的问题和不足。这些问题可能涉及教学方法、教学内容、教学资源等多个方面。针对这些问题进行诊断和分析可以为教学改进提供具体的建议和方向。

第四，评估结果反馈。评估结果的及时反馈是教学质量评估的重要环节。学校应建立评估结果反馈机制确保反馈的及时性和有效性。首先，评估结果应及时反馈给教师。教师可以通过反馈了解自己的教学情况和存在的问题与不足，从而进行针对性的改进和提升。同时学校还可以为教师提供改进的建议和资源支持帮助他们提高教学质量。其次，评估结果也应反馈给相关部门，如教务处、学生处等。这些部门可以根据评估结果了解教学质量情况，从而制定相应的管理政策和措施推动教学质量的整体提升。最后，学校还可以通过公示或通报的方式将评估结果告知全校师生让更多人了解教学质量情况，促进全校师生对教学质量的关注和参与。

（二）制订改进计划

根据评估结果，制订详细的教学改进计划，明确改进目标、措施和时间表，确保改进工作的有效性和可操作性。具体措施如下：

第一，教学改进目标的细化与深入。在制订教学改进目标时，要确保目标的具体性、明确性、可操作性和可测量性。具体来说，可以从以下几个方面进行细化与深入：①明确目标的具体内容。目标应明确到具体的学科、年级、知识点或技能点，以便更加精准地定位问题并进行改进。②设定可量化的指标。为了衡量改进的效果，要设定可量化的指标，如学生的平均成绩、及格率、优秀率等。这些指标能够直观地反映改进工作的成果。③考虑学生的个体差异。在制定目标时，需要充分考虑到学生的个体差异，如学习能力、兴趣爱好等。通过设定个性化的目标，可以更好地满足学生的需求，提高教学效果。④结合课程标准和教育政策。目标的设定还需要结合课程标准和教育政策，确保教学工作符合国家的教育方针和政策要求。

第二，教学改进措施的详细规划与落实。在制定教学改进措施时，要确保措施的具体性、明确性、可操作性和可实施性。具体来说，可以从以下几个方面进行规划与落实：①教学方法的改进。可以尝试引入新的教学方法，如探究式学习、合作学习等，以激发学生的学习兴趣和主动性。同时，还可以根据学科特点和学生需求，调整教学节奏和方式，提高教学效果。②教学内容的更新与优化。可以定期评估教材内容和教学资源，确保其与学生的实际需求和时代发展相契合。同时，还可以结合学生的反馈和评估结果，对教学内容进行适时的调整和更新。③课堂管理的改进。可以加强对课堂纪律的管理和维护，确保教学秩序的良好运行；还可以关注学生的学习状态和心理变化，及时给予指导和帮助。④教师专业发展的提升。可以组织定期的教师培训和研讨活动，提升教师的专业素质和教育教学能力。通过学习和交流，可以借鉴他人的成功经验和方法，不断完善自己的教学工作。

第三，改进时间表的合理安排与监控。在制定改进时间表时，要确保时间表的科学合理性和可操作性。具体来说，可以从以下几个方面进行安排与监控：①明确时间节点的设定。可以根据改进工作的实际情况和需求，设定合理的时间节点，确保改进工作的有序进行和按时完成。②考虑资源的分配与协调。在制定时间表时，还需要充分考虑资源的分配和协调问题。通过合理的资源调度和安排，可以确保改进工作的顺利进行和高效完成。③监控时间表的执行情况。在执行时间表的过程中，要对进度进行实时监控和评估。通过及时的反馈和调整，可以确保改进工作的顺利进行和按时完成。

第四，改进责任人的明确与落实。在明确教学改进的责任人时，要确保责任人具备相应的专业知识和能力，并能够有效组织和实施改进工作。具体来说，可以从以下几个方面进行明确与落实：①明确责任人的职责和权力。要明确责任人的职责和权力范围，确保其在改进工作中具有足够的决策权和执行力。②提供必要的支持和保障。要为责任人提供必要的支持和保障，如人力、物力、财力等方面的支持，以确保其能够顺利开展改进工作。③加强与责任人的沟通和协作。要与责任人保持密切的沟通和协作关系，及时了解改进工作的进展情况和存在的问题，并共同商讨解决方案。通过加强沟通和协作，可以确保改进工作的顺利进行和高效完成。

（三）实施改进措施

根据改进计划，组织和实施教学改进措施，确保改进工作的有效性和可操作性。具体措施如下：

第一，教学改进培训。教学改进培训是提升教师改进能力的基础。首先，在这一环节中，需要确保培训内容全面、系统且实用。培训内容除了基本的改进方法选择和实施技巧，还应包括案例分析、互动研讨等多元化形式，以便教师能够深入理解和掌握改进方法。其次，培训的形式可以多样化，如线上课程、工作坊、研讨会等，以满足不同教师的需求。在培训过程中，还要注重教师的实践操作能力。可以组织教师进行教学改进的实践演练，通过实际操作来加深对改进方法的理解。最后，鼓励教师之间互相交流和分享经验，形成共同进步的良好氛围。

第二，教学改进资源。提供丰富的教学改进资源是确保改进工作顺利进行的关键。这些资源应包括但不限于教学培训、教学资源、教学技术等。首先，教学培训资源应涵盖各个学科领域，以满足不同学科教师的需求。其次，教学资源应丰富多样，包括教材、教辅材料、教学案例等，以便教师能够根据学生的实际情况进行选择和调整。最后，教学技术资源应与时俱进，包括多媒体教学资源、在线教学平台等，以提高教学的效率和质量。为了确保这些资源能够得到有效利用，还需要建立健全的资源管理制度。例如，可以建立教学资源库，对各类资源进行统一管理和共享；还可以组织教学资源开发团队，定期更新和丰富教学资源库。

第三，教学改进支持。提供教学改进支持是确保改进工作顺利进行的重要保障。支持内容应包括教学指导、教学技术支持、教学管理支持等。在教学指导方面，可以组织专家团队对教师的改进工作进行指导和评估，帮助教师发现问题并提出解决方案；在教学技术支持方面，可以提供技术支持团队，为教师提供技术培训和帮助解决技术问题；在教学管理支持方面，可以建立健全的教学管理制度和流程，确保改进工作的有序进行和按时完成。此外，还可以建立教学改进交流平台，鼓励教师之间互相交流和分享经验。通过平台上的互动和讨论，教师可以互相学习、共同进步，形成积极向上的教学改进氛围。

第四，教学改进监督。对教学改进工作进行监督是确保改进措施有效实施的重要手段。监督内容应包括改进计划的执行情况、改进措施的实施效果、改进目标的达成情况等。为了确保监督工作的有效性，可以建立教学改进监督小组或委员会，负责对改进工作进行定期检查和评估。同时，还可以建立教学改进工作日志或报告制度，要求教师对改进工作的进展情况进行记录和报告，以便及时发现问题并进行调整。

（四）改进效果评估与反馈

定期评估教学改进措施的实施效果，了解教学改进的实际效果和存在的问题。评估结果应反馈给教师和管理部门，作为后续改进计划调整和优化的依据，不断提高教学改进的实效性。具体措施如下：

第一，制定评估方案。学校应充分认识到评估方案的重要性，它是整个评估工作的基础。在制定评估方案时，学校需要明确评估的时间节点，确保评估工作的连贯性和系统性。同时，评估的内容应全面涵盖教学改进的各个方面，包括但不限于教学方法、教学内容、教学资源等。评估方法的选择应基于实际情况，确保评估结果的科学性和可信度。评估步骤的设定应清晰明了，便于执行和监控。在制定评估方案时，学校还应注重方案的可行性和可操作性。这意味着评估方案应考虑到学校的实际情况，如师资力量、教学资源、学生特点等，确保评估工作能够顺利进行。同时，评估方案应具有灵活性，能够根据评估过程中的实际情况进行调整和优化。

第二，评估方法多样化。评估方法的多样化是确保评估结果全面、准确的关键。学校应采用多种评估方法，以全面了解教学改进的效果。课堂观察是一种直接、有效的评估方法，能够直接观察教师的教学行为和学生的学习状态；学生问卷调查则能够收集学生对教学改进的真实感受和建议，为评估提供重要参考；教师自评和同行评议则能够从教师的角度了解教学改进的效果和存在的问题；管理部门评价则能够从学校管理的角度对教学改进进行评估和指导。在采用多种评估方法时，学校应注重各种方法之间的互补性和协同性。不同的评估方法各有优缺点，通过综合运用各种方法，可以相互补充、相互印证，提高评估结果的准确性和可信度。

第三，评估结果分析。对评估结果进行深入分析是确保评估工作发挥实效的关键。学校应对评估结果进行全面、细致的分析，了解教学改进的实际效果和存在的问题。分析内容应包括改进措施的实施效果、改进目标的达成情况、改进过程中的问题和困难等。通过深入分析评估结果，学校可以找出教学改进中的优点和不足，为后续改进提供科学依据。在分析评估结果时，首先，学校应注重数据的真实性和可靠性。其次，学校应注重分析结果的客观性和公正性，避免主观臆断和偏见。最后，学校还应注重分析结果的针对性和实用性，确保分析结果能够真正为教学改进提供有价值的参考。

第四，评估结果反馈。评估结果反馈是确保评估工作发挥实效的重要环节。学校应建立评估结果反馈机制，确保评估结果能够及时、有效地反馈给教师和相关部门。反馈的内容应明确、具体，能够指出教学改进中的优点和不足，并提出具体的改进建议。学校通过及时反馈评估结果，可以激发教师的积极性和创造性，推动教学改进工作的不断深入。在建立评估结果反馈机制时，首先，学校应注重反馈的及时性和有效性。最后，学校应注重反馈的针对性和个性化，确保反馈内容能够真正满足教师和相关部门的需求。其次，学校还应注重反馈的持续性和连贯性，确保评估结果反馈能够贯穿整个教学改进过程。

四、激励与奖惩机制

建立激励与奖惩机制，激发教师和学生的积极性。对于教学质量优秀的教师和学生给予奖励，对于教学质量不达标的教师和学生进行帮助和督促，不断提升整体教学水平。

（一）教师激励机制

通过建立教师激励机制，激发教师的教学积极性和创造力，提高教学质量。具体措施如下：

第一，教学奖励制度的设立与运行。教学奖励制度是激励教师最直接、最有效的方法之一。学校应制定一套详尽、公正、透明的教学奖励制度，确保每位教师的工作都能得到应有的认可。奖励的形式应多样化，以满足不同教师的需求。首先，奖金是最直接的经济激励方式。学校可以根据教师的教学效果、学生评价、教学成果等因素，设定不同级别的奖金，以此激励教师不断提高教学水平。同时，这种奖励方式也能为教师带来一定的物质满足感，提高教师的生活品质。其次，荣誉称号是另一种重要的精神激励方式。学校可以设立诸如"优秀教师""教学能手"等荣誉称号，对在教学工作中表现突出的教师进行表彰。这些荣誉称号不仅是对教师工作的认可，更是对教师个人价值的肯定，能够极大地激发教师的工作热情。最后，晋升机会也是教师极为关注的一种奖励方式。学校应建立公正的晋升机制，让教学效果好、贡献突出的教师有更多的晋升机会。这种奖励方式能够让教师看到自己在职业发展道路上的希望，从而更加努力地工作。

第二，教师评优评先活动的组织与实施。教师评优评先活动是对教师工作的一种全面评价，也是树立教学榜样、激励其他教师学习的重要途径。学校应定期组织此类活动，评选出优秀教师、优秀班主任、优秀教学团队等。在评选过程中，学校应设立科学的评价标准，确保评选结果公正、公平。同时，学校还应注重评选结果的宣传和推广，让获奖教师的优秀事迹和经验得到广泛传播，激励其他教师学习和借鉴。

第三，教师发展支持的提供与保障。教师发展是教师持续进步和提高的关键。学校应为教师提供必要的专业发展支持，如教学培训、进修机会、学术交流等。首先，教学培训是提高教师教学水平的重要途径。学校应定期组织各类教学培训活动，邀请专家学者、优秀教师等进行授课和分享经验，帮助教师更新教学理念、掌握新的教学方法和技巧。其次，进修机会也是教师发展的重要保障。学校应鼓励教师参加国内外学术会议和培训活动，为教师提供必要的经费和时间支持。通过参加这些活动，教师可以拓宽视野、了解最新的教学动态和研究成果、提升自己的学术水平和国际视野。最后，学术交流也是教师发展的重要平台。学校应积极组织或参与各类学术交流活动，为教师提供展示自己的机会和平台。通过与其他教师的交流和合作，教师可以互相学习、共同进步。

第四，教学创新奖励的设立与推进。教学创新是提高教学质量的关键环节。学校应鼓励教师进行教学创新实践，并对在教学方法、教学手段、教学内容等方面有创新成果的教师进行奖励和表彰。首先，学校应设立教学创新基金，为教师开展教学研究和创新提供必要的经费支持。通过基金的资助，教师可以更加深入地开展教学研究和创新实践，探索新的教学方法和手段、丰富教学内容和形式。其次，学校应建立教学创新成果的评选和奖励机制。对于在教学创新方面取得显著成果的教师进行表彰和奖励，以激励更多的教师参与到教学创新实践中来。这种评选和奖励机制不仅能够激发教师的创新热情和实践能力，还能够推动整个教学体系的创新和发展。

（二）学生激励机制

对于建立学生激励机制这一策略，其目的在于深入挖掘学生的潜能，点燃他们的学习热情，并使他们能更主动地投身于学习过程中，从而提升学习效果。具体措施如下：

第一，学习奖励制度。学校设立学习奖励制度，其核心目的在于通过给予学生正向反馈，来激发他们的学习动力。这种奖励不应仅仅局限于学业成绩，而应全面考虑学生的综合表现。比如，除了常规的奖学金制度外，学校可以设立各种特色奖项，如"学习进步奖""最佳学习态度奖""团队协作奖"等，以表彰在不同方面表现突出的学生。奖励的形式也应多样化，除了物质奖励如奖学金、学习用品等，还可以包括精神奖励，如荣誉称号、证书、公开表彰等。这些奖励不仅是对学生过去努力的肯定，更是对他们未来学习的一种鼓励和期许。

第二，学优评先。学优评先活动是一种树立学习榜样的方式，通过评选优秀学生、优秀班干部、优秀学习团队等，让其他学生看到身边的学习典范，从而激发他们的学习热情。这种评选应该基于学生的综合素质和表现，而不是单一的成绩标准。在评选过程中，学校应充分尊重学生的意愿和选择，让学生参与到评选过程中来，这样可以增加评选的公正性和透明度，也可以让学生更加珍视这些荣誉称号。同时，学校还应对获奖学生进行宣传，让他们的优秀事迹和成功经验成为全校学生的学习榜样。

第三，学习支持与资源。学习支持与资源是学生取得好成绩的重要保障。学校应为学生提供各种必要的学习支持和资源，如学习辅导、学习资料、学习设备等。这些支持和资源应该根据学生的实际需求进行配置，以满足他们不同的学习需求。此外，学校还应设立学习支持基金，支持学生参加国内外学术交流和比赛。这些活动不仅可以拓宽学生的视野，提高他们的学习水平，还可以培养他们的团队协作能力和创新精神。通过这些活动，学生可以更好地了解外部世界，增强自信心和竞争力。

第四，学习创新奖励。学习创新是提高学生学习效果的重要途径。学校应鼓励学生进行学习创新，对在学习方法、学习手段、学习内容等方面有创新成果的学生进行奖励和表彰。这种奖励可以是对学生创新精神的肯定，也可以是对他们创新成果的认可。为了支持学生的学习创新活动，学校应设立学习创新基金，为学生提供必要的资金和资源支持。同时，学校还应组织相关的学习创新比赛和展览活动，为学生提供展示自己创新成果的平台。这些活动不仅可以激发学生的学习兴趣和热情，还可以培养他们的创新和实践能力。

（三）教学质量监控与督导

对于教学质量不达标的教师和学生进行帮助和督导，是一项至关重要的任务，它不仅关乎个体的成长与发展，更直接影响到学校整体教学质量的提升。具体措施如下：

第一，建立督导机制。建立详细的教学质量监控与督导机制，是确保教学质量持续提升的基础。这一机制需要涵盖教学计划的执行情况、教学活动的组织与实施、教学效果等多个方面，确保督导工作的全面性和系统性。首先，教学计划是教学活动的蓝图，其执行情况直接关系到教学质量的高低。督导机制应设立专门的教学计划检查环节，定期对教师的教学计划进行审查，确保其符合教学大纲和课程目标，同时能够满足学生的实际需求。其次，教学活动的组织与实施是教学质量的直接体现。督导机制应关注教师在课堂上的表现，包括教学方法的选择、课堂管理的能力、师生互动的频率等。通过课堂观察、学生反馈等方式，收集教师的教学表现数据，为教师提供有针对性的改进建议。最后，教学效果是教学质量的核心指标。督导机制应设立多样化的教学效果评估方式，如考试、作业、实践项目等，全面了解学生的学习情况。同时，结合学生的反馈和意见，对教师的教学效果进行客观评价，为后续的改进提供依据。

第二，明确督导责任人。明确教学质量监控与督导的责任人，是确保督导工作责任落实的关键。责任人应具备相应的专业知识和能力，能够有效组织和实施督导工作。首先，学校应设立专门的教学质量监控与督导部门，负责全面规划和组织督导工作。该部门应配备专业的督导人员，具备丰富的教学经验和扎实的专业知识，能够为教师提供有针对性的指导和帮助。其次，各教学单位也应设立相应的督导小组，由具有丰富教学经验的教师担任组长。这些小组应负责本单位的教学质量监控与督导工作，及时发现并解决教学中的问题。

第三，提供帮助与支持。为教学质量不达标的教师和学生提供必要的帮助与支持，是帮助他们改进教学方法和学习方法、提高教学质量和学习效果的重要途径。对于教师而言，学校应提供教学指导、课程开发、教学方法培训等方面的支持。同时，鼓励教师参加教学研讨会、教学比赛等活动，提高教师的教学能力和水平。对于学生而言，学校应提供学习辅导、心理辅导、职业规划等方面的支持。同时，建立学生反馈机制，及时了解学生的学习需求和困难，为他们提供个性化的帮助和支持。此外，学校还应设立教学质量改进基金，支持教师和学生进行教学和学习改进。通过提供资金支持、资源共享等方式，激发教师和学生的积极性和创造力，推动教学质量的持续提升。

第四，督导效果评估与反馈。定期评估教学质量监控与督导的实施效果，是了解督导工作实际效果和存在问题的关键。评估结果应反馈给责任人和相关部门，作为后续督导工作调整和优化的依据。首先，学校应设立专门的评估机构或委员会，负责定期对教学质量监控与督导工作进行评估。评估内容应包括督导机制的完善程度、责任人的履职情况、帮助与支持的效果等方面。其次，评估结果应形成详细的评估报告，并及时反馈给责任人和相关部门。报告应客观反映督导工作的实际效果和存在的问题，并提出具体的改进建议和优化措施。最后，学校应根据评估结果对督导工作进行调整和优化。对于存在的问题和不足，应及时解决和弥补；对于成功的经验和做法，应进行总结和推广，形成可复制、可推广的督导模式。

第四节　师生互动与教学环境优化

师生互动是工商管理教学中至关重要的一环，良好的师生互动不仅能够激发学生的学习兴趣，还能大幅提高教学效果。同时，优化教学环境是提升教学质量的重要手段。以下是针对工商管理教学中的师生互动与教学环境优化的具体策略和措施。

一、建立良好的师生关系

在工商管理教学中，建立良好的师生关系是实现有效教学的基础。良好的师生关系不仅能提高学生的学习积极性，还能增强教师的教学热情，促进教学效果的提升。

（一）尊重和关爱学生

尊重和关爱学生是建立良好师生关系的前提。教师应尊重学生的个性和差异、关心学生的身心健康、关注学生的需求和成长。具体措施如下：

第一，个性化关注。教师应关注每个学生的个性和需求，了解学生的兴趣爱好、学习习惯和心理状态，针对不同学生采取不同的教学方法和策略。在工商管理课程中，教师可以通过个别辅导、项目指导等方式，提供个性化的学习支持。

第二，倾听学生意见。教师应鼓励学生表达自己的想法和意见，认真倾听学生的声音。通过班会、问卷调查等形式，了解学生的需求和建议，及时调整教学内容和方法。例如，教师可以定期组织教学反馈会，听取学生对课程内容、教学方法等方面的意见，进行针对性调整。

第三，建立信任关系。教师应以诚相待，关心和尊重学生，建立相互信任的师生关系。通过平等的交流和互动，教师可以赢得学生的信任和尊重，促进教学效果的提升。在工商管理课程中，教师可以通过案例分析、小组讨论等方式，与学生建立良好的互动关系。

第四，关注心理健康。教师应关注学生的心理健康，及时发现和解决学生在学习和生活中遇到的问题。学校可以设立心理咨询室，提供专业的心理辅导服务，帮助学生应对学习和生活中的压力，保持心理健康。

（二）创造积极的课堂氛围

积极的课堂氛围有助于激发学生的学习兴趣和提高学习效果。教师应通过多种方式营造积极的课堂氛围，促进师生互动。具体措施如下：

第一，趣味化教学。教师应采用多样化的教学方法和手段，增加课堂的趣味性，激发学生的学习兴趣。例如，通过工商管理案例分析、情景模拟、角色扮演等方式，使教学内容生动有趣，提高学生的学习积极性。

第二，互动式教学。教师应鼓励学生参与课堂讨论和互动，营造积极的课堂氛围。例如，通过提问、讨论、小组合作等方式，增加学生的参与感和主动性，提高课堂教学效果。在工商管理课程中，教师可以设计不同的企业管理情境，组织学生进行讨论和模拟决策。

第三，正向激励。教师应通过表扬、奖励等方式，激励学生的积极表现，增强学生的自信心和学习动力。例如，可以设立"优秀案例分析奖""最佳团队合作奖"等，表彰在学习和团队合作中表现突出的学生，激励其他学生向榜样学习。

第四，营造安全的学习环境。教师应营造一个安全、开放的学习环境，使学生敢于表达自己的想法和观点，不怕犯错。例如，建立课堂规则，保证每个学生都有发言的机会和权利，促进学生的积极参与和互动。在工商管理课程中，教师可以通过开放式讨论、头脑风暴等方式，鼓励学生自由表达观点和创意。

二、多样化的互动方式

多样化的互动方式有助于提高师生互动的效果，促进学生的全面发展。教师应采用多种互动方式，增强师生之间的沟通和交流。

（一）课堂互动

课堂互动是师生互动的重要形式，通过课堂互动可以提高教学效果和学生的学习积极性。具体措施如下：

第一，提问与讨论。教师应通过提问和讨论的方式，激发学生的思考和参与。例如，教师可以在课堂上提出开放性问题，引导学生讨论和思考，促进学生的批判性思维和问题解决能力的提高。在工商管理课程中，教师可以设计与企业管理相关的问题，引导学生深入讨论和分析。

第二，小组合作学习。教师应组织学生进行小组合作学习，培养学生的合作意识和团队精神。例如，教师可以将学生分成若干小组，分配不同的学习任务，让学生在小组内进行讨论和合作，完成学习任务。在工商管理课程中，教师可以通过企业管理项目、小组案例分析等方式，培养学生的团队合作能力。

第三，案例分析。教师应通过案例分析的方式，引导学生将理论知识应用于实际问题，提高学生的实际应用能力。例如，教师可以选择与教学内容相关的实际案例，让学生分析案例中的问题和解决方法，增强学生的实践能力和综合素质。在工商管理课程中，教师可以通过真实的企业案例分析，帮助学生理解和应用管理理论。

第四，角色扮演。教师应通过角色扮演的方式，提高学生的参与感和互动性。例如，教师可以设计不同的角色和情境，让学生扮演不同的角色，体验不同的情境，增强学生的学习体验和理解能力。在工商管理课程中，教师可以通过模拟企业管理决策、角色扮演等方式，提高学生的实际操作能力。

（二）课外互动

课外互动是师生互动的重要补充，通过课外互动可以增强师生之间的关系，促进学生的全面发展。具体措施如下：

第一，课外辅导。教师应通过课外辅导的方式，帮助学生解决学习中的问题，提高学生的学习效果。例如，教师可以利用课余时间，针对学生的个性化需求，进行一对一或小组辅导，帮助学生克服和解决学习中的困难和问题。在工商管理课程中，教师可以通过个别辅导、项目指导等方式，提供个性化的学习支持。

第二，课外活动。教师应组织学生参加丰富多彩的课外活动，增强师生之间的互动和交流。例如，教师可以组织学生参加社团活动、体育比赛、文化艺术活动等，培养学生的兴趣爱好和特长，增强师生之间的互动和交流。在工商管理课程中，教师可以通过组织学生参加企业参观、管理模拟竞赛等活动，增强学生的实践能力和综合素质。

第三，家校合作。教师应通过家校合作的方式，增强家长对学生学习的支持和参与。例如，教师可以定期与家长沟通，了解学生在家中的表现和需求，共同制订学生的学习计划和目标，促进学生的全面发展。在工商管理课程中，教师可以通过家校联系平台，与家长分享学生的学习进展和表现，共同关注学生的成长。

第四，线上互动。教师应利用信息技术手段，通过线上互动的方式，加强师生之间的沟通和交流。例如，教师可以通过在线学习平台、社交媒体等，与学生进行实时交流和互动，解答学生的疑问、提供学习指导和支持。在工商管理课程中，教师可以通过在线论坛、微信群等平台，与学生进行互动交流，提高学生的学习积极性。

三、优化课堂环境

良好的课堂环境是提高学生学习效果和教学质量的重要因素。一个优化的课堂环境不仅包括物理空间的设计和设备的配置，还涵盖课堂管理、氛围营造以及教师的教学策略。

（一）教室环境的优化

教室环境的优化不仅包括物理空间的设计和设备的配置，还包括教室的装饰和氛围的营造。具体措施如下：

第一，教室装饰。教师可以通过教室装饰，营造一个温馨、舒适的学习环境。例如，可以在教室墙壁上张贴学生的优秀作品、学科知识图表等，增强学生的归属感和学习兴趣。在工商管理课程中，教师可以通过展示企业案例、市场分析图表等，增强学生的学习氛围。

第二，绿植与色彩。适当的绿植和色彩可以美化教室环境，缓解学生的视觉疲劳，提高学生的学习积极性。例如，可以在教室内摆放一些绿色植物，选择柔和的墙壁颜色，营造一个舒适的学习环境。在工商管理课程中，教师可以通过绿植和色彩的搭配，营造一个充满活力和创意的学习空间。

第三，光线与通风。充足的光线和良好的通风是保持教室环境舒适的重要因素。教师应注意教室的光线和通风情况，确保学生在一个明亮、清新、舒适的环境中学习，例如，可以合理利用自然光、安装适当的照明设备、保持教室的通风等。在工商管理课程中，教师可以通过调整光线和通风，营造一个舒适的学习环境。

第四，噪声控制。噪声会干扰学生的注意力，影响学习效果。教师应注意教室的噪声控制，保持教室的安静。例如，可以在教室门窗安装隔音设施，尽量避免噪声的干扰。在工商管理课程中，教师可以通过噪声控制，营造一个安静的学习环境。

（二）课堂管理与纪律

良好的课堂管理与纪律是确保课堂教学有序进行的重要保障。具体措施如下：

第一，制定课堂规则。教师应与学生共同制定课堂规则，明确课堂纪律和行为规范。例如，可以规定上课时的行为准则、发言规则、作业提交时间等，确保课堂教学的有序进行。在工商管理课程中，教师可以通过制定课堂规则，明确学生的学习任务和行为要求，促进课堂教学的顺利进行。

第二，明确奖惩机制。教师应明确奖惩机制，对学生的行为进行奖惩。例如，对于表现优秀的学生，可以给予表扬和奖励；对于违反课堂纪律的学生，可以进行适当的批评和处罚，以维护课堂秩序。在工商管理课程中，教师可以通过奖惩机制，激励学生的学习积极性和行为规范。

第三，建立沟通渠道。教师应建立与学生的沟通渠道，及时了解学生的需求和反馈。例如，可以通过班会、个别谈话等形式，与学生进行交流，了解学生的学习情况和需求，及时调整教学内容和方法。在工商管理课程中，教师可以通过沟通渠道，了解学生对课程内容和教学方法的意见和建议，进行针对性调整。

第四，培养自律能力。教师应注重培养学生的自律能力，引导学生自觉遵守课堂纪律。例如，可以通过榜样示范、正面引导等方式，培养学生的自律意识和自我管理能力，增强课堂管理效果。在工商管理课程中，教师可以通过培养学生的自律能力，促进学生的自主学习和自我管理。

（三）学习资源的优化配置

学习资源的优化配置是提高教学质量和学生学习效果的重要因素。具体措施如下：

第一，多样化的学习资源。教师应为学生提供多样化的学习资源，如教材、参考书、电子资源等。例如，可以推荐与工商管理课程相关的书籍、论文、网站等，丰富学生的学习资源，提升学生的学习效果。

第二，资源共享平台。学校应建立资源共享平台，方便教师和学生共享学习资源。例如，可以建立在线资源库，教师可以上传课件、教学视频、电子书等，学生可以随时查阅和下载，提高资源利用效率。在工商管理课程中，教师可以通过资源共享平台，与学生分享最新的企业管理资料、市场分析报告等。

第三，资源更新与维护。学校应定期更新和维护学习资源，确保资源的时效性和科学性。例如，可以定期审核和更新资源库中的内容，确保资源的准确性和实用性。在工商管理课程中，教师可以通过资源更新与维护，提供最新的管理理论和实践案例，提升学生的学习效果。

第四，学习资源的推广与培训。学校应通过多种途径推广和培训学习资源，提高教师和学生的使用水平。例如，可以定期组织资源使用培训，介绍资源的使用方法和技巧，提高资源的利用效果。在工商管理课程中，教师可以通过推广与培训，帮助学生更好地利用学习资源，提升学习效果。

第五章
工商管理实践教学体系的构建与实施

第一节　实践教学的价值与目标设定

一、实践教学的价值

实践教学在工商管理教育中具有至关重要的作用。它不仅能够弥补理论教学的不足，还能够显著提升学生的综合素质和职业能力。以下将从多个角度详细阐述实践教学的价值。

（一）促进理论与实际的结合

工商管理理论教学为学生提供了系统的、结构化的知识体系。然而，这种知识体系往往是抽象和概念性的，缺乏具体的应用场景和背景。这种抽象性使得学生在初次接触时可能感到困惑和难以理解。在这种情况下，实践教学就成为连接理论与实际的重要桥梁。

在实践教学中，学生有机会将理论知识应用于真实的商业环境中。这种应用不仅是对知识的检验，更是对知识的深化。例如，在企业实习中，学生可以观察到企业如何运用各种管理理论来指导日常运营。他们可以看到管理决策背后的逻辑，以及这些决策如何影响企业的整体运营。这种观察和体验能够使学生更加深入地理解管理理论，认识到这些理论在实际操作中的重要性。同时，实践教学还能够帮助学生建立起理论与实际之间的联系。通过实践，学生能够将抽象的理论知识与具体的商业实践相结合，形成自己的知识体系。这种知识体系不仅更加完整和全面，而且更加具有实用性和可操作性。学生可以在实践中不断检验和完善自己的知识体系，使其更加符合实际需求。

工商管理实践教学不仅是理论知识的应用过程，更是知识转化为技能的过程。在实践中，学生需要将课堂上学到的知识转化为解决实际问题的工具和方法。这种转化能力是管理者必须具备的基本素质之一。首先，实践教学能够帮助学生掌握实际操作技能。例如，在项目管理课程中，学生可以通过参与实际项目来学习和掌握项目管理的各种技能和方法。这种实际操作能够使学生更加深入地理解项目管理理论，并且能够在实际操作中不断锻炼和提高自己的技能水平。其次，实践教学能够培养学生的创新能力和解决问题的能力。在实践中，学生面对各种复杂的问题和挑战，需要运用自己的知识和技能来寻找解决方案。这种过程能够培养学生的创新思维和解决问题的能力，使他们能够在未来的工作中更加灵活和高效地应对各种挑战。最后，实践教学还能够帮助学生建立起良好的职业素养和团队合作精神。在实践中，学生需要遵守各种规章制度和道德规范，需要与他人合作完成任务。这种过程能够培养学生的职业素养和团队合作精神，使他们能够在未来的工作中更加成熟和自信地面对各种挑战。

（二）提升学生的职业能力

在工商管理的领域中，理论知识固然重要，但实战经验更是不可或缺的宝贵财富。通过实践教学，学生有机会将所学理论知识应用到实际情境中，从而加深对理论知识的理解和掌握。例如，在企业实习期间，学生可以亲身参与企业的日常运营和管理，与企业员工一同工作，感受真实的工作环境和氛围。这样的实践机会，学生能够接触到真实的企业案例，了解企业的运营策略和管理模式，从而为他们未来的职业发展打下坚实的基础。

实战经验的获取局限于企业实习。在工商管理实践教学中，还包括了模拟企业运营、案例分析、角色扮演等多种形式的实践活动。这些活动为学生提供了展示自己才能和锻炼能力的机会。在模拟企业运营中，学生们可以扮演不同的角色，如总经理、部门经理、员工等，通过模拟企业的运营过程，了解企业的运作机制和管理难点。在案例分析中，学生们需要分析真实的企业案例，找出问题并提出解决方案，从而锻炼自己分析问题和解决问题的能力。这些实践活动为学生提供了宝贵的实战经验，有助于提升他们的职业素养和综合能力。

除了实战经验的获取，工商管理实践教学还能增强学生的职业适应能力。

在当今竞争激烈的职场环境中，适应能力已经成为一个人职业成功的关键因素之一。通过实践教学，学生可以了解企业的运作流程和管理模式，熟悉企业文化和工作环境，从而为他们未来进入职场做好充分的准备。在企业实习期间，学生需要与企业员工一同工作，了解企业的文化和价值观，学习如何与同事合作和沟通。这样的经历有助于学生培养团队合作精神和沟通能力，提升他们的职业适应能力。

此外，工商管理实践教学还能帮助学生树立正确的职业观念和价值观。在实践教学中，学生会接触到各种不同类型的企业和行业，了解不同行业和职业的特点和要求。这样的经历有助于学生更加清晰地认识自己的职业兴趣和优势所在，从而做出更加明智的职业选择。同时，实践教学还能培养学生的责任感和使命感，让他们意识到自己的职业行为对于企业和社会的影响，从而树立正确的职业观念和价值观。

（三）培养学生的综合素质

在工商管理实践教学中，学生所面临的沟通场景是丰富多样的。首先，无论是与团队成员讨论项目细节，还是与客户协商合作方案，甚至与上级汇报工作进展，都需要学生运用恰当的沟通技巧。这种沟通不仅仅是信息的传递，更是情感、态度和立场的交流。因此，实践教学为学生提供了一个真实的沟通环境，让他们在实践中不断摸索和锻炼沟通技巧。在团队内部沟通中，学生需要学会倾听他人的意见，理解不同的观点，并能够在尊重他人的基础上表达自己的看法。这种倾听和表达的能力，是沟通中最为基础和关键的部分。其次，学生还需要学会如何处理团队内部的冲突和分歧，如何通过沟通来协调和解决这些问题。这些经验将对他们未来的职业生涯产生深远影响。在与客户的沟通中，学生需要更加注重语言的准确性和专业性。他们需要了解客户的需求和期望，并能够用专业术语来解答客户的疑问。这种专业性的沟通，不仅能够提升企业的形象，还能够增强客户对企业的信任。因此，实践教学中的客户沟通环节，将有助于学生提升他们的专业表达能力和说服力。最后，学生还需要与上级和下属进行沟通。与上级的沟通，需要他们了解上级的期望和要求，并能够及时反馈工作进展和遇到的问题；与下属的沟通，则需要他们学会如何激励和指导下属，帮助他们解决问题并提升工作效率。这些沟通能力的培养，将有助于学生更好地适应未来的管理岗位。

在现代企业中，团队协作已经成为一种必不可少的工作方式。而实践教学中的团队合作环节，正是培养学生团队协作能力的最佳场所。在团队中工作，学生需要学会如何与他人分工合作、如何协调资源、如何制订和执行计划等。这些技能不仅能够帮助他们更好地完成工作任务，还能够增强他们的团队意识和责任感。同时，在团队中工作还能够让学生体验到团队合作的乐趣和成就感，从而激发他们更加积极地参与团队合作。此外，在团队中工作还需要学生学会如何处理人际关系。他们需要了解不同人的性格特点和行为习惯，并能够在尊重他人的基础上与他们建立良好的关系。这种人际关系的处理能力，将对他们未来的职业生涯产生深远的影响。

（四）激发学生的学习兴趣

在工商管理的学习过程中，学生常常会遇到理论知识的抽象和难以理解的问题。而实践教学，正是解决这一问题的有效手段。首先，通过实际操作和亲身体验，学生能够更直观地感受到理论知识的实际应用，从而增强他们的学习兴趣和动机。在理论课堂上，学生往往只能被动地接受知识，而在实践教学中，学生需要主动参与、积极思考，这种学习方式能够让学生更加深入地理解和掌握知识。例如，在模拟企业运营的过程中，学生需要扮演不同的角色，如总经理、财务经理、市场经理等，通过实际操作来体验企业的运营过程，这种学习方式能够让学生更加深入地理解企业管理的各个方面。其次，通过参与实际项目和案例分析，学生还可以看到自己的努力和成果，这种成就感能够让他们更加热爱学习。例如，在参与一个实际的市场营销项目时，学生需要制定营销策略、分析市场趋势、进行市场调研等，通过实际操作，学生可以看到自己的营销策略在市场上的实际效果，这种成就感能够让他们更加热爱市场营销这门课程。

除了增强学习动机，工商管理实践教学还能够提升学生的学习效果。相比单纯的理论教学，实践教学能够让学生更好地理解和记忆所学知识，同时也能够培养学生的实践能力和创新精神。通过实际操作和亲身体验，学生能够将抽象的理论知识与具体的实践情境相结合，从而更好地理解和记忆所学知识。例如，在学习财务管理时，学生可以通过参与企业的财务报表编制和分析来更好地理解财务管理的各个方面；在学习市场营销时，学生可以通过参与市场调研和营销策略制定来更好地理解市场营销的各个环节。在实践教学中，学生需要自己动手操作、分析和解决问题，这种学习方式能够培养学生的实践能力和创新精神。例如，在参与一个创业项目时，学生需要制订创业计划、分析市场需求、筹集资金等，通过实际操作，学生能够锻炼自己的创业能力和创新精神。

（五）培养创新思维

工商管理实践教学为学生提供了一个开放、多元的学习环境，这里充满了未知和挑战。与传统课堂教学相比，实践教学更加注重学生的主动探索和实际操作，鼓励学生走出课本，面对现实。在这样的学习环境中，学生需要不断适应新的情况、解决新的问题，这无疑是对他们创新意识的极大激发。具体来说，学生在参与实践教学时，会遇到各种复杂的实际问题。这些问题往往没有固定的答案和现成的解决方案，需要学生根据自己的知识和经验，结合实际情况，运用创新思维来寻求解决之道。例如，在参与创新创业项目时，学生需要从一个全新的角度审视市场，发现商机、构思创意、制订计划。这个过程需要他们不断尝试、不断思考，从而激发他们的创新意识，培养他们的创新思维。

工商管理实践教学不仅能够激发学生的创新意识，还能够进一步提升他们的创新能力。这是因为，实践教学注重学生的实际操作和问题解决能力，需要学生将所学知识运用到实际中，通过实践来检验和完善自己的理论。在这个过程中，学生会不断遇到新的问题和挑战，需要他们运用创新思维来寻找解决方案。以产品开发项目为例，学生在参与这样的项目时，需要深入了解市场需求、分析竞争对手、构思产品创意、设计产品方案。这个过程需要他们运用创新思维来突破传统框架，提出新颖、独特的设计方案。通过不断地尝试、修改和完善，学生不仅能够提升自己的创新能力，还能够积累宝贵的实践经验，为将来的职业发展打下坚实的基础。此外，工商管理实践教学还为学生提供了与企业和行业专家交流的机会。通过与这些专业人士的交流和互动，学生能够了解行业的最新动态和发展趋势，拓宽自己的视野和思路。这种跨界的交流和合作，能够进一步激发学生的创新思维，提升他们的创新能力。

（六）增强社会责任感

工商管理实践教学为学生打开了一扇了解真实世界的窗户。在这里，学生不再是理论知识的被动接受者，而是社会问题的主动探索者和解决者。他们通过参与各种实践活动，如企业实习、案例分析、社会调研等，逐渐接触并深入了解了各种社会问题。这些社会问题可能是由市场竞争激烈带来的，也可能是企业与环境、社会和谐发展的产物。学生会发现，这些问题并不是孤立存在的，而是相互交织、相互影响的。例如，一个企业在追求经济效益的同时，也要考虑其生产活动对环境的影响，以及对员工、消费者和社区的责任。这种对社会问题的深刻洞察，让学生们意识到自己在未来职业生涯中，不仅要追求经济利益，更要关注社会利益，承担起应有的社会责任。

在解决社会问题的过程中，学生的责任意识得到了逐步的培养和强化。他们开始意识到，自己的行为不仅是为了满足个人的需求，更是为了社会的利益和发展。这种责任意识不仅体现在对企业的忠诚和贡献上，更体现在对社会、对环境的关爱和尊重上。例如，在参与公益项目时，学生们能够亲身感受到社会问题的复杂性和解决这些问题的困难。他们会积极投入项目，努力寻找解决问题的方法，并为此付出时间和精力。在这个过程中，他们的社会责任感得到了增强，开始更加关注社会问题，并思考如何通过自己的努力为社会做出贡献。同时，在参与企业社会责任项目时，学生能够亲身体验到企业在履行社会责任中的作用和价值。他们会看到企业如何通过自身的努力改善社区环境、提高员工福利、推动社会进步等。这种亲身体验让学生们更加深刻地认识到企业的社会责任不仅是一种道德要求，更是一种战略选择和发展机遇。他们会更加积极地参与到企业的社会责任实践中去，为推动企业的可持续发展和社会进步贡献自己的力量。

综上所述，实践教学在工商管理教育中具有多方面的价值。它不仅是对理论教学的重要补充，还是提升学生综合素质和职业能力的重要手段。通过实践教学，学生能够更好地理解和掌握管理理论，提高实际操作能力，培养综合素质和创新思维，为未来的职业发展奠定坚实的基础。

二、实践教学的目标设定

在明确了实践教学的价值之后，设定合理的实践教学目标是构建工商管理实践教学体系的关键步骤。目标设定不仅要考虑学生的现有水平和发展需求，还要结合企业和社会的实际要求，以确保培养出符合现代企业需求的高素质管理人才。具体而言，实践教学的目标设定可以从以下几个方面进行深入阐释。

（一）知识应用目标

工商管理实践教学的重要一环，就是引导学生将课堂上学到的理论知识与实际情境相结合。这一过程中，学生需要经历从理论到实践的转变，理解理论在现实世界中的具体体现，以及如何运用这些理论去解决实际问题。实践教学为学生提供了一个真实或模拟的商业环境,让学生能够在其中体验和实践课堂上学到的理论。这种体验和实践,有助于学生更深入地理解理论知识的内涵和实质,把握理论知识的精髓。例如,在学习市场营销理论时,学生可以通过模拟营销活动,亲自制定营销策略、设计广告方案、分析市场数据等,从而更直观地感受市场营销的实际操作过程。在实践中,学生需要运用理论知识去分析和解决问题,这种过程能够锻炼学生的思维能力、判断能力和解决问题的能力。通过不断的实践,学生能够将理论知识内化为自己的实际技能,提高自己的综合素质。在实践中,学生需要面对各种复杂的商业环境和挑战,这种过程能够让学生更深刻地认识到职业的责任和使命,形成正确的职业观和价值观。同时,实践教学还能够培养学生的团队合作精神和创新能力,为他们未来的职业发展打下坚实的基础。

(二)技能培养目标

首先,在当今这个数据驱动的时代,数据分析技能已经成为每一个工商管理人才必备的基本能力。这种能力的培养不仅教会了学生如何操作数据分析软件,更重要的是培养了他们在实际工作中,面对海量的数据时,如何有效地收集、分析和解读数据,从而做出科学合理的决策。在实践教学中,教师可以通过多种方式培养学生的数据分析技能。例如,通过参与市场调研项目,学生需要亲自设计调查问卷,了解市场需求和消费者偏好。在这个过程中,他们需要学习如何设计问卷问题、如何选择合适的样本、如何进行有效的数据收集等。在收集到数据后,学生还需要学习如何运用统计方法和数据分析工具对数据进行处理和分析,从而得出有价值的结论。这样的实践过程,不仅可以让学生深入理解数据分析的流程和技巧,还可以培养他们的实际操作能力和解决问题的能力。

其次,工商管理专业的学生未来将面对复杂多变的市场环境和各种实际问题。因此,问题解决技能的培养也是实践教学的重要目标之一。这种能力的培养需要学生具备扎实的理论基础和丰富的实践经验,能够灵活运用所学知识解决实际问题。在实践教学中,教师可以通过企业咨询项目等方式来培养学生的问题解决技能。例如,教师可以组织学生参与企业咨询项目,让学生深入了解企业的运营情况和存在的问题。在这个过程中,学生需要学习如何诊断企业问题、提出解决方案和实施方案。这不仅需要学生具备扎实的理论基础和丰富的实践经验,还需要他们具备良好的沟通能力和团队协作能力。通过这样的实践过程,学生可以深入了解企业的实际运作情况,提高他们的问题解决能力和实际操作水平。

在工商管理中，决策制定是一个至关重要的环节。一个成功的决策者需要具备敏锐的洞察力、准确的判断力和果断的决策力。因此，工商管理的实践教学中也需要注重培养学生的决策制定技能。通过参与模拟经营比赛等方式，学生可以模拟真实的商业环境，学习如何分析市场环境、制定经营战略和实施决策。在这个过程中，首先，学生需要运用所学的知识和经验对市场进行深入的分析和研究，从而制定出符合企业实际情况的经营战略。其次，他们还需要学习如何评估风险、如何制定备选方案以及如何应对突发情况等。这样的实践过程不仅可以让学生深入了解商业运作的规律和技巧，还可以培养他们的决策制定能力和应变能力。

（三）综合素质提升目标

在工商管理实践中，沟通能力的重要性不言而喻。实践教学应当致力于提升学生的沟通技巧，使他们能够在复杂的工作环境中游刃有余。这不局限于口头表达，更包括书面沟通、非言语沟通等多个层面。在口头表达方面，学生需要通过参与各种模拟场景和真实项目，锻炼自己的表达能力和倾听能力。比如，在团队项目中，学生需要定期向团队成员、导师或客户汇报进度，这要求学生能够清晰、准确地传达信息。同时，他们也需要倾听他人的意见和建议，以便更好地调整自己的工作方向和策略。在书面沟通方面，学生需要掌握各种商务文书的写作技巧，如报告、备忘录、电子邮件等。通过写作实践，学生可以提高自己的文字表达能力和逻辑思维能力，使自己的书面沟通更加专业、规范。在非言语沟通方面，学生需要学会通过肢体语言、面部表情等方式来传递信息。这种沟通方式往往更加微妙和复杂，需要学生具备一定的观察力和判断力。通过实践教学，学生可以逐渐掌握这种沟通技巧，并在实际工作中加以运用。

团队协作能力是现代企业管理中不可或缺的一项素质。实践教学应当注重培养学生的团队协作意识和技巧，使他们能够在团队中发挥自己的优势并协同他人共同完成任务。在团队建设中，学生需要学习如何与不同性格、不同背景的人相处和合作。他们需要尊重他人的意见和想法，学会倾听和包容。同时，他们也需要积极参与团队讨论和决策过程，提出自己的建议和意见。在任务分配和协调方面，学生需要学会如何根据团队成员的能力和特长合理分工，并协调各方资源以确保任务的顺利完成。他们还需要定期与团队成员沟通和交流，及时发现问题并共同解决。在团队冲突处理方面，学生需要学会如何识别和处理团队中的冲突和矛盾。他们需要保持冷静和理性，通过沟通和协商来化解矛盾并维护团队的和谐稳定。

领导能力是现代企业管理中的核心素质之一。实践教学应当注重培养学生的领导潜力和素质，使他们能够在未来的管理工作中担当起领导者的角色。在领导力培训课程中，学生需要学习如何制订团队目标和计划、如何激励团队成员以及如何解决团队问题等基本技能。他们还需要了解领导力的内涵和特质，如决策力、执行力、影响力等，并在实践中加以运用和锤炼。此外，学生还需要通过参与实际项目来锻炼自己的领导能力。在项目中，他们需要担任一定的领导角色，如项目经理、团队负责人等，并带领团队成员共同完成任务。这种实践机会可以使学生更加深入地了解领导工作的实际要求和挑战，并不断提升自己的领导能力。

（四）职业能力培养目标

实践经验是工商管理专业学生不可或缺的一部分。通过实习和项目参与，学生有机会深入企业，亲身体验企业运营和管理的实际情况。这种实践经验，不仅可以帮助学生将理论知识与实际工作相结合，更能让他们在实际操作中发现问题、解决问题，从而加深对理论知识的理解和记忆。例如，在企业实习过程中，学生可以参与到企业的日常运营中，了解企业的运作流程和管理模式。他们可以观察企业如何制定战略、如何实施计划、如何协调资源、如何解决问题等。同时，他们还可以参与到企业的具体项目中，与企业员工一起合作，共同完成项目任务。这种亲身体验，可以让学生更加深入地了解企业的实际情况，积累宝贵的实践经验。

职业素养是工商管理专业学生必须具备的素质之一。它不仅包括职业道德、责任感、敬业精神等基本素质，还包括沟通能力、团队协作能力、创新能力等综合素质。通过实践教学，我们可以有针对性地培养学生的职业素养，使他们在未来的职业生涯中具备良好的职业素养。例如，在职业素养培训课程中，我们可以设置一系列的课程和活动，如职业道德讲座、案例分析、模拟面试等。通过这些课程和活动，学生可以学习职业道德规范、责任意识和敬业精神等基本素质；同时，他们还可以学习如何与人有效沟通、如何与他人协作、如何创新思维等综合素质。这些课程和活动，可以帮助学生全面提升自己的职业素养，为未来的职业生涯打下坚实的基础。

实践教学不仅可以帮助学生积累实践经验和提升职业素养，还可以帮助他们提升就业竞争力。通过实践教学，学生可以更加深入地了解自己的专业方向和职业定位，从而有针对性地提升自己的实际操作能力和综合素质。例如，在就业指导课程中，我们可以为学生提供求职技巧、面试技巧和职业规划等方面的指导。通过这些指导，学生可以更加清晰地认识自己的优势和不足，从而制定更加合理的职业规划；同时，他们还可以学习如何制作简历、如何准备面试、如何与招聘者沟通等求职技巧，从而提高自己的就业竞争力。

（五）创新能力培养目标

在工商管理实践教学中，创新思维的培养可以从多个维度进行。教师可以营造一个开放、包容的学习氛围，让学生敢于提出自己的想法，不怕被质疑、不怕失败。这样的环境可以帮助学生打破思维定式，激发他们的创新潜力。也可以通过设置创新性的实践任务来培养学生的创新思维。例如，可以设计一些具有挑战性的商业案例，让学生分析并提出解决方案。在这个过程中，教师要鼓励学生从不同的角度思考问题，尝试使用不同的方法和工具来解决问题。这样的实践任务可以帮助学生锻炼创新思维，提高他们的问题解决能力。此外，还可以通过举办创新创业大赛、创业沙龙等活动来激发学生的创新思维。这些活动可以让学生接触到更多的创新项目和创新团队，了解他们的创新经验和创新方法。通过交流和分享，学生可以学习到更多的创新思维方式和创新技巧，从而提升自己的创新能力。

在工商管理实践教学中，要鼓励学生积极投入创新实践，通过实际项目和案例分析来锻炼他们的创新能力。首先，教师可以引导学生参与创新创业项目，这些项目可以让学生亲身体验从无到有的过程，了解创业的全过程和各个环节。在项目中，学生需要提出创新想法、设计创新方案和实施创新方案。通过这个过程，学生可以学习到如何发现市场需求、如何设计产品、如何制定营销策略等创业知识和技能。同时，他们还可以锻炼自己的团队协作能力和项目管理能力。另外，学校可以建立创新实验室或创新中心等平台来支持学生的创新实践。这些平台可以提供必要的场地、设备和资金支持，让学生有机会进行更多的创新尝试。在平台上，学生可以自由组队、自由选择项目、自由安排时间进行创新实践。其次，还可以通过组织案例分析、企业参观等活动来帮助学生了解商业环境中的创新实践。这些活动可以让学生接触到更多的实际案例和成功经验，了解不同行业和企业的创新方式和创新策略。通过学习和借鉴这些成功案例，学生可以更好地把握商业环境中的创新机遇和挑战，提高自己的创新能力。

（六）社会责任感培养目标

工商管理专业的学生，在踏入社会之前，往往对社会责任感的认知停留在理论层面。然而，通过实践教学，他们能够亲身接触到真实的社会问题和企业管理中的实际挑战，这种亲身体验的冲击力是理论教育无法比拟的。以参与公益项目为例，学生不再是旁观者，而是参与者、行动者。他们深入社区、企业，与真实的社会问题面对面。在这个过程中，他们看到了社会问题的复杂性、感受到了解决这些问题的困难，也体验到了为社会做出贡献的成就感。这种体验，无疑会极大地增强他们的社会责任感。此外，实践教学还让学生认识到，企业的成功并不仅仅在于盈利，更在于其对社会的贡献。企业是社会的一部分，其发展必须与社会的需要相契合。这种认知，会让学生在未来的职业生涯中，更加注重企业的社会责任，为企业的可持续发展贡献力量。

另外，工商管理专业的学生，往往习惯于从自我出发来思考问题和解决问题。实践教学可以帮助他们转变这种思维方式，学会从社会的角度出发，关注社会问题、思考如何为社会做出贡献。通过参与社会调研项目，学生可以学习如何收集和分析社会问题的数据，了解问题的本质和根源。在这个过程中，他们会发现，很多社会问题并不是孤立存在的，而是相互关联、相互影响的。这种认识，会让他们更加深入地理解社会问题的复杂性，也会让他们更加关注社会问题的解决。同时，实践教学还鼓励学生提出解决社会问题的方案，并尝试将这些方案付诸实践。这种尝试，不仅可以检验方案的可行性，还可以让学生在实践中不断学习和成长。通过这个过程，学生会逐渐意识到，解决社会问题需要多方面的努力和合作，例如需要政府、企业、社会组织等多方共同参与。这种认知，会让他们在未来的职业生涯中，更加注重合作与共赢，为推动社会进步贡献自己的力量。

综上所述，实践教学的目标设定需要综合考虑多个方面的因素，以确保实践教学能够有效提升学生的综合能力和职业素养。通过设定明确、合理的目标，实践教学不仅能够帮助学生更好地掌握理论知识，还能够提升他们的实际操作能力、综合素质和创新思维，为他们未来的职业发展打下坚实的基础。

第二节　校内实践教学平台的创新与拓展

在工商管理实践教学中，校内实践教学平台是学生进行实践活动的重要场所。为了提高实践教学的效果，校内实践教学平台的创新与拓展显得尤为重要。通过构建多样化、现代化的教学平台，能够为学生提供更加丰富和真实的实践体验。以下从多个角度深入探讨了校内实践教学平台的创新与拓展。

一、多功能教室的建设

多功能教室是校内实践教学平台的基础设施之一，它能够为学生提供一个多样化的学习环境，支持各种类型的实践活动。多功能教室的建设需要考虑以下几个方面：

（一）先进教学设备的配备

在工商管理教学中，智能设备的引入无疑是一个重要的里程碑。如智能投影仪、电子白板、智能控制系统等，不仅改变了传统的教学方式，还为教师提供了更多的教学可能性。智能投影仪使教师能够轻松地将电脑上的课件、图表、视频等内容投射到屏幕上，使教学内容更加直观、生动。而电子白板则进一步增强了这种互动性，教师可以在白板上直接书写、标注，甚至与学生进行实时的互动。智能控制系统则使教师可以方便地控制教室内的各种设备，如灯光、音响等，为教学提供了更加舒适的环境。在工商管理教学中，智能设备的应用尤为广泛。例如，教师可以通过智能投影仪展示企业案例、市场分析等数据，帮助学生更好地理解理论知识在实际中的应用。同时，智能设备也使远程教学成为可能，学生可以通过网络参与到其他学校的课堂中，拓宽了学习视野。

此外，在信息时代，网络已经成为人们获取信息、交流思想的重要渠道。对于工商管理教学来说，网络设施的重要性不言而喻。高速稳定的网络环境为学生提供了便捷的在线学习体验。学生可以随时随地通过网络查找资料、参与讨论、完成作业等。这不仅提高了学习效率，还为学生提供了更多的学习资源。同时，网络设施还支持远程交流和在线实践活动的开展。学生可以通过网络与其他学校、企业进行交流合作，了解不同地区的商业环境、企业文化等。许多在线实践活动也为学生提供了实践机会，如模拟企业经营、电子商务运营等，使学生能够在实践中学习和成长。

视频、音频、动画等多媒体资源也为工商管理教学提供了更加丰富的教学材料。这些资源能够直观地展示商业现象、企业运营过程等，帮助学生更好地理解理论知识。例如，在市场营销课程中，教师可以通过视频展示不同品牌的广告策略、促销活动等，让学生直观地感受到市场营销的魅力。在财务管理课程中，教师可以通过动画展示企业的财务报表、资金流动等过程，帮助学生更好地理解财务管理的原理和方法。

（二）灵活的空间设计

在工商管理教学中，传统的固定桌椅布局往往限制了教学活动的多样性和灵活性，而引入可移动家具则能够有效打破这一限制。具体而言，可移动家具在工商管理教学中的优势主要体现在以下几个方面：①适应不同教学活动。工商管理教学涵盖了理论教学、案例分析、小组讨论、角色扮演等多种教学方式。这些教学方式对教室的空间布局提出了不同的要求。通过引入可移动家具，教师可以根据具体的教学需求，自由组合和移动桌椅，创建出最适合当前教学活动的空间布局。②提升学生参与度。可移动家具使得教室内的空间布局更加灵活多变，为学生提供了更多的交流机会。在小组讨论或团队项目等活动中，学生可以根据自己的需要和喜好，调整桌椅的位置和朝向，形成更加亲密和开放的交流环境。这种环境能够提升学生的参与度和归属感，促进师生之间、学生之间的深入交流和互动。③增强教学效果。可移动家具的引入使教学活动更加生动有趣。教师可以通过调整桌椅的布局，创造出不同的教学场景，如模拟公司会议室、谈判桌等，让学生在模拟的情境中学习和实践工商管理知识。这种教学方式能够增强学生的实践能力和综合素质，提高教学效果。

除了引入可移动家具外，多功能分区也是提升工商管理教学效果的重要手段之一。在教室设计中，可以根据教学需求将教室划分为不同的功能区，以满足不同教学活动的需要。具体来说，工商管理教室中的多功能分区可以包括以下几个方面：①讨论区。讨论区是工商管理教学中最常用的功能区之一。在这个区域内，学生可以自由组合成小组，围绕某个主题进行深入讨论和交流。讨论区的桌椅设计应该注重舒适性和互动性，让学生能够轻松地进行交流和合作。②演示区。演示区主要用于教师展示PPT、播放视频等多媒体教学资源。这个区域应该配备高质量的投影仪、音响等设备，确保学生能够清晰地看到和听到教师的演示内容。同时，演示区的桌椅设计也应该考虑到学生的观看角度和舒适度。③实训区。实训区是工商管理教学中非常重要的一个功能区。在这个区域内，学生可以模拟真实的商业环境进行实践操作和练习。实训区的设计应该注重真实性和实用性，尽可能地还原真实的商业场景和流程。同时，实训区还应该配备必要的设备和工具，如模拟公司软件、沙盘模型等，以支持学生的实践操作。

（三）互动教学环境的营造

在工商管理教学中，互动白板的作用尤为突出。首先，互动白板不仅保留了黑板书写的直观性，还集成了丰富的多媒体资源，如视频、音频、图像等，使教学内容更加生动、形象。教师可以通过互动白板实时展示案例、图表、数据等，帮助学生更好地理解抽象的管理理论。其次，互动白板还支持手写输入、触摸操作等功能，教师能够随时在屏幕上进行标注、讲解，大大增强了教学的互动性。最后，互动白板还为学生提供了展示自我、参与课堂的机会。学生可以在白板上进行操作和演示，展示自己的学习成果和思考过程。这种教学方式不仅提高了学生的参与度，还激发了他们的学习兴趣和创造力。

分组讨论区是工商管理教学中另一种重要的教学组织形式。通过设立多个小组讨论区，鼓励学生进行小组讨论和合作学习，可以有效地提高学生的参与度和学习效果。在构建分组讨论区时，首先，教师需要考虑学生的专业背景、兴趣爱好、学习能力等因素，进行合理的小组划分。其次，教师还需要为每个小组提供足够的学习资源和指导，确保讨论的深度和广度。在分组讨论的过程中，教师需要扮演好引导者和组织者。他们不仅要关注每个小组的讨论情况，还要及时给予指导和反馈，确保讨论的方向和深度符合教学目标。最后，教师还需要鼓励学生积极参与讨论，发表自己的观点和看法，培养他们的批判性思维和团队协作能力。

通过分组讨论区的教学形式，学生可以更好地理解和掌握知识点，提高解决问题的能力。同时，这种教学方式还能够培养学生的团队协作精神和沟通能力，为他们未来的职业生涯打下坚实的基础。

二、虚拟仿真系统的引入

虚拟仿真系统是现代信息技术在教育领域的重要应用。通过构建虚拟企业环境，可以让学生在模拟的商业场景中进行操作，提高他们的实践能力。虚拟仿真系统的引入需要从以下几个方面进行考虑。

（一）虚拟仿真软件的开发与应用

企业模拟软件是一种高度仿真的教学工具，能够模拟企业的日常运营和管理活动，包括市场营销、财务管理、人力资源管理、生产运营等多个方面。在工商管理教学中，企业模拟软件的应用主要体现在以下几个方面：首先，通过企业模拟软件，学生可以将所学的理论知识应用到实践中去，加深对理论知识的理解和掌握。其次，企业模拟软件提供了一个真实的商业环境，让学生在虚拟环境中进行实战操作，提升学生的实际操作能力和解决问题的能力。最后，在企业模拟软件中，学生需要扮演不同的角色，共同完成企业的运营和管理任务。这种团队协作的模式有助于培养学生的团队协作精神和沟通能力。

场景模拟软件是一种针对特定商业情境进行模拟的教学工具，能够模拟真实的商业场景，如市场营销活动、财务管理决策、生产运营调度等。在工商管理教学中，场景模拟软件的应用主要体现在以下几个方面：首先，场景模拟软件能够模拟多种不同的商业情境，为学生提供多元化的学习场景。这种多元化的学习场景有助于学生更加全面地了解商业运作的各个方面。其次，场景模拟软件所模拟的商业情境通常比较复杂和多变，学生需要在这种环境中进行决策和操作。这种复杂多变的环境有助于学生培养应对复杂商业环境的能力。最后，场景模拟软件所模拟的商业情境通常具有一定的挑战性和创新性，学生需要在这种环境中进行创新和尝试。这种创新和尝试有助于促进学生创新思维的发展和提高。

（二）虚拟仿真实验室的建设

工商管理教学涉及众多领域，如市场营销、人力资源管理、财务管理等，这些领域的教学往往需要借助先进的设备和技术来模拟真实的商业环境，从而使学生能够在实践中学习和掌握相关知识和技能。因此，虚拟仿真实验室应配备高性能计算机、VR设备、大屏幕显示设备，为学生提供良好的操作环境。除了以上三种设备，虚拟仿真实验室还可以配备其他辅助设备，如投影仪、音响设备等，以提高教学质量和学生的学习体验。

虚拟仿真实验室的管理是确保设备正常运行和学生安全使用的重要保障。建立完善的实验室管理制度可以规范学生的行为，提高设备的使用效率，降低设备损坏率。首先，要制定详细的设备使用规定，明确学生的使用权限和注意事项。例如，规定学生只能在指定时间使用设备、禁止擅自拆卸和改动设备等。这样可以避免设备被损坏或滥用，保障设备的使用寿命和稳定性。其次，要建立完善的安全管理制度，确保学生使用设备时的安全。例如，规定学生在使用VR设备时必须佩戴安全带、避免碰撞等。同时，还需要对实验室进行定期检查和维护，确保设备的正常运行和安全使用。最后，要制定实验室卫生制度，保持实验室的整洁和卫生。例如，规定学生在使用设备后必须清洁设备、整理桌面等。这样可以营造一个良好的学习环境，提高学生的学习体验。

（三）虚拟仿真课程的设计

在工商管理教学中，设计丰富的虚拟仿真课程内容是提升学生实践能力的关键。首先，这类课程内容应紧密结合企业运营的实际情况，使学生能够在模拟环境中真实地感受到市场的变化、企业的运作以及财务决策的重要性。通过虚拟仿真技术，可以构建出逼真的企业运营环境，让学生扮演不同的角色，如CEO、CFO、市场总监等，体验企业运营的全过程。这样的仿真课程能够帮助学生了解企业的组织架构、运营流程以及各部门之间的协作关系，从而培养学生的团队协作能力和战略思维能力。其次，在虚拟仿真课程中，可以设计各种市场环境，如竞争激烈的市场、新兴市场等，让学生根据市场需求和竞争态势，进行市场细分、目标市场选择、市场定位等实践活动。这样的仿真课程能够帮助学生了解市场的复杂性，培养学生的市场洞察力和分析问题的能力。最后，在虚拟仿真课程中还可以构建出逼真的财务环境，让学生根据企业的财务状况和市场环境，进行投资决策、筹资决策、利润分配决策等实践活动。这样的仿真课程能够帮助学生了解财务决策的流程和方法，培养学生的财务决策能力和风险意识。

除了设计丰富的虚拟仿真课程内容，还需要采用混合式教学模式来提升教学效果。混合式教学模式将虚拟仿真教学与传统课堂教学相结合，充分发挥两者的优势，实现优势互补。在课堂教学中，教师可以利用虚拟仿真软件进行案例分析和讨论，引导学生深入理解理论知识。同时，学生可以在课后通过虚拟仿真软件进行实践操作，巩固课堂所学知识。这样的教学方式能够使学生在理论学习和实践操作之间形成良性循环，提高学习效果。另外，教师还可以通过网络平台发布教学资源、布置作业、组织在线讨论等教学活动；学生则可以在家中或其他场所通过电脑或手机进行线上学习，并随时与教师和其他同学交流和互动。这样的教学方式能够突破时间和空间的限制，提高教学的灵活性和便捷性。

三、跨学科融合的教学实验室

跨学科融合是现代教育的发展趋势。通过建设跨学科的教学实验室，可以将工商管理与其他学科相结合，培养学生的跨领域思维能力。建设跨学科融合的教学实验室需要考虑以下几个方面。

（一）多学科资源的整合

工商管理教学不再是单一的学科领域，而是需要整合工商管理、经济学、计算机科学、心理学等多个学科的资源。这种整合不仅体现在课程内容的设置上，更体现在教学方法、教学资源和师资队伍的整合上。通过广泛收集和深入挖掘各学科的优质教学资源，可以为学生提供更加丰富、全面、深入的学习材料和实践机会。通过与不同学科合作，可以设计出更多具有创新性、挑战性和实践性的教学项目。例如，结合计算机科学的数据分析技术，可以开展市场趋势预测、消费者行为分析等实践项目；结合心理学的知识，可以开展领导力培训、团队建设等实践课程。这些实践项目不仅有助于学生提升跨领域协作能力，还能够激发他们的创新思维和解决问题的能力。

知识共享是工商管理教学的重要创新模式。它不仅是指教师之间的知识交流和共享，更包括学生之间、师生之间以及学校与社会之间的知识共享。通过建立开放、互动、共享的知识平台，可以实现资源的优化配置和高效利用，进而提升整个教学体系的活力和竞争力。在工商管理教学中，可以借鉴一些成功的案例来推动知识共享。例如，可以建立线上学习型社区，鼓励学生分享自己的学习心得和实践经验；可以邀请企业界的专家来校授课或开展讲座，让学生了解最新的行业动态和前沿技术；可以组织跨学科的研究小组或项目团队，让学生在实践中锻炼跨领域协作能力。这些案例不仅有助于推动知识共享的实践应用，还能够为工商管理教学提供有益的参考和借鉴。知识共享的最终目的是提升学生的综合素质和跨领域思维能力。通过广泛的知识共享和深入的学习实践，学生可以接触到更多的学科领域和思维方式，从而培养出更加全面、深入、系统的知识体系。同时，他们还能够锻炼自己的创新思维和解决问题的能力，为未来的职业生涯打下坚实的基础。

（二）综合实验项目的设计

在工商管理教学中，跨学科项目的引入不仅是对传统教育模式的一种革新，更是对学生综合素质和创新能力的一种挑战和锻炼。设计如"智能商业决策系统开发"或"市场行为分析与预测"等综合性实验项目，旨在让学生跨越传统的学科界限，融合计算机科学、数学、统计学、市场营销等多学科知识，以解决实际商业问题。这样的项目设计，首先要求学生具备扎实的专业基础知识，如商业决策理论、市场分析技巧等。其次，还要求学生掌握一定的编程技能、数据分析能力和项目管理知识，以确保项目的顺利实施。在项目执行过程中，学生需要运用多学科的知识和技能，进行问题的分析、建模、求解和验证，这一过程能够极大地锻炼学生的综合应用能力和解决问题的能力。此外，跨学科项目还能够培养学生的团队协作能力和沟通能力。在项目实施过程中，学生需要与不同学科背景的同学进行交流和合作，共同解决遇到的问题。这种跨学科的交流和合作，不仅能够拓展学生的视野，还能够让学生更好地理解不同学科之间的关联和互补性。

为了确保跨学科项目的顺利实施和学生的高效参与，要建立完善的项目管理制度。这包括项目的立项、计划、执行、监控和收尾等各个环节。在立项阶段，需要明确项目的目标、范围、预算和时间等关键要素，确保项目的可行性和有效性。在计划阶段，需要制订详细的项目计划，包括任务分配、进度安排、资源调配等，以确保项目的顺利进行。在执行阶段，需要对项目进行全程监控和管理，确保项目按照计划进行，并及时发现和解决出现的问题。这包括对项目进度的跟踪、质量的控制、风险的预测和应对等。同时，还要为学生提供必要的指导和支持，确保他们能够有效地完成分配的任务。在监控阶段，要对项目的实施过程进行定期检查和评估，以确保项目的质量和进度符合要求。这包括对项目的成果进行验收、对项目的绩效进行评估等。同时，还要收集学生的反馈意见，了解他们在项目实施过程中遇到的问题和困难，以便及时进行改进和优化。在收尾阶段，要对项目进行总结和反思，提炼项目成功的经验，为今后的项目提供借鉴和参考。同时，还要对项目成果进行整理和归档，为今后的研究和教学提供便利。

（三）跨学科团队的建设

在工商管理教学的探索与实践中，教师团队与学生团队的构建是两个至关重要的环节。这两者之间的紧密合作，不仅为教学质量注入了新的活力，也为学生提供了更为广阔的学习和发展空间。

教师团的队构成和教学理念是否先进直接关系到教学质量的高低。在工商管理教学中，组建一个由不同学科教师组成的教学团队显得尤为重要。这样的团队不仅拥有各自专业领域中知识渊博的人，还能通过跨学科的交流与碰撞，共同设计和实施更具创新性和实践性的实验项目。例如，市场营销专业的教师可以与财务管理专业的教师共同合作，设计一个涵盖市场分析、产品定价、营销策略制定以及财务预测等多个环节的综合性实验项目。在这样的项目中，学生不仅能够深入了解各个学科的知识要点，还能够在实际操作中感受到知识的融合与应用，从而更加深入地理解和掌握工商管理领域的核心概念和方法。

学生团队的协作能力和跨领域思维能力的培养同样至关重要。在工商管理教学中，鼓励学生组建跨学科团队，通过合作学习和交流，共同解决实际问题，不仅能够提升学生的团队协作能力，还能够让学生在合作中感受到不同学科知识的碰撞与融合，从而培养跨领域的思维能力。这种跨学科团队的合作模式，不仅可以让学生在实践中感受到知识的力量，还能让他们在实际操作中不断挑战自我、突破自我。同时，这种合作模式还能够培养学生沟通和解决问题的能力，为他们未来的职业发展打下坚实的基础。

四、实践教学资源库的建立

实践教学资源库是校内实践教学平台的重要组成部分。整合校内外资源，建立丰富的实践教学资源库，可以为学生提供多样化的学习材料和实践机会。实践教学资源库的建设需要考虑以下几个方面。

（一）案例资源库的建立

企业案例是工商管理教学中不可或缺的一部分。这些案例通常来源于国内外知名企业，它们涵盖了企业从初创到发展壮大的整个过程，包含了无数的成功与失败。收集和整理这些案例，可以为学生提供一个实战模拟的"镜子"，让他们能够在课堂上就接触到真实世界中的管理挑战，不仅能够了解到企业的战略决策、组织结构、市场营销等方面的知识，还能够深入剖析企业成功或失败的原因。这种深入的分析过程，有助于学生形成批判性思维、提高他们解决实际问题的能力。同时，企业案例中的成功经验和失败教训，也能够为学生提供宝贵的参考，帮助他们在未来的职业生涯中避免重蹈覆辙。

除了企业案例外，行业案例也是工商管理教学中重要组成部分。不同行业具有不同的管理实践和行业特点，收集和整理各行业的管理案例，可以帮助学生了解不同领域的管理实践和行业趋势。在行业案例的学习中，学生可以深入了解某个行业的市场环境、竞争格局、技术动态等方面的信息。这些信息对于制定行业战略、优化资源配置、应对市场变化等方面都具有重要意义。同时，行业案例还能够帮助学生洞察行业的未来趋势和发展方向，为他们未来的职业发展提供重要的参考。

（二）项目资源库的建立

在工商管理教学领域中，实践项目与课题项目一直是培养学生理论与实践相结合能力的重要途径。随着时代的进步与教育的革新，这些项目不仅承载着传授知识的功能，更成为塑造学生综合能力、创新精神和职业素养的关键环节。首先，企业实习项目作为工商管理教学的重要组成部分，为学生提供了一个真实的企业运营环境。在这个环境中，学生不仅能够将课堂上学到的理论知识应用到实际工作中，还能够通过亲身体验企业的运营流程、管理方式和企业文化，更深入地理解企业的运作机制和市场需求。此外，企业实习项目还能够培养学生的团队协作、沟通表达和问题解决能力。在实习过程中，学生需要与不同部门的同事进行沟通和协作，共同完成工作任务。这种跨部门的合作经验能够帮助学生更好地理解企业的组织结构和管理体系，也能够锻炼他们的团队协作和沟通能力。其次，创业项目为有志于创业的学生提供了一个展示自我、实现梦想的舞台。在创业项目中，学生需要运用所学的工商管理知识和技能，进行市场调研、产品设计、营销推广等一系列创业活动。这种实践方式能够帮助学生更好地理解创业的过程和风险，也能够激发他们的创新意识和创业精神。在创业项目的实施过程中，学生还需要面对各种挑战和困难。这些挑战和困难不仅能够锻炼他们的抗压能力和解决问题的能力，还能够让他们更加珍惜创业的机会和成果。最后，科研项目是工商管理教学中不可或缺的一部分。通过参与科研项目，学生能够深入了解某个领域的前沿理论和最新研究成果，提升自己的学术素养和研究能力。在科研项目中，学生需要进行文献综述、数据分析、实验设计等一系列研究工作。这些工作不仅能培养学生的逻辑思维和创新能力，还能让他们更加深入地理解某个领域的理论和实践问题。同时，科研项目还能为学生提供一个与学术界和企业界交流的平台，让他们更加广泛地了解行业动态和发展趋势。

企业管理课题涵盖了企业运营管理的各个方面，包括战略管理、人力资源管理、财务管理等。通过参与企业管理课题的研究，学生能够全面了解企业的运营管理过程和方法，提升自己的综合素质和职业素养。在企业管理课题的研究中，学生需要运用所学的工商管理知识和技能，对企业运营管理的实际问题进行深入分析和研究。这种综合性的研究方式既能够帮助学生更好地理解企业的运营管理过程和方法，又可以提升他们的研究能力和解决问题的能力。

（三）数据资源库的建立

在工商管理教学中，企业数据的收集与整理是一项基础且关键的工作。这些数据通常包括企业的财务数据、市场数据、运营数据等，为学生提供了实际的数据分析素材，使学生能够在学习过程中更好地理解和应用所学的理论知识。

除了企业数据外，行业数据也是工商管理教学中不可或缺的一部分。行业数据通常包括各行业的统计数据、市场研究报告等，为学生提供了丰富的行业信息和数据支持。因此，数据资源库的建立很有必要。

（四）资源共享平台的建设

建设在线资源共享平台，是工商管理教学数字化转型的关键一步。这样的平台，不仅能够打破时空限制，实现教学资源的全球共享，还能够为学生提供个性化的学习体验。在平台的构建过程中，需要充分考虑用户的需求和习惯，设计出直观、易用的界面和交互方式。同时，平台还需要具备强大的数据处理和存储能力，以确保资源的稳定性和安全性。平台的建立不仅是技术的整合利用，更是一种教学理念的革新。它鼓励学生从被动接受知识转变为主动探索知识，从单一的学习模式转变为多元化的学习模式。在这样的平台上，学生可以随时随地访问到丰富的教学资源，与教师和同学进行互动交流，实现知识的共享和创造。

资源的数字化处理是在线资源共享平台建设的核心内容。将各种实践教学资源进行数字化处理，可以使其更加便于存储、传输和使用。在数字化处理过程中，需要采用先进的技术手段，如高清扫描、语音识别、视频压缩等，以确保资源的清晰度和可用性。数字化处理后的资源，可以方便地存储在云端服务器上，供学生随时访问和下载。同时，这些资源还可以被进一步地分类、标签化，以便于学生进行搜索和筛选。这样的处理方式，大大提高了资源的利用率和便捷性，使学生能够更加高效地学习。

随着工商管理领域的不断发展，新的理论、方法和案例不断涌现。为了确保在线资源共享平台上的资源能够跟上时代的步伐、满足学生不断变化的学习需求，就需要对资源库内容进行定期更新。资源的更新工作应该由专业的团队负责，他们需要及时关注工商管理领域的最新动态，收集并整理最新的教学资源；同时，他们还需要对已有的资源进行评估和筛选，将过时或无效的资源进行替换或删除。这样的更新工作，不仅能够确保资源的时效性和实用性，还能够提高学生的学习效果和满意度。

五、模拟企业环境的构建

模拟企业环境是实践教学的重要形式之一。通过构建模拟企业环境，可以让学生在模拟的商业环境中进行实际操作，提升他们的实践能力和职业素养。模拟企业环境的构建需要考虑以下几个方面。

（一）模拟企业系统的设计

在工商管理教学的实践中，企业模拟成为一种生动且富有成效的教学方式。通过设计模拟企业的组织架构，能够为学生提供一个直观且贴近现实的学习环境。

首先，模拟企业的组织架构不仅仅是简单的部门划分，它涵盖了企业内部的各个层级、各个职能部门以及它们之间的协作关系。例如，设立人力资源部、财务部、市场部、生产部等，并明确各部门的职责和权限，以及它们之间的协调机制。这样的设计有助于学生理解企业内部的运作逻辑，以及各部门间的相互依赖和协作。

其次，模拟企业的业务流程是教学的另一个重要环节。从市场调研开始，学生需要了解市场需求和竞争态势，为产品开发提供决策依据。随后，进入产品开发阶段，学生需要关注产品的设计、研发和生产，确保产品能够满足市场需求。生产制造环节需要学生关注生产流程、成本控制和质量保证；市场营销阶段需要学生制定营销策略、推广产品和拓展市场；财务管理环节要求学生掌握财务分析、预算制定和资金管理等技能。

整个模拟过程，学生将亲身体验企业的运营过程，从而更深入地理解工商管理的理论知识，提高实践能力和综合素质。

（二）角色扮演和岗位体验

在工商管理教学中，角色分配和岗位体验是两种极其有效的实践教学方法。这种方法旨在通过模拟真实的企业环境，让学生在实际操作中学习和体验工商管理知识，从而更深入地理解其内涵和应用。

角色分配要求教师根据学生的兴趣和特长，为他们分配不同的角色和岗位，如总经理、部门经理、项目负责人等。这种分配不仅有助于激发学生的积极性，还能让他们在实践中更好地理解各个岗位的职责和要求。

岗位体验是角色分配后的关键环节。学生将扮演自己所选的角色，进入模拟企业的日常运营。通过实际操作，他们能够亲身体验各个岗位的职责和工作内容，了解企业运营的全过程。这种体验不仅能让学生更加熟悉和了解工商管理知识，还能提升他们的职业素养和管理能力。

（三）模拟经营比赛的组织

首先，模拟经营比赛的内容需要高度仿真现实商业环境，使学生能够身临其境地体验企业经营的复杂性和挑战性。在比赛中，学生将面临市场竞争的残酷现实，他们需要制定有效的市场策略，进行精准的市场定位，以及灵活的营销策略来应对不断变化的市场环境。同时，产品开发也是比赛中的重要环节，学生需要关注市场动态、了解消费者需求、不断创新和改进产品，以满足市场的需要。

其次，学生需要掌握财务管理的基本知识和技能，进行准确的财务分析，制订合理的财务计划，以确保企业的稳健运营和持续发展。在比赛中，学生将面对各种财务挑战，如资金短缺、成本控制、风险管理等，他们需要灵活运用财务知识，做出明智的决策。

最后，科学的评估体系对于比赛的成功与否也至关重要。评估体系需要全面、客观、公正地评价学生的比赛表现，帮助他们发现和改进自己的不足。评估指标可以包括市场策略的有效性、产品的创新性、财务决策的合理性等方面。通过科学的评估，学生可以更加清晰地认识自己的优势和不足，为未来的学习和实践提供有益指导。

六、创新创业教育的推进

创新创业教育是工商管理实践教学的重要组成部分。推进创新创业教育，可以激发学生的创新意识和创业精神，培养他们的创新和创业能力。创新创业教育的推进需要考虑以下几个方面。

（一）创新创业课程的开设

基础课程是创新创业教育的基石。创新创业课程不仅涵盖了创新思维的培养，还深入讲解了创业所需的基本知识和技能。同时，此类课程还会详细讲解创业的基本概念、流程和关键要素，如市场调研、商业模式设计、融资策略等，为学生日后的创业实践打下坚实的理论基础。

实战课程的引入使得理论知识得以与实践相结合。这类课程通过模拟真实的创业项目，让学生在实践中体验创业的全过程。学生们需要组建团队、进行市场调研、制订创业计划、筹集资金、开展运营等一系列活动。在这个过程中，他们会面临各种挑战和困难，但正是这些挑战和困难，能够锻炼他们的团队协作能力、问题解决能力和抗压能力，进一步提升他们的创新能力和创业能力。

（二）创业实践平台的建设

在工商管理教学领域，创业孵化器和创业实验室的建设扮演着举足轻重的角色。这两者不仅为学生提供了一个实践的平台，更是连接理论知识与实际操作的桥梁。

创业孵化器的设立，不仅限于提供办公空间和基本的设备设施。更重要的是，它为学生提供了一个与业界专家、成功创业者交流学习的平台。在这里，学生可以得到专业的创业指导，从商业模式的设计、市场定位，到营销策略的制定，都能得到全面的指导和建议。此外，孵化器还为学生提供了创业培训，包括创业心理、团队管理、财务管理等多方面的知识和技能，为他们日后的创业之路打下了坚实的基础。

创业实验室则是学生进行创业实验和创新尝试的圣地。这里配备了先进的设备和完善的场地，学生能够将自己的创意和想法付诸实践。在实验室里，学生可以自由地进行各种创业实验，探索新的商业模式和产品形态。这种实践性的学习方式，不仅能够增强学生的动手能力，更能够培养他们的创新思维和解决问题的能力。

（三）创新创业活动的组织

在工商管理教学中，创业大赛和创业论坛不仅为学生提供了宝贵的实践机会，更在无形中塑造着他们的创业思维和商业素养。

创业大赛为学生提供了一个真实而激烈的商业竞争环境。在这样的环境中，学生需要组建团队、策划项目、制定商业计划，并在有限的时间内将其付诸实践。这一过程不仅考验着他们的团队协作能力、创新思维和执行力，更让他们在实践中深刻体验到了创业的艰辛与乐趣。通过创业大赛，学生能够更加清晰地认识到自己的优势和不足，为未来的创业之路打下坚实的基础。

在创业论坛中，学生可以聆听企业家、投资人和专家学者的精彩演讲，了解他们的创业经历、投资理念和商业洞察。这些宝贵的经验和观点不仅能够拓宽学生的视野和思路，更能激发他们对创业的热情和信心。此外，创业论坛还为学生提供了一个与业界精英交流互动的机会，让他们能够更加深入地了解行业动态和市场趋势，为未来的职业发展做好充分准备。

第六章
教师队伍的建设与发展策略

第一节　教师专业素养提升的路径与方法

教师的专业素养是教育质量的关键，尤其是在工商管理教学中，教师是否具有良好的专业素养直接影响到学生的学习效果和未来职业发展。提升教师专业素养是教师队伍建设的重要任务，而要实现这一目标，需要从多个方面入手，采取综合性的措施。

一、持续教育与培训

教师的知识和技能需要不断更新，特别是在工商管理这一快速发展领域，持续教育与培训显得尤为重要。学校应定期组织教师参加行业研讨会、学术会议和专业培训课程，以使教师了解最新的学术研究和行业发展动态。

（一）行业研讨会和学术会议

通过参加行业研讨会和学术会议，教师可以与同行进行交流，分享最新的研究成果和教学经验，开阔视野，提升学术水平。

行业研讨会和学术会议是教师提升专业素养的重要平台。通过参加这些活动，教师可以了解最新的学术研究和行业动态、交流教学经验和研究成果、提升学术水平和教学能力。学校应鼓励教师积极参加国内外的行业研讨会和学术会议，并提供必要的支持和资助。例如，学校可以设立专门的资金，用于资助教师参加国内外的学术会议和行业研讨会，鼓励教师积极参与学术交流活动。

参加行业研讨会和学术会议不仅可以提升教师的学术水平，还可以开阔教师的视野，了解国际前沿动态。通过与国内外同行的交流，教师可以了解最新的研究成果和教学方法，借鉴其他学校和研究机构的成功经验，提高自己的教学和科研水平。例如，在工商管理领域，许多国际知名的学术会议和行业研讨会，如美国管理学会年会（Academy of Management Annual Meeting）和欧洲管理学会年会（European Academy of Management Annual Conference）等，都是教师提升专业素养的重要平台。

（二）专业培训课程

学校可以与知名培训机构合作，定期举办专业培训课程，帮助教师掌握最新的管理理论和实务技能。

学校应与知名培训机构合作，定期举办专业培训课程，帮助教师掌握最新的管理理论和实务技能。通过参加这些培训课程，教师可以了解最新的学术研究和行业动态，提升自己的专业素养和教学能力。例如，学校可以邀请知名的工商管理专家和学者，开展专题讲座和培训课程，帮助教师了解最新的管理理论和实务技能，提升教学效果。

此外，学校还可以鼓励教师参加工商管理硕士MBA或高级管理人员工商管理硕士（EMBA）课程的学习，提升他们的管理实践能力和理论素养。例如，许多知名高校和培训机构都开设了针对教师的MBA和EMBA课程，帮助教师提升管理实践能力和理论素养，提高教学质量。

二、校企合作

校企合作是提升教师专业素养的重要途径之一。与企业合作，安排教师到企业进行实践，了解最新的行业动态和实践需求，有助于教师将理论与实践相结合，提升教学的实用性和针对性。

（一）企业实习和挂职锻炼

学校应与企业建立长期合作关系，安排教师到企业进行短期实习或挂职锻炼，使教师亲身体验企业运作流程和管理实践，提升他们的实践能力和教学质量。通过企业实习和挂职锻炼，教师可以了解最新的行业动态和实践需求，将理论与实践相结合，提高教学的实用性和针对性。

此外，学校还可以组织教师参加企业的管理培训课程和专题讲座，了解最新的管理理论和实务技能，提高教学水平。例如，许多知名企业都开设了针对教师的管理培训课程和专题讲座，帮助教师了解最新的管理理论和实务技能，提升教学效果。

（二）企业讲座和培训

邀请企业高管和行业专家到学校开展讲座和培训，是提升教师专业素养的重要途径。通过这些讲座和培训，教师可以了解最新的行业动态和前沿技术，丰富教学内容，提高教学效果。

此外，学校还可以与企业合作，开展校企联合培训项目，邀请企业高管和行业专家参与教学活动，提高教学的实用性和针对性。例如，许多知名高校和企业都开展了校企联合培训项目，通过邀请企业高管和行业专家参与教学活动，提高教学质量。

三、学术交流

学术交流是提升教师专业素养的重要方式。组织教师参加国内外的学术交流活动，从而了解国际前沿动态、提高学术视野和研究水平。

（一）国际学术交流

学校应鼓励和支持教师参加国际学术会议、访问学者项目和国际合作研究，提升教师的国际学术交流能力和国际视野。通过参加国际学术交流活动，教师可以了解国际前沿动态，提升学术水平和教学能力。例如，学校可以资助教师参加国际学术会议和访问学者项目，鼓励教师与国际同行开展合作研究，提高学术水平和国际影响力。

此外，学校还可以与国际知名高校和研究机构建立合作关系，开展联合科研项目和学术交流活动，提升教师的国际学术交流能力和国际视野。例如，许多知名高校和研究机构都与国际同行开展了广泛的学术交流和合作研究，通过这些合作项目，提升教师的学术水平和国际影响力。

（二）国内学术交流

通过与国内知名高校和研究机构合作，组织教师参加学术研讨会、学术讲座和学术沙龙，促进学术交流和合作研究，是提升教师专业素养的重要途径。通过参加这些学术交流活动，教师可以了解国内最新的研究成果和教学方法，提升学术水平和教学能力。例如，学校可以与国内知名高校和研究机构建立合作关系，组织教师参加学术研讨会和学术讲座，促进学术交流和合作研究，提升学术水平。

此外，学校还可以组织教师参加国内外的学术沙龙和学术研讨会，促进学术交流和合作研究，提升教师的学术水平和教学能力。例如，许多知名高校和研究机构都举办了学术沙龙和学术研讨会，通过这些学术交流活动，提升教师的学术水平和教学能力。

四、职业规划与指导

为教师提供职业发展规划和指导，帮助他们明确职业目标，提升职业成就感，是提升教师专业素养的重要措施。

（一）职业发展规划

学校应为每位教师制定个性化的职业发展规划，明确其职业发展路径和阶段性目标，帮助教师实现职业发展的长期目标。通过制定个性化的职业发展规划，教师可以明确职业目标，提升职业成就感和工作积极性。例如，学校可以为每位教师制定详细的职业发展规划，明确其职业发展路径和阶段性目标，帮助教师实现职业发展的长期目标。

此外，学校还可以提供职业发展咨询和职业指导，帮助教师明确职业方向和发展目标，提升职业成就感和工作积极性。例如，许多知名高校和研究机构都设立了职业发展中心，提供职业发展咨询和职业指导，帮助教师明确职业目标，提升职业成就感。

（二）职业指导和支持

通过设立职业指导中心，为教师提供职业咨询、职业培训和职业发展支持，帮助教师提升职业素养和职业成就感。

设立职业指导中心，为教师提供职业咨询、职业培训和职业发展支持，是提升教师职业素养和职业成就感的重要措施。通过职业指导和支持，教师可以明确职业目标，提升职业成就感和工作积极性。例如，学校可以设立职业指导中心，提供职业发展咨询、职业培训和职业指导，帮助教师提升职业素养和职业成就感。

此外，学校还可以提供职业发展支持和资源保障，帮助教师实现职业发展的长期目标，提升职业成就感和工作积极性。例如，许多知名高校和研究机构都设立了职业指导中心，提供职业发展支持和资源保障，帮助教师实现职业发展的长期目标。

通过上述措施，学校可以全面提升教师的专业素养和教学能力，为培养高素质的工商管理人才提供了坚实的保障。这不仅有助于提高教学质量和科研水平，也为学校的长期发展和社会的经济发展做出了重要贡献。

第二节　教师教学能力的培养与提高

在当前快速发展的教育环境中，教师的职业能力和综合素养对教学质量有着至关重要的影响。尤其是在工商管理教学领域，教师不仅需要传授专业知识，还需要具备丰富的教学经验、深厚的科研能力、良好的职业道德和持续的学习与发展能力。本节内容将分析如何提升教师的职业能力和综合素养，以适应现代教育的需求和学生的期待。

一、教学方法

（一）案例教学

1. 案例教学在实践应用中的不足

在工商管理教学的广阔领域中，案例教学法一直扮演着举足轻重的角色。这种通过精心挑选的实际案例，为学生提供了一个理论联系实践的桥梁，帮助他们将课堂上学到的抽象知识转化为解决实际问题的能力。然而，正如任何教学方法都有其局限性和挑战一样，案例教学法在工商管理教学中的应用也存在一些值得深入探讨的问题。

第一，是关于案例选择局限性的深度分析。案例选择是案例教学法成功的关键之一。然而，在实践中，不难发现许多教师在选择案例时面临着种种限制。首先，案例的时效性是一个不可忽视的问题。商业环境日新月异，新的商业模式、技术和管理理念层出不穷。如果案例选择过于陈旧，未能及时反映这些变化，教学内容就会显得缺乏时效性和现实意义。例如，一个关于传统制造业的案例分析，如果未能涵盖数字化转型、智能制造等当前热点话题，那么它对于学生理解和应对现代商业环境的能力提升就显得有限。其次，案例的代表性也是一个需要关注的问题。一个优秀的案例应该能够代表某一类问题或现象的典型特征，以便学生能够通过分析这个案例来掌握一般性的规律和原则。然而，在实践教学中，存在选择的一些案例过于特殊或个性化，难以代表一般性的情况。这样的案例虽然具有一定的教学价值，但对于学生全面理解和应用管理理论来说可能并不足够。

第二，分析深度不足的问题探讨。除了案例选择，案例教学法在应用中还存在分析深度不足的问题。这主要表现在两个方面：一是对案例本身的分析不够深入；二是对案例与管理理论之间的联系揭示不够充分。首先，对案例本身的分析不够深入是一个普遍存在的问题。许多教师在案例教学中往往停留于表面的描述和解读，未能深入挖掘案例中的复杂性和多层次问题。这样的分析方式不仅难以让学生全面理解和把握案例的精髓，也无法激发他们进行深入思考和探讨的兴趣。因此，教师在案例分析中应该注重深度挖掘和全面剖析，引导学生从多个角度和层面去理解和思考问题。其次，对案例与管理理论之间的联系揭示不够充分也是一个值得关注的问题。案例教学法的核心目的是帮助学生将理论知识应用于实践。然而，在实践教学中，一些教师在案例分析中未能充分揭示案例与管理理论之间的联系，导致学生难以将所学知识与实际问题相结合。因此，教师在案例教学中应该注重将案例与相关的管理理论相联系，引导学生从理论的角度去分析和解决问题。

2. 案例教学的改进策略

（1）引入最新案例，确保教学时效性

在工商管理教学中，案例的时效性至关重要。最新的商业案例能够更准确地反映当前的市场环境、行业趋势和技术发展，有助于学生更好地理解和掌握工商管理知识。因此，教师应积极收集和引入最新的商业案例，确保教学内容的时效性和现实性。

在引入最新案例时，教师应注重案例的多样性和代表性。不同行业、不同规模、不同国别的案例都应有所涉及，以便学生能够全面了解全球商业环境。同时，案例的选取还应结合当前的社会热点和难点问题，如数字化转型、可持续发展、全球化挑战等，以增强学生的社会责任感和使命感。

（2）深度分析与多角度讨论，培养批判性思维

在案例分析中，深度分析和多角度讨论是必不可少的环节。教师应引导学

生从多个角度深入剖析案例中的问题和现象，鼓励学生提出不同的观点和解决方案，培养其批判性思维和创新能力。

为了实现这一目标，教师可以采用小组讨论、角色扮演、辩论赛等多种教学方法。在小组讨论中，学生可以自由发表意见，互相交流和碰撞思想；在角色扮演中，学生可以身临其境地体验不同角色的职责和决策过程；在辩论赛中，学生可以更加系统地梳理自己的观点和论据，提升表达能力和逻辑思维能力。

此外，教师还应注重案例分析的深度和广度。在深度方面，教师应引导学生深入挖掘案例背后的原理和规律，理解其对企业战略、组织结构、市场营销等方面的影响；在广度方面，教师应鼓励学生从多个领域和视角思考问题，如经济学、社会学、心理学等，以拓宽其知识视野和思维方式。

（3）跨学科案例整合，提升综合能力

工商管理是一门综合性很强的学科，涉及多个领域的知识和技能。因此，在案例教学中，跨学科案例整合是非常有必要的。整合不同学科的知识和案例，可以帮助学生从多学科角度理解和解决问题，提升综合能力。

为了实现跨学科案例整合的目标，教师可以采取以下措施：首先，建立跨学科的教学团队或合作机制，邀请不同学科的教师共同参与案例开发和教学；其次，在案例选择和设计上注重跨学科的特点和要求，选择具有多学科交叉点的案例进行分析和讨论；最后，在教学方法和手段上也要体现跨学科的特点和要求，如采用跨学科的研究方法、引入跨学科的教学资源等。

通过跨学科案例整合的教学实践，学生可以更好地掌握不同学科的知识和技能，并将其应用于实际问题的解决中。同时，这种教学方式还有助于培养学生的创新思维和综合能力，为其未来的职业发展奠定了坚实的基础。

（二）项目教学

1. 项目教学在实践应用中的不足

在工商管理教学领域中，项目教学法以其独特的教学理念和方式，逐渐在工商管理教学中占据了重要的地位。项目教学法强调学生通过实际参与和完成一个完整的项目来学习和掌握知识。这种方法的核心在于"实践"，通过实践，学生能够将所学的理论知识与实际问题相结合，从而更深入地理解和掌握知识。在工商管理教学中，项目教学法可以让学生模拟真实的商业环境，通过制订商业计划、分析市场、管理团队等方式，锻炼其实践和解决问题的能力。然而，正如其他教学方法一样，项目教学法在实施过程中也面临一些挑战和问题。

第一，资源需求高。项目教学法的一个显著特点就是需要大量的资源支持。这些资源包括时间、资金、技术支持等。在工商管理教学中，一个完整的项目往往需要学生投入大量的时间和精力，同时还需要学校提供必要的资金和技术支持。然而，各种原因，许多学校难以提供充足的资源，导致项目实施效果不理想。首先，时间是项目教学中最为宝贵的资源之一。一个完整的项目往往需要数周甚至数月的时间来完成。然而，在紧张的学期安排下，学生往往难以抽出足够的时间来参与项目。这导致许多项目只能停留在表面，无法深入进行。其次，资金也是项目教学中不可或缺的资源。许多项目需要购买设备、材料或进行市场调研等，这些都需要一定的资金支持。然而，由于经费有限，许多学校无法为学生提供足够的资金支持，阻碍了项目的实施。最后，技术支持也是项目教学中不可忽视的资源。在信息化时代，许多项目都需要借助计算机、网络等现代技术来完成。然而，技术更新换代迅速，许多学校难以跟上技术发展的步伐，导致学生在项目实施中遇到技术难题。

第二，评估困难。项目教学的另一个挑战是如何公平公正地评估学生的项目成果和参与度。由于项目教学的特殊性，其评估标准往往难以统一。不同的项目有不同的特点和要求，难以用单一的标准来衡量学生的表现。此外，学生在项目中的参与度也是一个难以量化的指标。因此，如何制定科学合理的评估标准和方法，成为项目教学中亟待解决的问题。在评估过程中，教师往往需要根据项目的具体情况和要求，制定详细的评估标准和指标。同时，还需要采用多种评估方法，如自我评价、同伴评价、教师评价等，以全面客观地反映学生的表现。然而，这些评估方法都需要投入大量的时间和精力，给教师带来了额外的负担。此外，评估标准的模糊性和主观性，也容易导致评估结果的争议和不满。

2．项目教学的改进策略

（1）虚拟项目：工商管理教学的创新平台

虚拟仿真技术以其高度的模拟性和互动性，为工商管理教学提供了全新的可能。在虚拟项目中，学生能够在一个仿真的环境中进行项目实践，这不仅大大降低了实体资源的需求，同时也提高了学生的参与度和实践效果。

在虚拟项目的设计与实施中，教师扮演着至关重要的角色。他们需要根据教学目标和内容，设计合理的项目背景、任务和目标，确保学生能够从中获得实际的管理经验和技能。同时，教师还需要为学生提供必要的指导和支持，帮助他们解决在项目实施过程中遇到的问题和困难。

对于学生而言，虚拟项目为其提供了一个安全、可控的实践环境。在这个环境中，他们可以大胆尝试各种管理方法和策略，通过实践来检验理论知识的正确性和有效性。此外，虚拟项目还能够帮助学生培养团队协作、沟通协调等重要的管理素质，为他们未来的职业发展打下了坚实的基础。

（2）企业合作项目：工商管理教学的实践桥梁

除了虚拟项目外，企业合作项目也是提升工商管理教学效果的重要途径。通过与企业建立合作关系，学生可以直接参与企业的实际项目，从中学习和应用管理知识。

企业合作项目具有高度的真实性和实践性。在项目中，学生需要面对真实的市场环境、竞争对手和客户需求，运用所学的管理知识和技能来解决问题和完成任务。这种实践经历不仅能够帮助学生加深对理论知识的理解，还能够培养他们的实际操作能力和创新思维。

同时，企业合作项目还能够为学生提供宝贵的职业发展机会。通过参与项目，学生可以了解企业的运作模式和行业趋势，积累宝贵的实践经验和人脉资源。这些经验和资源将对他们未来的就业和创业产生积极影响。

（3）项目过程评估：确保教学效果的关键环节

无论是虚拟项目还是企业合作项目，都需要建立科学的项目过程评估体系来确保教学效果。在项目实施过程中，教师应该关注学生在项目中的参与度和进步情况，通过定期反馈和指导帮助他们不断提升。

评估体系应该包括多个方面的指标，如项目的完成情况、团队协作的表现、管理技能的应用等。这些指标应该具有客观性和可操作性，能够全面反映学生在项目中的表现和进步情况。同时，教师还应该根据评估结果及时调整教学策略和方法，确保教学效果的持续提升。

（三）翻转课堂

1．翻转课堂在实际应用中的不足

在工商管理教学领域中，翻转课堂模式作为一种创新的教学方法，近年来备受关注。它挣脱了传统课堂的束缚，将理论知识的学习放在课前，让学生通过自主学习来掌握基础内容，而课堂则成为师生互动、知识应用和深化的场所。然而，正如任何教学方法都有其两面性，翻转课堂在工商管理教学中的应用也不例外，它既带来了显著的优点，也面临一些挑战。

第一，翻转课堂要求学生具有较强的自律性和自主学习能力。然而，并非所有学生很好地适应这种学习方式。有些学生可能习惯了传统的被动学习模式，对于课前自主学习感到无所适从，导致课前学习效果参差不齐。这不仅影响了学生的学习效果，也给教师的教学带来了困难。

第二，课前资源的质量对翻转课堂的效果具有重要影响。在工商管理教学中，教师需要提供与课程内容紧密相关、质量上乘的课前学习资源。然而，在实际操作中，由于种种原因，教师提供的课前学习资源质量参差不齐。有些资源可能过于简单，无法满足学生的学习需求；有些资源则可能过于复杂，超出了学生的理解范围。这些问题都会影响学生的学习效果，甚至可能导致学生对翻转课堂产生抵触情绪。

2．翻转课堂的改进策略

（1）个性化学习支持的深化

在工商管理教学中，学生的背景、兴趣和学习目标各异，因此，提供个性化学习支持显得尤为重要。翻转课堂模式可以通过以下方式实现个性化学习支持：

①多层次学习资源的构建：教师可以根据学生的学习需求和水平，设计不同难度和深度的学习资源，如教学视频、案例分析、在线测试等。这些资源应覆盖工商管理领域的各个方面，以满足不同学生的学习需求。

②学习进度与理解情况的跟踪：通过在线学习平台，教师可以实时跟踪学生的学习进度和理解情况。对于学习进度较慢或理解有困难的学生，教师可以提供额外的辅导和支持，帮助他们跟上教学进度。

③个性化学习计划的制订：基于学生的学习情况和需求，教师可以为学生制订个性化的学习计划。这些计划应明确学习目标、学习内容和时间安排，以帮助学生更好地规划自己的学习。

（2）互动与反馈的增强

翻转课堂强调学生的参与和互动，因此，增强互动与反馈是提高教学效果的关键。在工商管理教学中，可以通过以下方式实现互动与反馈的增强：

①多样化的互动环节设计：在课堂上，教师可以设计多样化的互动环节，如小组讨论、案例分析、角色扮演等。这些环节可以帮助学生更好地理解和应用所学知识，同时提高他们的沟通能力和团队协作能力。

②在线平台的利用：通过在线学习平台，教师可以及时收集学生的学习情况和问题，并给出相应的反馈。这些反馈可以是针对某个具体问题的解答，也可以是对整体学习进度的建议。在线平台的利用可以帮助学生更好地掌握学习内容，提高学习效果。

③反馈机制的优化：除了及时的反馈，教师还应建立有效的反馈机制。这包括定期收集学生的意见和建议，对教学内容和方式进行调整和改进。同时，教师还应鼓励学生之间的互相反馈和交流，以促进他们之间的合作和竞争。

（3）学生自律性的激发

翻转课堂强调学生的自主学习和课前准备，因此，激发学生的自律性对于提高教学效果至关重要。在工商管理教学中，可以通过以下方式激发学生的自律性：

①明确学习目标和奖励机制：教师可以为学生设定明确的学习目标，并制定相应的奖励机制。这些目标可以是知识掌握程度、技能提升水平或学习态度改善等。当学生达到这些目标时，可以给予相应的奖励和认可，激发他们的学习动力和自律性。

②学习监督和指导：教师可以通过在线学习平台对学生的学习情况进行监督和指导。对于学习进度较慢或自律性较差的学生，教师可以提供额外的支持和帮助，帮助他们养成良好的学习习惯和自律性。

③营造积极的学习氛围：教师可以通过组织各种学习活动和竞赛等方式，营造积极的学习氛围。这种氛围可以激发学生的学习热情和兴趣，提高他们的学习积极性和自律性。同时，教师还应鼓励学生之间的互相学习和交流，以促进他们之间的合作和共同进步。

（四）混合教学

1. 混合教学在实际应用中的不足

在工商管理教学的领域中，混合教学法融合传统课堂教学与在线学习的特点，为教育带来了前所未有的机遇与挑战。混合教学法不仅为学生提供了灵活多样的学习方式，还为教师提供了更为广阔的教学空间。然而，在实际应用中，我们也必须正视其存在的一些问题与困难。

第一，技术依赖性强。混合教学法的实施高度依赖于技术设备和网络环境。对于大多数学校而言，配备先进的多媒体教学设备和稳定的网络环境是实施混合教学的前提。但现实中，不少学校尤其是偏远地区的学校，在硬件设备和网络环境方面仍存在较大问题。这种技术依赖性强的问题，不仅限制了混合教学法的普及和应用，还影响了教学效果的发挥。在技术依赖性强的背景下，还要关注到技术设备的更新和维护问题。随着科技的不断发展，新的教学技术和设备不断涌现，但如何确保这些新技术和设备能够及时应用到教学中，并且保持其稳定性和安全性，是一个需要持续关注的问题。

第二，教学设计复杂。混合教学的课程设计需要将线上线下教学有机结合，这无疑增加了教学设计的难度。教师需要充分考虑学生的学习特点和需求，设计出既符合教学目标又能够吸引学生的教学方案。同时，教师还需要精心安排和协调线上线下教学的各个环节，确保教学的顺利进行。在教学设计复杂的背景下，还要关注到教学资源的整合和利用问题。混合教学需要整合大量的在线资源和传统教学资源，以便能够为学生提供更为丰富多样的学习材料。然而，如何有效地整合这些资源，并且确保其在教学中得到充分利用，是一个需要深入思考的问题。

2. 混合教学的改进策略

（1）优化技术支持

在混合教学模式中，技术支持的优劣直接关系到教学的效果。为了保障在线学习的顺利进行，需要加强技术设备和网络环境的建设。首先，学校应当提供稳定、高速的网络环境，确保学生能够流畅地访问在线教学平台，参与各种在线学习活动。其次，学校应当提供足够数量的计算机和其他终端设备，供学生使用。对于经济条件较差的学生，学校可以设立助学金或实行设备租借制度，帮助他们解决设备问题。

除了硬件设备的支持，软件平台的选择也至关重要。在线教学平台应当具备教学资源的上传、下载、共享，以及在线互动、测试、作业提交等功能。此外，平台还应当具备良好的用户体验，界面简洁明了、操作便捷。为了确保教师和学生能够充分利用在线教学平台，学校还可以提供技术支持和培训。例如，可以组织技术人员对教师和学生进行平台使用的培训和指导，帮助他们熟悉和掌握平台的各种功能。

（2）精心设计课程

在混合教学模式中，课程设计的合理性和科学性直接影响学生的学习效果。

因此，要精心设计课程，确保线上和线下教学内容的有机结合。首先，在课程内容的选择上，应根据工商管理专业的特点和学生的学习需求，选择具有代表性和实用性的教学内容。其次，在教学内容的安排上，应注重线上和线下的有机结合。线上教学可以提供理论知识、案例分析等资源，供学生自主学习和预习；线下教学则可以进行互动讨论、实践活动等，帮助学生加深对知识的理解和运用。

除了教学内容的安排，课程设计的另一个重要方面是课程目标的明确性。在混合教学模式中，要明确每个课程的目标和要求，确保学生能够清楚地了解自己的学习方向和任务。同时还要注重课程的评价和反馈机制，及时了解学生的学习情况和问题，为教学提供有益的参考。

二、沟通能力

沟通能力是教师职业能力的重要组成部分，直接影响教学效果和师生关系。良好的沟通能力可以帮助教师更好地传递知识、激发学生的学习兴趣、营造良好的教学氛围。

（一）沟通能力的重要性

1. 课堂沟通是塑造有效教学的基石

在工商管理教学的课堂中，教师的沟通能力是确保知识传递效果的关键。

首先，教师需要清晰、准确地传达教学内容。这不仅意味着教师要有扎实的专业知识，更要求他们能够将复杂的概念和理论用通俗易懂的语言表达出来，使学生能够轻松理解。

其次，善于使用肢体语言和多媒体工具辅助教学，是增强课堂沟通效果的又一重要途径。教师可以通过肢体语言，如眼神交流、面部表情和手势等，来强调重点、吸引学生注意力，并营造积极的课堂氛围。同时，多媒体工具如PPT、视频、案例等，也能使教学内容更加生动、直观，有助于学生更好地理解和记忆。

最后，有效的课堂沟通还涉及非语言沟通。教师应注意自己的穿着打扮、言谈举止等，以展现自己的专业素养和亲和力。同时，教师还应关注学生的反馈和互动，及时调整教学策略和方法，以确保教学效果。

2. 师生关系是构建和谐教育生态的纽带

在工商管理教学中，师生关系的和谐与否直接关系到学生的学习效果和教师的教学质量。良好的沟通能力有助于建立和谐的师生关系。

首先，教师应能够与学生建立信任和尊重的关系。这要求教师在教学过程中充分尊重学生的人格和权利，关注学生的需求和问题，并给予及时的指导和帮助。

其次，教师应关注学生的情感体验和心理需求。通过有效的沟通，教师可以了解学生的学习态度、兴趣爱好、性格特点等，从而为他们提供更加个性化的教学服务。同时，教师还应关注学生的心理健康问题，及时给予关爱和支持。

最后，教师应鼓励学生积极参与课堂活动和社会实践。通过有效的沟通，教师可以激发学生的学习兴趣和创造力，引导他们积极参与各种实践活动，培养他们的实践能力和创新精神。

3．同事协作是提升教学质量的助推器

在工商管理教学中，同事间的协作是提升教学质量的重要保障。

首先，教师需要与同事进行有效的沟通与合作。通过分享教学经验和资源、共同探讨教学和科研问题等方式，教师可以不断提升自己的教学水平和科研能力。

其次，同事间的协作还有助于形成良好的教学氛围和团队文化。在协作过程中，教师可以相互学习、相互支持、相互鼓励，形成积极向上的团队氛围。这种氛围有助于激发教师的教学热情和创造力，提升整个团队的教学质量和水平。

（二）提升沟通能力的措施

在工商管理教学的广阔领域中，沟通能力不仅影响教师与学生之间的知识传递，更关乎学生未来在职场中的表现与发展。因此，深入探讨如何提升工商管理教学中的沟通能力，对于提高教学质量、培养优秀工商管理人才具有重要意义。

1．教学培训

在工商管理教学中，提升沟通能力的首要措施是组织教师参加沟通技巧培训。这种培训旨在帮助教师掌握有效的沟通方法和技巧，从而在教学中更好地与学生互动和交流。

①积极倾听是有效沟通的基础。在培训中，教师应学习如何全身心地投入与学生的交流中，倾听他们的意见、困惑和需求。这不仅需要教师保持专注，还需要教师学会运用各种倾听技巧，如反馈性倾听、理解性倾听等，以确保真正理解学生的意图。

②清晰表达是确保信息准确传递的关键。在培训中，教师应学习如何运用简

洁、明了的语言来表达复杂的概念和理论。同时，教师还需要注意语速、语调和音量等语言因素，以确保学生能够轻松理解所传达的信息。

③非语言沟通在交流中同样扮演着重要角色。教师可以通过肢体语言、面部表情和眼神接触等方式来传递信息、表达情感。在培训中，教师应学习如何运用这些非语言沟通手段来增强课堂效果，吸引学生注意力。

2．模拟教学

模拟教学是一种有效的沟通技巧训练方法。通过模拟真实的课堂环境，教师可以在实际操作中发现和改进自己的沟通不足。

①在模拟教学中，教师可以扮演不同的角色，如教师、学生和观察者。通过亲身体验不同角色的感受和需求，教师可以更深入地理解沟通的重要性，并学习如何适应不同的沟通场景。

②模拟教学结束后，教师应进行反馈和讨论。通过回顾自己的表现，教师可以发现自己的沟通问题，如语言表达不清、非语言沟通不当等。同时，教师还可以从其他教师和学生的反馈中获取宝贵的建议和改进意见，以不断提升自己的沟通能力。

3．课堂观察

课堂观察是评估教师沟通效果的重要手段。观察教师的口头表达、非语言沟通和与学生的互动情况，可以客观地评价教师的沟通能力。

①在课堂观察中，观察者应详细记录教师的沟通行为和效果。这包括教师的口头表达是否清晰、非语言沟通是否得当、师生互动是否积极等。记录这些细节，可以更全面地了解教师的沟通状况。

②观察结束后，应对教师的沟通效果进行评估。评估结果应客观、公正，并提供具体的反馈和建议。这些反馈和建议应针对教师的具体问题提出，以帮助教师解决沟通问题、提高沟通能力。

三、科研能力

科研能力是高校教师的重要能力之一，特别是在工商管理教学领域，教师需要通过科研活动不断更新知识体系，提升学术水平。科研能力的提升不仅有助于教师自身的发展，还能提高教学质量和科研水平，推动学科发展。

（一）科研能力的重要性

1.知识更新的驱动力

工商管理是一个快速发展的学科领域，随着全球化、数字化和市场竞争的加剧，新的商业理论、管理模式和实践案例层出不穷。在这样的背景下，教师的知识体系需要不断地更新和扩展，以保持与学科前沿同步。而科研活动正是实现这一目标的重要途径。

通过参与科研项目、阅读学术文献、参加学术会议等方式，教师可以及时了解学科最新的研究成果和发展趋势。这些新知识、新观点和新方法不仅可以丰富教师的教学内容，还可以为教学提供新的视角和思路。同时，教师还可以将最新的研究成果融入教学中，使教学内容更具前瞻性和实用性，激发学生的学习兴趣和求知欲。

2.学术水平提升的关键

科研活动是教师提升学术水平和科研能力的重要途径。在工商管理领域，教师的学术水平和科研能力不仅关系到个人的学术声誉和职业发展，还直接影响教学质量和学科的发展。

通过参与科研项目、撰写和发表学术论文、申请科研项目等方式，教师可以不断提升自己的学术水平和科研能力。在科研过程中，教师需要不断地思考、探索和创新，这种过程本身就是一种锻炼和提高。同时，通过与其他学者的交流和合作，教师还可以借鉴他人的经验和方法，拓宽自己的学术视野和思路。

学术水平的提升不仅可以增强教师在学术领域的影响力和地位，还可以为教学提供更多的学术支持和资源。教师可以将自己的研究成果和学术观点融入教学中，帮助学生更好地理解和掌握学科知识。

3.教学质量提高的保障

科研活动对于提高教学质量具有重要的保障作用。在工商管理教学中，教师需要不断地探索和创新教学方法和手段，以适应学生的学习需求和学科的发展变化，而科研活动可以为教学提供有力的支持和保障。

首先，科研活动可以丰富教师的教学内容。教师可以通过参与科研项目、阅读学术文献等方式了解学科最新的研究成果和发展趋势，将这些新知识、新观点和新方法融入教学中。同时，教师还可以将自己的研究成果和学术观点融入教学中，使教学内容更具深度和广度。

其次，科研活动可以改进教学方法和手段。教师可以通过参与科研项目、开展教学实验等方式探索新的教学方法和手段，提高教学效果。例如，教师可以采用案例教学法、模拟教学法等实践性强的教学方法来帮助学生更好地理解和掌握学科知识；同时，教师还可以利用现代信息技术手段如多媒体教学、在线教学等方式来拓展教学空间和时间。

最后，科研活动还可以激发学生的学习兴趣和求知欲。教师可以通过引导学生参与科研项目、指导学生撰写学术论文等方式培养学生的科研能力和创新精神；同时，教师还可以将自己的研究成果和学术观点与学生分享和交流，激发学生的学习兴趣和求知欲。

4. 学科发展推动的助力

在工商管理学科中，教师的科研成果不仅有助于自身的发展，还能推动学科的发展和进步。通过开展高水平的科研活动，教师可以为学科的发展做出贡献，提升学科的学术地位和社会影响力。

首先，教师的科研成果可以丰富学科的知识体系。教师可以通过参与科研项目、撰写学术论文等方式探索新的研究领域和问题，提出新的理论观点和解决方案。这些成果不仅可以为学科的发展提供新的思路和方向，还可以为其他学者提供有价值的参考和借鉴。

其次，教师的科研成果可以提升学科的学术地位。高水平的科研成果可以提高教师在学术领域的知名度和影响力，进而提升学科的学术地位。同时，这些成果还可以为学科争取更多的科研项目和资金支持，促进学科的持续发展和进步。

最后，教师的科研成果还可以增强学科的社会影响力。工商管理学科是一个应用性很强的学科领域，其研究成果可以为企业、政府等社会各界提供有价值的参考和借鉴。教师的科研成果不仅可以解决实际问题、推动社会进步；还可以为学科争取更多的社会资源和支持；进而提升学科的社会地位和影响力。

（二）提升科研能力的措施

1. 科研培训

科研培训是提升教师科研能力的基础环节。在这一环节中，要注重科研设计、数据分析、论文写作等核心技能的培养。

①科研设计是研究的起点，关乎整个研究的方向和深度。在培训中，应着重强调研究问题的提出、研究方法的选择以及数据收集和分析的科学性。教师可以

通过学习科研设计的理论和方法，掌握如何根据实际问题提出研究假设，如何选择最适合的研究方法，以及如何设计和实施有效的数据收集和分析计划。

②数据分析是科研过程中的重要环节。在培训中，应引入最新的数据分析软件和工具，如SPSS、SAS、R等，并教授教师如何使用这些工具进行数据处理和分析。通过实践操作，教师可以掌握数据清洗、统计分析、模型构建等技能，提高科研数据的处理能力。

③论文是科研成果的载体，也是教师科研能力的重要体现。在培训中，应注重论文写作的规范性和科学性。教师可以学习如何撰写论文的各个部分，包括引言、文献综述、研究方法、数据分析、结果讨论和结论等。同时，还应强调论文的学术价值和创新性，鼓励教师在论文中展示自己的研究成果和思考。

2．科研项目支持

科研项目是教师科研能力提升的重要平台。为教师提供科研项目支持，可以激发其科研热情、挖掘其科研潜力。

①充足的科研经费是开展高水平科研活动的保障。学校应提供足够的经费支持，帮助教师购买实验设备、收集数据、参加学术会议等。同时，学校还应建立完善的经费管理制度，确保经费使用的合理性和有效性。

②项目申报是获取科研经费和展示科研成果的重要途径。学校应为教师提供项目申报的指导和支持，包括项目申报的流程、要求和技巧等。同时，学校还应建立项目申报的激励机制，鼓励教师积极申报各类科研项目。

③项目管理是确保科研项目顺利进行的关键。学校应提供科研项目管理的支持，包括项目进度控制、经费管理、成果产出等。通过有效的项目管理，可以确保科研项目按计划进行，提高科研效率和成果质量。

3．学术交流

学术交流是教师科研能力提升的重要途径。通过组织和参加学术交流活动，教师可以了解学科前沿和最新研究成果，拓宽学术视野和合作机会。

①学术会议是学术交流的重要平台。学校应鼓励教师参加国内外学术会议，了解学科最新动态和研究方向。同时，学校还应积极组织学术会议，邀请国内外知名学者来校交流，提升学校的学术影响力。

②学术讲座是传播学术思想和交流研究成果的重要方式。学校应定期邀请国内外知名学者来校开展学术讲座，分享最新的研究成果和方法。通过学术讲座，

教师可以了解不同领域的研究进展和方法创新，拓宽学术视野和思路。

③学术沙龙是自由讨论和交流学术问题的场所。学校应组织教师参加学术沙龙活动，围绕学科热点和难点问题进行讨论和交流。通过学术沙龙活动，教师可以互相学习、互相启发，提高科研能力和学术水平。

4．科研团队建设

科研团队是开展高水平科研活动的重要组织形式。推动教师组建科研团队，可以整合不同学科的资源和优势、提高科研创新能力和水平。

①学校应为科研团队建设提供必要的支持，包括场地、设备、经费等。同时，学校还应建立完善的科研团队管理制度，明确团队成员的职责和权益、促进团队合作和交流。

②跨学科合作是科研团队建设的重要方向。学校应鼓励教师开展跨学科、跨领域的合作研究，整合不同学科的资源和优势，提高科研创新能力和水平。通过跨学科合作，教师可以拓展研究领域和思路、提高科研质量和影响力。

③团队科研培训是提高科研团队成员科研能力和水平的重要途径。学校应为科研团队提供科研培训支持，包括科研方法、数据分析、论文写作等方面的培训。团队科研培训，可以提高团队成员的科研能力和水平，推动团队科研的高水平发展。

四、管理能力

管理能力，对于教师特别是担任教学管理职务的教师来说尤为重要。有效的管理能力可以帮助教师更好地组织和协调教学、科研和管理工作，提高工作效率和管理水平。

（一）管理能力的重要性

1．课堂管理能力是教学的微观基石

课堂是教学的基本单元，也是管理能力最直接体现的场所。在工商管理教学中，教师需要具备出色的课堂管理能力，以确保教学活动的顺利进行。这包括处理突发事件、维护课堂秩序、营造良好的学习环境等多个方面。

首先，处理突发事件是课堂管理的重要一环。工商管理教学往往涉及复杂的市场环境和企业案例，学生在讨论和提问时可能会出现各种预料之外的情况。教师需要具备敏锐的观察力和快速的反应能力，及时有效地处理这些突发事件，避

免其影响教学进度和效果。

其次，维护课堂秩序是课堂管理的基本要求。良好的课堂秩序有助于学生集中精力听讲、参与讨论和完成学习任务。教师需要制定课堂纪律并严格执行，同时关注学生的行为表现，及时纠正不良行为，维护课堂秩序。

最后，营造良好的学习环境是课堂管理的核心目标。一个宽松、和谐、积极的学习环境能够激发学生的学习兴趣和创造力，提高学习效果。教师可以通过精心设计教学内容、采用多样化的教学方法和手段、关注学生情感需求等方式来营造良好的学习环境。

2．项目管理能力是科研与教学的桥梁

在工商管理教学中，项目管理能力是教师进行科研和教学改革的重要支撑。无论是承担科研项目还是进行教学改革实践，都需要教师具备较强的项目管理能力。

首先，计划制订是项目管理的基础。教师需要明确项目目标、任务分解、时间进度和资源需求等方面的内容，制订详细的项目计划。这有助于教师有条不紊地推进项目进程，确保项目能够按时完成。

其次，资源配置是项目管理的关键。工商管理教学项目往往需要涉及多个领域和部门的人员和资源。教师需要具备较强的组织协调能力，合理调配各种资源，确保项目的顺利进行。

最后，进度控制是项目管理的核心。在项目实施过程中，教师需要对项目进度进行实时监控和评估，及时发现和解决问题，确保项目能够按照计划进行。这有助于教师掌握项目进展情况，及时调整计划和策略，确保项目的成功完成。

3．教学管理能力是提升教学质量的保障

对于担任系主任、教务长等教学管理职务的教师来说，教学管理能力是提升教学质量的重要保障。教学管理能力包括统筹安排教学工作、协调各方资源、制定和执行教学政策等方面。

首先，统筹安排教学工作是教学管理的基础。教师需要根据学校的教学计划和课程设置要求，合理安排教学任务和进度，确保教学工作的有序进行。

其次，协调各方资源是教学管理的关键。在工商管理教学中，教师需要与多个部门和人员进行沟通和协调，包括与学院领导、学生管理部门、后勤服务部门等的沟通和协调。这有助于教师更好地利用各种资源，为教学工作提供有力

保障。

最后，制定和执行教学政策是教学管理的核心。教师需要根据学校的教学目标和要求，制定具体的教学政策和措施，并督促其得到有效执行。这有助于规范教学行为、提高教学质量和效果。

（二）提升管理能力的措施

1．管理培训

管理培训作为提升教师管理能力的基石，需要注重理论与方法的深度融合。

首先，课堂管理培训应涵盖课堂组织、学生参与、教学策略等多个方面，使教师能够系统地掌握课堂管理的核心要素。同时，通过案例分析、角色扮演等互动形式，教师能够在模拟情境中学习如何有效应对课堂突发事件，提升应对突发情况的能力。

在项目管理培训中，教师应学习如何制订项目计划、配置资源、控制进度等关键技能。此外，培训还应关注项目风险管理、团队合作等方面，帮助教师形成全面的项目管理视角。通过实践项目演练，教师可以积累项目管理经验，提高实际操作能力。

对于教学管理培训，应重点关注教学计划制订、课程安排、教学资源配置等方面。培训可以邀请具有丰富教学管理经验的专家学者授课，分享教学管理的成功经验和典型案例。同时，通过观摩教学、教学研讨等形式，让教师在实践中学习如何优化教学管理流程，提升教学质量。

2．管理实践

管理实践是教师提升管理能力的关键环节。学校应为教师提供更多的管理实践机会，使其在实际操作中积累经验、提升能力。课堂管理实践是教师管理实践的重要组成部分，教师可以通过观察学生行为、调整教学策略等方式，不断优化课堂管理效果。同时，教师应积极反思课堂管理过程中的得失，总结经验教训，不断提高课堂管理能力。

在项目管理实践中，教师可以通过参与科研和教学改革项目，学习如何制订项目计划、分配任务、监控进度等。通过实际项目的操作，教师可以积累项目管理经验、提高项目管理能力。此外，教师还可以尝试与其他教师合作开展项目，锻炼团队协作和沟通能力。

对于教学管理实践，担任教学管理职务的教师应积极参与实际管理工作，如制订教学计划、组织考试、评估教学质量等。通过实践工作，教师可以积累统筹安排教学工作、协调各方资源的经验，提升教学管理能力。同时，教师还应关注教学管理中的热点问题，如教学改革、课程优化等，不断思考和创新教学管理模式。

3.管理咨询

管理咨询为教师提供了专业的指导和帮助，有助于解决管理工作中的困难和问题。学校可以设立管理咨询中心，为教师提供管理咨询服务。咨询中心可以邀请具有丰富管理经验的专家学者担任咨询师，为教师提供个性化的咨询和指导。

在管理问题咨询方面，咨询师可以针对教师在管理工作中遇到的具体问题进行分析和解答，提供有效的解决方案。同时，咨询师还可以为教师提供心理支持和情绪疏导，帮助教师缓解管理压力。

在管理能力提升咨询方面，咨询师可以根据教师的实际情况制订个性化的管理能力提升计划，提供具体的培训和实践建议。通过咨询师的指导和帮助，教师可以更加系统地提升管理能力，实现个人职业发展。

4.管理评估

管理评估是了解教师管理能力和水平的重要手段。学校应设计科学合理的管理评估工具，包括课堂管理、项目管理和教学管理的评估指标。评估指标应具有可操作性和可量化性，能够客观反映教师的管理能力和水平。

在评估实施过程中，学校应定期对教师的管理能力进行评估，收集评估数据并分析。评估结果应及时反馈给教师本人和学校管理层，以便教师了解自身管理能力和水平的不足之处并制订改进计划。同时，学校管理层也可以根据评估结果对教学管理进行优化和改进。

评估反馈是管理评估的重要环节。学校应根据评估结果提供具体的反馈和建议，帮助教师改进管理问题并提升管理能力。反馈应具有针对性和可操作性，能够指导教师进行具体的管理改进工作。同时，学校还应关注教师的反馈意见和建议，不断完善管理评估体系，提高评估效果。

五、持续学习能力

持续学习能力是教师职业发展的关键。面对快速变化的知识和技术，教师需要不断学习和更新知识，提升自身专业水平。

（一）持续学习能力的重要性

1．知识更新的需求

在快速变化的商业环境中，工商管理领域的知识体系也在不断更新和扩展。持续学习能力使教师能够紧跟时代的步伐，不断更新和扩展自己的知识体系。通过参加学术会议、阅读专业文献、参与在线课程等方式，教师可以了解学科前沿和最新研究成果，将这些新知识、新理论、新方法融入教学中，使教学内容更具前瞻性和实用性。

这种知识更新的过程，不仅有助于教师保持对学科的敏感度和洞察力，还能够激发学生的学习兴趣和求知欲。当学生感受到教师对于新知识、新方法的热情和追求时，也会更加积极地参与到学习中来，从而形成良好的学习氛围。

2．教学质量的提升

持续学习能力对于提升教学质量具有重要意义。在工商管理教学中，教师需要不断创新教学方法和手段，以满足学生的不同需求。通过持续学习，教师可以接触到更多的教学理念和教学方法，结合自己的教学实践进行改进和创新。

例如，教师可以学习并尝试运用案例教学、模拟教学、项目教学等教学方法，让学生在实践中学习和掌握理论知识。同时，教师还可以借助现代信息技术手段，如在线课程、微课、慕课等，为学生提供更加便捷、高效的学习途径。这些教学方法和手段的创新，不仅能够提高学生的学习兴趣和参与度，还能够提升教学效果和质量。

3．职业发展的保障

持续学习能力是教师职业发展的重要保障。在工商管理教学领域，教师的职业发展不仅需要具备扎实的专业基础，还需要具备不断学习和提升的能力。通过持续学习，教师可以不断提升自身的专业水平和职业素养，增强自己的竞争力和影响力。

同时，持续学习能力还有助于教师拓展自己的职业领域和发展空间。随着商业环境的不断变化和工商管理领域的不断发展，教师需要具备跨学科、跨领域的综合能力。通过持续学习，教师可以拓展自己的知识领域和视野，掌握更多的跨学科知识和技能，为自己的职业发展打下坚实的基础。

（二）提升持续学习能力的措施

1．学习培训

学习培训是教师提升持续学习能力的重要途径。这一环节不仅要关注知识的更新，还要关注教学方法和职业素养的提升。

①工商管理学科的前沿知识日新月异，教师需要紧跟时代步伐，学习最新的管理理论、商业模式以及市场趋势。通过参加研讨会、工作坊、在线课程等多种形式的培训，教师可以深入了解学科前沿和最新研究成果，不断更新和扩展自己的知识体系。

②随着教育技术的不断发展，新的教学方法和技术层出不穷。教师需要掌握最新的教学技术，如在线教育平台、虚拟教室、互动教学工具等，以便更好地开展教学活动。此外，教师还应关注学生的学习需求和特点，不断尝试和创新教学方法，以提高教学质量。

③职业素养是教师综合素质的重要组成部分。通过职业素养培训，教师可以提升自己的道德素质、沟通能力、团队协作能力等，从而更好地履行教师职责。同时，职业素养培训还可以帮助教师树立正确的职业观念和态度，实现职业发展的新突破。

2．学习资源

为教师提供丰富的学习资源是提升持续学习能力的重要保障。学校应建立学习资源库，提供多样化的学习资源，以满足教师自主学习的需求。

①在线学习平台是教师自主学习的重要工具。学校可以建立自己的在线学习平台，为教师提供丰富的在线学习资源，如视频课程、电子书、学术论文等。这些资源可以帮助教师随时随地学习，不受时间和地点的限制。

②除了在线学习平台，学校还应建立学习资源库，提供专业知识、教学方法、科研成果等多种学习资源。这些资源可以是纸质书籍、期刊杂志、研究报告等，也可以是数字化资源，如电子课件、教学视频等。通过学习资源库的建设和管理，教师可以更加方便地获取所需的学习资源。

③在学习过程中，教师可能会遇到各种问题和困难。学校应提供学习支持服务，如在线答疑、学习指导、学习反馈等。这些服务可以帮助教师解决学习中的

问题和困难，提高学习效率和质量。

3．学习交流

学习交流是教师提升持续学习能力的重要途径之一。通过交流和合作，教师可以相互学习、共同进步。

①学校可以定期组织学习研讨会，邀请校内外的专家学者、企业界人士等共同探讨工商管理领域的热点问题和发展趋势。这些研讨会可以为教师提供宝贵的交流机会，促进教师之间的学习与合作。

②学校可以组织教师成立学习小组，定期进行学习交流和讨论。学习小组的成员可以来自不同的学科领域、有着不同的教学背景，通过分享学习经验和成果，共同提高学习能力。同时，学习小组还可以开展合作研究、编写教材等活动，促进教师之间的合作与交流。

③学校可以邀请国内外知名学者来校开展学习讲座，分享最新的研究成果和学习经验。这些讲座可以为教师提供新的思路和启示，激发教师的创新精神和探索精神。同时，讲座还可以为教师提供与专家学者面对面交流的机会，增进彼此之间的了解和友谊。

4．学习评估

学习评估是了解教师学习效果和水平的重要手段。通过评估，学校可以了解教师的学习态度、学习行为和学习效果，发现存在的问题和不足，为改进教学提供科学依据。

①学校应设计科学合理的学习评估工具，包括学习态度、学习行为和学习效果的评估指标。这些指标应具有可操作性和可衡量性，能够全面反映教师的学习情况。

②学校应定期对教师的学习能力进行评估，收集评估数据、分析学习效果和水平。评估结果应以客观、公正、准确为原则，避免主观臆断和偏见。

③根据评估结果，学校应向教师提供具体的反馈和建议。这些反馈和建议应具有针对性和可操作性，能够帮助教师解决学习问题、提高学习能力。同时，学校还应关注教师的成长和发展，为教师提供必要的支持和帮助。

第三节　教师队伍建设的长远规划与展望

在全球经济迅速发展的背景下，工商管理教育面临着前所未有的机遇与挑战。高素质的教师队伍是确保工商管理教育质量的关键因素。因此，教师队伍的长远建设和发展策略显得尤为重要。本节将全面分析和论述教师队伍建设的长远规划与展望，探讨如何打造一支高水平的教师队伍以适应未来教育的发展需求。

一、教师队伍建设的长远规划

（一）制定科学合理的教师发展规划

科学合理的教师发展规划，不仅是教师个人职业成长的指南针，还是整个教师队伍建设的基石。一个详细、具体的发展规划，能够激励教师不断追求自我提升，确保教师团队的整体素质与时俱进。

1. 职业生涯规划的个性化

每一位教师都有自己独特的职业追求和成长路径。因此，在制订教师发展规划时，我们需要充分考虑每位教师的个性、兴趣、专业背景等因素，为其量身定制个性化的职业生涯规划。这样的规划能够确保教师在职业道路上始终保持高昂的热情和持久的动力，进而实现其职业理想。

2. 阶段性目标的设定

教师的职业发展是一个长期而复杂的过程，需要分阶段、有步骤地进行。在发展规划中，我们应该设定明确的阶段性目标，如短期目标（1~3年）、中期目标（3~5年）和长期目标（5年以上）。这些目标应该具有可衡量性、可达成性和挑战性，能够激励教师不断追求进步。同时，我们还需要建立相应的评估机制，定期对教师的职业发展进行评估和反馈，确保教师在实现目标的过程中得到及时的指导和支持。

3. 提供职业发展咨询服务

在教师的职业发展过程中，难免会遇到各种困惑和问题。为了帮助教师更好地应对这些挑战，我们需要提供全面的职业发展咨询服务。这些服务可以包括职业规划指导、教学技能培训、科研方法指导、学术交流支持等方面。通过提供这些服务，我们可以帮助教师解决职业发展中的实际问题，提升他们的职业满意度和成就感。

此外，我们还需要关注教师的心理健康和职业发展幸福感。在竞争激烈的学术环境中，教师面临着巨大的压力和挑战。因此，我们需要建立有效的心理疏导机制，为教师提供必要的心理支持和帮助，确保他们在职业发展过程中能够保持积极的心态和良好的情绪状态。

（二）加强教师培训与继续教育

在工商管理专业教师队伍建设的长远规划中，加强教师培训与继续教育既是提升教师专业素质和教学能力的基石，更是确保工商管理专业与时俱进、持续发展的重要保障。

1. 专业知识培训

工商管理专业的教师需要不断更新自身的专业知识体系，以适应快速变化的市场环境和商业实践。因此，定期组织专业知识培训显得尤为重要。这些培训可以涵盖最新的管理理论、商业案例、行业趋势等内容，帮助教师了解前沿动态、拓宽学术视野。通过参加专业知识培训，教师可以将最新的研究成果和理论融入课堂教学，激发学生的学习兴趣和好奇心，培养学生的创新精神和批判性思维。

2. 教学方法培训

随着信息技术的不断发展，教学方式也在发生着深刻的变革。为了适应这种变化，教师需要不断学习和掌握先进的教学手段和技术。因此，提供教学方法培训是非常有必要的。这些培训可以包括翻转课堂、慕课、微课等新型教学模式的讲解和实践，以及在线教学平台的操作和使用等。通过参加教学方法培训，教师可以探索多元化的教学模式、提高教学效果和学生的学习体验。

3. 科研能力培训

科研能力是高校教师应具备的重要素质之一。通过科研能力培训，教师可以掌握科学的研究方法和技巧，提高科研素质和学术水平。这些培训可以包括文献检索、数据分析、论文写作等方面的内容。同时，还可以鼓励教师参与科研项目和学术交流活动，增强教师的科研意识和创新能力。通过科研能力培训，教师可以更好地将科研成果转化为教学资源，丰富教学内容和形式。

4．国际化培训

在全球化的背景下，国际化已成为高等教育的重要发展趋势。为了培养具有国际视野和竞争力的工商管理人才，需要加强教师的国际化培训。这些培训可以包括国际学术交流、海外访学、国际合作项目等内容。通过参加国际化培训，教师可以了解不同国家和地区的教育制度、文化背景、商业环境等，拓宽国际视野和增强跨文化交流能力。同时，还可以加强与国际同行的交流与合作，提高教师的国际影响力和知名度。

（三）构建多元化的教师评价与激励机制

科学合理的评价与激励机制是激发教师工作积极性和创造力的重要手段。多元化的评价和激励机制，可以有效提升教师的工作热情和职业发展动力。

1．多元化评价

传统的教师评价往往过于注重教学成绩，而忽视了科研、服务等其他方面。然而，工商管理专业的教师工作涉及面广泛，仅以教学成绩为唯一标准显然不够全面。因此，建立多元化的教师评价体系至关重要。

多元化评价首要要明确评价的目标和内容。除了教学成绩，还应包括科研成果、社会服务、学术影响力等多个方面。设定明确的评价指标，可以确保评价的客观性和公正性。

其次，多元化评价需要运用多种评价方法和工具。例如，可以采用学生评价、同行评价、专家评价等多种方式，对教师的工作进行全方位的评估。同时，还可以利用数据分析、案例研究等工具，深入挖掘教师的工作特点和亮点。

最后，多元化评价需要注重反馈和沟通。评价结果应及时反馈给教师本人，并与其进行深入的交流和讨论。反馈和沟通，可以帮助教师了解自身的优点和不足，明确改进的方向和目标。

2．激励机制

在构建多元化的教师评价与激励机制中，激励机制是不可或缺的一环。合理的激励机制，可以激发教师的工作热情和创造力，促进其专业成长和职业发展。

首先，激励机制应体现公平性和竞争性。在薪酬、晋升等方面，要确保教师的工作成果得到应有的回报和认可。同时，也要通过竞争机制激发教师的积极性和进取心。

其次，激励机制应注重个性化和差异化。不同教师有不同的职业发展需求和目标，因此激励机制也应具有个性化和差异化的特点。例如，对于热衷于科研的教师，可以提供更多的科研资助和机会；对于注重教学的教师，可以提供更多的教学培训和奖励。

最后，激励机制应强调长期性和稳定性。教师的职业发展是一个长期的过程，需要持续不断的努力和支持。因此，激励机制也应具有长期性和稳定性，为教师提供持续不断的动力和支持。

3．职业发展支持

除了评价和激励外，职业发展支持也是构建多元化的教师评价与激励机制的重要组成部分。提供全面的职业发展支持，可以帮助教师实现职业目标，促进其专业成长和职业发展。

首先，职业发展支持应包括培训机会和科研资助。组织各种培训活动、提供科研资助等方式，可以帮助教师不断提升自身素质和能力水平。

其次，职业发展支持应包括国际交流和合作机会。通过与国际同行进行交流与合作等方式，可以帮助教师了解国际前沿动态、拓展国际视野、提升国际影响力。

最后，职业发展支持还应注重个人发展和团队建设的平衡。既要关注教师的个人成长和发展需求，又要注重团队建设和协作精神的培养。构建良好的团队氛围和协作机制，可以促进教师之间的互相学习和共同进步。

（四）推进教师队伍的国际化建设

国际化是提升教师队伍素质和竞争力的重要途径。推进教师队伍的国际化建设，可以提升教师的国际视野和学术水平，促进教学和科研的国际化发展。

1．国际交流合作的深化

与国际知名高校和科研机构建立长期稳定的合作关系、搭建学术交流平台，为教师提供与国际同行交流的机会。这不仅能促进学术思想的碰撞和融合，还能为教师提供更多的学术资源和合作机会。

鼓励教师积极参与国际合作研究项目，与国际同行共同开展课题研究。这不仅有助于提升教师的科研能力和学术水平，还能为学校争取更多的国际声誉和资源。

2．国际人才的引进与培养

积极引进具有国际背景和学术造诣的高水平教师，充实教师队伍的国际化力量。这些引进的人才不仅能为学校带来新的学术思想和教学方法，还能为学生提供更多的国际化学习机会。

加强对青年教师的培养和支持，鼓励他们积极参与国际学术交流和合作研究。为他们提供更多的学习和进修机会、帮助他们提升国际视野和学术水平，从而为学校培养更多的国际化人才。

3．海外培训进修

制订海外培训计划，鼓励和支持教师赴海外知名高校和科研机构进行培训和进修。这些计划应涵盖教学方法、科研技术、国际交流等多个方面，以满足教师不同的学习需求。

鼓励教师在海外学习期间积极参与学术交流和合作研究，并将学习成果带回学校分享。这不仅能促进学术思想的交流和碰撞，还能为其他教师提供更多的学习机会和教学方法上启示。

二、教师队伍建设的展望

（一）构建高水平的教师队伍

未来，工商管理教育需要构建一支高水平的教师队伍，以适应教育发展的新需求和新挑战。高水平的教师队伍应具备以下特征。

1．高专业素质

在工商管理专业教师队伍中，高专业素质是每一位教师都应具备的基本条件它不仅包括扎实的理论功底，还包括丰富的实践经验。未来的工商管理教师，不仅要能够传授基本的工商管理理论，更要能够结合企业实际，为学生提供具有操作性和实用性的指导。因此，教师队伍的建设需要注重教师的专业培训和实践锻炼，确保每一位教师都能够站在学科的前沿，为学生提供最先进、最实用的知识。

2．强科研能力

科研能力是衡量一个教师水平的重要标准之一。在工商管理专业中，科研能力不仅关乎教师的学术声誉，更关系到学科的发展和创新。一个具备强科研能力的教师，能够不断探索新的研究领域、提出新的理论观点、推动学科的进步。同时，科研成果还能够为教学实践提供有力的支撑，使教学更具有针对性和实效性。因此，加强教师的科研能力培训、鼓励教师参与科研项目，是教师队伍建设的重要方向。

3. 国际化视野

随着全球化的深入发展，工商管理教育也需要具备国际化的视野。这不仅要求教师能够了解和掌握国际工商管理发展的最新动态，更需要具备跨文化交流的能力，能够为学生提供国际化的教育服务。一位具备国际化视野的教师，能够帮助学生更好地了解国际市场的运作规则、培养学生的全球竞争力。因此，加强教师的国际交流与合作，鼓励教师参与国际学术会议和研讨活动，是提升教师队伍国际化水平的有效途径。

4. 创新精神

在快速变化的时代背景下，创新精神成为推动教育变革的重要力量。工商管理专业教师队伍也需要具备创新精神，不断探索和创新教学方法和手段，提高教学效果。一位具有创新精神的教师，能够关注学生的个性化需求、采用多元化的教学手段、激发学生的学习兴趣和创造力。同时，教师还需要具备自我反思和自我提升的能力，不断完善自己的教学理念和教学方法。因此，加强教师的创新能力培养、鼓励教师开展教学改革和实验，是提升教师队伍整体水平的关键所在。

（二）提升教师职业发展满意度

提升教师职业发展满意度是教师队伍建设的重要目标。提供良好的职业发展环境和支持，可以提升教师的职业满意度和工作积极性。

1. 职业发展环境的优化

一个优越的工作环境，不仅能够为教师提供舒适的物质条件，更能够为其职业发展提供广阔的空间和可能。

①学校应加大对教学设施的投入力度，确保教师拥有先进的教学设备和技术支持。这不仅能提升教学质量，还可增强教师的工作满意度。

②学校应鼓励教师参与学术研究和交流，营造浓厚的学术氛围。举办学术讲座、研讨会等活动，为教师提供与同行交流、学习的机会，激发其学术热情。

③学校应为教师提供更多的职业发展机会，如参与国际交流、承担重要课题等。这些机会不仅能够拓宽教师的视野，还能够为其职业发展增添更多可能性。

2．职业支持系统的建立

一个完善的职业支持系统，是教师职业发展的重要保障。为教师提供全面的职业发展支持，可以使其更加专注于教学和科研，从而提升职业满意度。

①学校应建立完善的教师培训机制，为教师提供持续的职业发展支持。培训内容应涵盖教学方法、科研技能、国际视野等多个方面，以满足教师不同阶段的职业发展需求。

②学校应为教师提供个性化的咨询服务，帮助其解决职业发展中的困困和问题。咨询服务可以包括职业规划、教学改进、科研指导等方面，使教师能够在职业发展中得到及时、有效的帮助。

③学校应建立完善的资助体系，为教师提供必要的经费支持。资助可以包括科研项目经费、学术交流经费等，以减轻教师的经济压力，使其能够更加专注于教学和科研。

3．职业荣誉与认可的强化

职业荣誉与认可，是教师职业发展的重要动力。表彰和奖励优秀教师，可以激发其工作积极性和创造力，提升职业满意度。

①学校应建立完善的表彰机制，对在教学、科研等方面取得突出成绩的教师进行表彰和奖励。表彰可以包括荣誉称号、奖金、证书等多种形式，以体现对优秀教师的尊重和认可。

②学校应完善奖励制度，确保奖励的公正性和有效性。奖励可以包括教学成果奖、科研成果奖、社会服务奖等，以全面反映教师的职业贡献和价值。

③学校应加大对优秀教师的宣传力度，通过媒体、网络等渠道广泛宣传其先进事迹和成就。这不仅可以提升教师的社会知名度和影响力，还能激励更多教师投身于教育事业。

参考文献

[1]巴青辉. 工商管理专业教学模式创新研究[M]. 北京：中华工商联合出版社，2023.

[2]车志慧. 工商管理专业与应用型人才培养[M]. 北京：中国建材工业出版社，2024.

[3]陈铁军. 工商管理专业教学实践新研究[M]. 北京：中国原子能出版社，2022.

[4]葛洪雨，常文超. 工商管理专业教学改革实践探索[M]. 西安：西北工业大学出版社，2020.

[5]何建佳，张峥，于茂荐. 新商科本科实践教学体系的构建与探索：以工商管理专业为例[M]. 上海：上海财经大学出版社，2021.

[6]李盛艳. 工商管理专业与应用型人才培养[M]. 哈尔滨：哈尔滨出版社，2023.

[7]李毅，东珠加，冯琳琳. 工商管理学科创新人才培养模式探索与实践[M]. 北京：经济日报出版社，2019.

[8]师慧丽. 工商管理专业教学论[M]. 北京：教育科学出版社，2018.

[9]王贝贝. 工商管理理论与教学研究[M]. 长春：吉林出版集团股份有限公司，2021.

[10]王娟叶，王琳，江森. 工商管理理论与实践[M]. 北京：中国原子能出版社，2022.

[11]王玉梅. 工商管理教学改革研究[M]. 延吉：延边大学出版社，2017.

[12]吴志兴. 地方高校工商管理专业应用型人才培养模式研究[M]. 沈阳：辽宁大学出版社，2020.

[13]杨春玲. 工商管理专业新教学模式研究[M]. 西安：西北工业大学出版社，2023.

[14]赵芹沅，张慧明. 新时期的国际商务管理与工商管理研究[M]. 北京：中国商务出版社，2024.